21世纪大学俄语系列教材

Теория и практика по
обучению чтению прессы

俄语报刊阅读：
教学理论与实践

主　编　安新奎
副主编　张好雨　林　艳
编　者　徐　莉　陈晓慧　高晓茹
　　　　唐燕萍　熊　晶

图书在版编目（CIP）数据

俄语报刊阅读：教学理论与实践 / 安新奎主编. — 北京：北京大学出版社，2016.8
（21世纪大学俄语系列教材）
ISBN 978-7-301-26950-3

Ⅰ.①俄… Ⅱ.①安… Ⅲ.①俄语 — 阅读教学 — 教学研究 — 高等学校 Ⅳ.①H359.4

中国版本图书馆CIP数据核字（2016）第032807号

书　　　名	俄语报刊阅读：教学理论与实践 EYU BAOKAN YUEDU:JIAOXUE LILUN YU SHIJIAN
著作责任者	安新奎　主编
责任编辑	李　哲
标准书号	ISBN 978-7-301-26950-3
出版发行	北京大学出版社
地　　　址	北京市海淀区成府路205号　100871
网　　　址	http://www.pup.cn　　新浪微博：@北京大学出版社
电子信箱	pup_russian@163.com
电　　　话	邮购部62752015　发行部62750672　编辑部62759634
印　刷　者	北京虎彩文化传播有限公司
经　销　者	新华书店
	787毫米×1092毫米　16开本　16.25印张　380千字 2016年8月第1版　2023年2月第3次印刷
定　　　价	49.00元

未经许可，不得以任何方式复制或抄袭本书之部分或全部内容。
版权所有，侵权必究
举报电话：010-62752024　电子信箱：fd@pup.pku.edu.cn
图书如有印装质量问题，请与出版部联系，电话：010-62756370

前　言

　　本教程是西安外国语大学2005年—2006年教学研究项目"俄语报刊阅读"和2007年—2008年教学研究项目"报刊阅读教学创新研究"的最终成果。"俄语报刊阅读"项目结题时完成了教学用书的编写，且其内容在近十年的教学实践中不断地进行更新完善；"报刊阅读教学创新研究"是在项目组成员报刊阅读教学先期研究的基础上进行的更深入、更广泛的研究，先后发表了数篇研究成果。这样一来，报刊阅读教学既有硬件支撑，又有软件作保证，从而使教学理论研究和教学实践紧密结合，在报刊阅读教学内部形成一个有机的整体。

　　1. 报刊阅读教学创新研究

　　"报刊阅读教学创新研究"为报刊阅读教学理论研究部分。本部分是以项目组成员先期发表的报刊阅读教学理论研究成果为基础进行的更系统、更深入的研究，形成了自成体系的报刊阅读教学理论研究体系。研究的内容包括现代俄语报刊语言的特点、报刊阅读课程定位、学生阅读思维机制的研究、教师角色的研究、报刊阅读教学的选材和组配研究、报刊阅读教学法创新研究、学生阅读水平与质量的检测与评估研究、复合型和创新型人才培养的研究、学生多种思维能力培养研究等等。

　　2. 俄语报刊阅读教学实践

　　本俄语报刊阅读教程实践部分共计36课，分上、下两学期使用。编写以扩大学生的知识面，提高学生的阅读能力、加工信息和运用信息的能力为导向。选材时所秉承的原则是：选用俄语报刊、网站最新文章，所选文章以科技、文化、经贸、军事、政治、法律、环保、医疗卫生、旅游、体育等题材为主，选材时避免时效性过强的文章。

　　本俄语报刊阅读教程除了测试课以外，教学实践课程的框架结构为：1. Новости прошлой недели. 2. Прочитайте следующие тексты и выполните задания. 其中第一部分的内容是动态的、时效性较强的内容，主要是由授课老师在授课前搜集和筛选近期俄罗斯媒体上报道的最新国际、国内的重大新闻，其主要目的是使学生扩大知识面，及时捕捉各方面最新的信息，了解最新的语言发展情况，补充和积累最新的词汇。若报刊阅读每周教学课时为2学时，新闻的阅读量则为1学时，第二学期新闻阅读量可适当增加。第二部分阅读材料是相对固定不变的，主要是弥补学生在俄语主干课程上所欠缺的一些涉及科技、文化、经贸、军事、政治、法律、环保、医疗卫生、旅游、体育等题材的知识，旨在扩大学生的知识面，为培养复合型的人才服务。

教学实践课程的每一课由 2 篇短文组成，在每一课内同一题材的文章不重复，每篇短文篇幅长短适当。这样一来既可以丰富拓展学生的知识面，又能使学生在一定时间内集中注意力，保持阅读的兴趣，提高阅读的效果。

同时，每一课所配置练习的设计力求多样化、实用化，既要便于授课老师和学生的课堂操作，也要有利于调动学生阅读的积极性，要有利于发挥学生的主导作用。

教程中的测试课用来阶段性检测学生阅读技巧的掌握情况和评估学生限时、快速阅读和加工信息能力的提高程度。

本教程所使用的阅读文章选自俄罗斯主流网站，文章出处恕不一一注明，谨此向文章的原作者及刊载所选文章的网站致谢。

本教程为西安外国语大学教学研究项目，在项目的申报、论证、完成和结项过程中一直得到西安外国语大学教务处的全程跟踪指导。西安外国语大学俄语学院的领导和同事们对本教程的规划、申报、编写、教学实验、质量跟踪和教学评估给予大力支持。解放军外国语学院樊明明教授、熊友奇教授、杨仕章教授对本教程进行了缜密审定，提出了宝贵的意见和建议。俄罗斯库尔斯克国立大学 И.Л. Жирнова 教授审阅了教程的俄文文稿。教程主编的同学、朋友、研究生参加了阅读教学理论研究的调查工作、教学资料的搜集整理、教程部分文稿的校对等工作。张冰教授和本教程的责任编辑李哲先生对本教程进行了仔细的审校并对教程的结构提出了中肯的意见。在此，向他们一并表示由衷的谢意！

本教程虽然经编写组成员多年的努力，但限于水平和能力，书中的纰缪和疏漏在所难免，敬请使用本教程的广大师生、研究同仁和俄语阅读爱好者不吝指正。

编者
2015 年 8 月 5 日

目 录

俄语报刊阅读教学理论

一、现代俄语报刊语言的特点 ……………………………… 3
二、当今俄罗斯报纸标题的语言变化及功能 …………………… 7
三、报刊阅读教学范式之研究 ……………………………… 12
四、报刊阅读教学：学生信息积累 + 能力培养 ……………… 17
五、图式理论与报刊阅读教学 ……………………………… 21
六、国家俄语考试阅读测试的分析与研究 …………………… 25
七、国家俄语考试中阅读测试命题存在的问题分析 ………… 32

俄语报刊阅读教学实践（上）

УРОК 1 ……………………………………………………… 39
УРОК 2 ……………………………………………………… 43
УРОК 3 ……………………………………………………… 48
УРОК 4 ……………………………………………………… 52
УРОК 5 ……………………………………………………… 56
УРОК 6 ……………………………………………………… 67
УРОК 7 ……………………………………………………… 71
УРОК 8 ……………………………………………………… 75

УРОК 9	81
УРОК 10	85
УРОК 11	95
УРОК 12	98
УРОК 13	102
УРОК 14	106
УРОК 15	110
УРОК 16	121
УРОК 17	126
УРОК 18	130

俄语报刊阅读教学实践（下）

УРОК 19	137
УРОК 20	142
УРОК 21	147
УРОК 22	152
УРОК 23	157
УРОК 24	168
УРОК 25	174
УРОК 26	180
УРОК 27	185
УРОК 28	190
УРОК 29	202
УРОК 30	207
УРОК 31	214
УРОК 32	220
УРОК 33	225
УРОК 34	237
УРОК 35	243
УРОК 36	248

参考文献	254

俄语报刊阅读教学理论

一、现代俄语报刊语言的特点

引言

报刊把社会生活中的各种各样的事件纳入自己的报道叙述范围之内，如政治、经济、科技、文化、体育、犯罪、日常生活等等的事件，可以说无所不包，而报道这些事件的载体的形式也丰富多样，如报纸、杂志、电视、广播、影音材料、公众演讲、互联网、移动通信等。报刊广泛使用于政治、思想、社会文化领域，其中所宣传报道的信息不只是针对某一狭窄领域的专家，而是面向社会的各个阶层。宣传报道的目的不仅是要对信息的获得者的理智产生影响，而且也想对他们的情感产生影响。报刊的体裁各具特点，如简讯、社论、特写、速写、述评、报道、小品文、抨击性的文章、游记、观察评论、决议、报告、演讲等等。这些文本的特点是大量使用社会政治方面的词汇、叙述具有逻辑性、有情感色彩、具有评价色彩，有的还发出号召、呼吁，促使人们采取一定行动作为响应。

1. 报刊语体的功能

从功能上讲，报刊文本具有信息功能、影响感染功能、交际功能、表情功能、美感功能等。但是其中最重要的两大功能是报道功能和感染功能。

报刊的报道功能在于文本作者力求在最短的期限内给最可能广泛的读者传达最新的信息或自己的观点。其实，报刊中所传达的信息不只是单纯的对一种现象或事实的描述，而且报道中会反映一种观点、情绪，会包含作者的评述和思考。在做报道时文本作者并非是面面俱到地描述事件和现象，他总是会首先极力地把那些能够使社会群体产生兴趣的内容予以描述，并且会在对读者们有重要意义的方面大力泼墨。

报刊的另外一个重要功能就是感染功能。报刊的作者不仅仅是在客观地讲述社会生活中的事件，而且他也希望通过自己的讲述描述与对信息的接受者产生影响，希望听众或观众对所述信息产生某种态度，甚至是产生某种行为，因此报刊文本的叙述就呈现倾向性、辩论性、情感性。

交际功能是语言的主要功能，它有各种各样的形式。"心理学表明，言语交际是一个双向的言语行为互动过程。它是一种由表达者和接收者共同参与并互换位置的信息交际活动，而报刊阅读作为言语活动的一种，自然也不例外。它是一种作者和读者的编码和解码传递信息的活动过程"（安新奎，2002:83）。报刊的交际性在于其文本的创作不是供作者自己欣赏，大多数情况下信息接收者也不是单个的对象，而是针对广大的群体。由于在空间上与信息的接收者有一定的距离，报刊文本的作者总是极力地在时间上、在报道的话题上、甚至在文本的言语和修辞特征上拉近与信息接收者的距离。

语言的情感功能是指交际时作者（演讲者）通过语言或非语言手段来表达自己的喜爱、亲昵、讨厌、憎恶等情感。报刊文本常鲜明地反映作者的个性，或明显地反映作者对所叙述事实的情感态度。有例为证，"譬如对人的死，在不同场合针对不同的人就要使用具有不同修辞色彩的词以表达对逝者的或崇敬、尊重的情感，或不敬甚至轻蔑的态度"（王福祥，2002：33）。再如，"如果说俄语中的 солнце 太阳是个通词，本身无感情色彩，即'中性'的，那么 солнышко 一词除表示'太阳'之外，同时表达出他对太阳的赞美、亲爱的情感。

相反，与通用、中性的 аспирант 研究生相比，аспирантишко 除了'研究生'这一概念意义之外，还带有负面即否定（不赞）色彩"（张会森，1999:154）。然而并非所有报刊文本都呈现相同的情感性，比如，新闻或短讯情感性可能弱一些，而对一些特写、辩论、演讲其情感性就要强烈一些。这个差别我们也可以从电视上看出，新闻节目的情感性弱一些，这一点可以从"新闻联播"的内容和主持人的风格看得到；而脱口秀节目和访谈节目的情感性要强烈一些，如"艺术人生""实话实说""鲁豫访谈""金星秀"等。

报刊文本的美感功能指的是作者除了要确保自己的报道（讲话）内容充实之外，还要有目的地使自己报道的内容与形式有机地融为一个整体，这就要求作者在自己叙述中用词准确凝练，语言生动形象，抑扬顿挫，语句结构丰富多变，段落衔接逻辑紧密，章节布局和谐自然。也就是说，报刊文本中的叙事、说理、抒情的方式符合信息接受者的美学需求，读者在读完你的文章后，除了获取所要传达的信息外，还会获得美的享受。

可以看出，报刊文本虽功能种种，但是又有次重之分，而"它的主要功能，同时也是概括了上述各种功能，并且在语言修辞中表现得最为直接的功能，是宣传—报道功能，或者（用更接近修辞术语的话来说）叫感染—报道功能，其中侧重点在于感染的功能上。"（М. Н. 科仁娜，1982:250）

2. 报刊语体的特征

现代报刊文体具有某种多语体性，是不同语体成分的有机结合，在报刊的不同体裁中不同语体语言手段的运用程度有所不同罢了。若仔细地观察就会发现，现代报刊语言把一些看似矛盾的、难以融合的成分糅合在一起。程式化与形象性相结合，逻辑性与情感性相结合，评价性与可证实性相结合，信息量大又节约语言手段。（Л.А.Введенская，2001：282）

2.1. 报刊语言的表现力

在交际中不管是说话或是写文章，人们为了生动形象地表达自己的思想感情、立场态度，具体到报刊文本，为了加强文本的报道和感染功能，就会使用大量的表现力手段，如使用语音、语调、构词、语法和语义等手段。

在广播、电视等音频和视频媒体中人们可利用语音和语调及其他非语言手段如表情和身势语等来表达自己的情感，由于我们研究的重心是报刊阅读，所以我们不对语音手段和非语言手段在增强表现力方面的作用进行详细研究。只列举一些富有表现力的词汇、句法手段：

1）使用明显带褒贬意义的词，另外一些中性词经作者使用，在一定的上下文中也获得褒贬意义。如："отчизна, самопожертвование, саботаж, обезличка, злодеяние"等。

2）在报刊语言中一般词汇或其他学科的词汇用于转义，这些转义大都具有鲜明的修辞特点和功能。如 "передний край, линия огня, мобилизация финансовых ресурсов,, атмосфера доверия, горизонт событий, переговоры на уровне послов, позитивные результаты, дуэль либералов и консерваторов, политический спектакль, фронт борьбы, последний раунд встречи, очередной тур переговоров, формат переговоров, битва за урожай, идейная вооружённость, идеологическая диверсия, взрывоопасная ситуация, локомотив реформы, паралич экономики, злокачественная опухоль национализма, реанимация промышленности, оздоровление финансов, практические шаги, пакет мирных предложений "等。

3）使用修饰语来表明主观态度和情感。如"судьбоносная встреча, пульс времени, солдаты удачи, здоровое развитие экономики"等。

4）新词新义的使用。报刊和其他媒体中使用新词（外来词）有时成为一种时髦，虽说"报纸在某些场合使用新词新义也是为了增强语言的表现力，使表达新颖，语言丰富多彩或突出强调某新事物，或引起读者对异国社会生活情调的联想。"（白春仁等，1999：200）。但是一些俄罗斯语言学家、社会活动家等也极力反对诸如外来语等新词的使用，其目的是要纯洁净化俄语。我们可以罗列出报刊中常见的外来词，如"маркетинг, спикер, консенсус, киллер, рэкет, имижд, хит, боевик, авторитет, иномарка, сольник, тусовка, сервис, комфорт, сейф, снайпер, брокер, саммит"等。

5）俄语的许多词是靠添加前、后缀而构成的，在报刊语言中通过加词缀来增强表现力。如一些带情感评价后缀的词，如"парнишечка, голубушка, книжка, нелегальщина, судилище, табачище, антиперестройщик, аспирантишко, интердевочка, ультраправые"等。

6）使用比喻、隐喻、寓喻、借代、代称、换说、比拟、双关、倒反、移情通感、层递、委婉、夸大、缩小、对顶、对照、近音、摹声等语义辞格来增强表现力。如："Белый дом（换喻）；Язык, по крылатому выражению, не склад, а сито, мелкое, преходящее, незначительное просеивается, а останется только то, что заслуживает хранения（隐喻）；В каждом порядочном доме есть Цветаева, Пастернак и Юрий Трифонов（借代）；Новости спешат, набегая друг на друга（拟人）；После прекращения военных действий в иракской столице обстановка постепенно нормализуется（倒反）."。

7）使用排比、重复等句法辞格来增强表现力，如"Побеждают те, кто идёт вперёд, к расцвету и изобилию, побеждают те, кто ясно видит будущий день истории; побеждает 'давление жизни'（重复）"。

2.2. 报刊语言的程式化

简讯、社论、特写、速写、报道、小品文、述评、决议、抨击性的文章、游记、观察评论、报告、演讲等体裁受其他交际领域材料的影响，有些体裁的不断重复；报刊语言有其特殊的交际环境、交际任务和要求，即记者总希望最快最准确地做出报道，读者也希望尽早尽快地获得新消息。以上这些因素使得报刊在长期的发展过程中就趋于程式化，"程式性语言是报纸语言中的积极现象，是适应报纸语言交际的需要而形成的。报纸的主要功能只是及时迅速报道新消息。从撰写新闻的角度看，用程式性语言手段可大大提高写作效率。从读者读报纸的角度看，程式性语言手段又可大大提高阅读速度，有助于迅速、有效地获得信息。"（白春仁等，1999:203）。报刊语言的程式化不仅体现在词汇层面上，而且也体现在不同报纸体裁都有其明显的程式化的篇章结构、语义构成和版式设计等等。

3. 报刊语体的词汇、词法、句法特征

3.1. 报刊语言的词汇特征

报刊语言除了中性词汇和2.1中所述的具有表现力的词汇外还多使用下列词汇：

1）套语，如"играть роль, иметь значение, процесс прошел, здравый смысл, поставить вопрос, ввергнуть в пучину войны, выиграть финальный матч, горячая поддержка, живой отклик, коренные преобразования, радикальные реформы, элита криминального мира, знаковая фигура, межгосударственное соглашение, сокращение вооружений, президентская кампания, механизм торможения, ратификация договора, вопросы безопасности " 等。

2）崇高色彩的词汇和科技用语，如 "свершение, держава, созидание, потребительная корзина, мониторинг, линия огня" 等。

3）口语词、俚语词和行话，如 "бабки, крутой, зелёные" 等。

4）新闻专门词汇，如 "интервью, дайджест, брифинг, информация, репортаж, корреспондент, спецкор, обозреватель" 等。

3.2. 报刊语言的词法特征

1）多用第一人称 я。

2）名词单数表示复数，如 "Преподаватель всегда знает студента; Русский человек всегда отличался своей понятливостью и выносливостью" 等。

3）不可数名词使用其复数形式，如 "настроения, разговоры, подходы, свободы, круги, поиски, бизнесы, структуры, мафии, элиты, экономики, риски, эфиры, власти, стратегии, приоритеты, бюджеты, озабоченности" 等。

4）多使用名词二格，如 "пакет предложений, реформа цен" 等。

5）名词单数第五格的第三变格法使一些名词具有（修辞）崇高色彩，如 "властию, жизнию, страною, кровию" 等。

6）多使用祈使句，如 "Оставайтесь с нами на первом канале; Обратите внимание; Давайте подумаем" 等。

7）多使用动词的现在时，如 "В Москве открывается..." 等。

8）使用动词的现在时表示将来时，如 "Завтра начинается визит в Москву председателя КНР." 等。

9）较之事务性和科技语体，报刊语体中动词过去时的使用频率要高一些；而较之文学语体，报刊语体中动词过去时的使用频率要低一些，如 "События развернулись с молниеносной быстротой." 等。

10）多使用派生前置词，如 "в условиях, в ходе, на основе, в сторону, на пути, по причине, на базе, в свете, в интересах, с учётом..." 等。

11）多使用形容词最高级，如 "превосходнейший, самый лучший, шикарнейший..." 等。

3.3. 报刊语言的句法特征

报刊语言中除了 2.1 中所述的具有表现力的句法手段外还使用以下句法手段：

1）多使用简单句。

2）使用不完全句，如 "Мы – в редакцию."。

3）使用称名句，如 "Причины: дожди, грязь, бездорожье" 等。

4）使用反问句，如 "Что делать?"。

5）使用呼语，如 "Дорогой читатель! "。

6）使用设问句，如 "Разве Пушкин объяснялся без конца в любви к народу? Нет, он писал для народа."。

7）使用感叹句，如 "Люди планеты, вставайте, смело идите вперёд!"。

8）使用插入语，如 " к сожалению, к счастью" 等。

二、当今俄罗斯报纸标题的语言变化及功能

引言

当今的俄罗斯新闻媒体与苏联解体前相比已经发生了根本的变化。这是因为苏联解体后，多年不变的书报检查机关被取消，人们获得新闻的渠道被拓宽。随着俄罗斯民主化进程的不断深入，俄罗斯社会意识也逐步走向多元化。新闻媒介作为社会意识的窗口，也确立了民主自由的原则，这一切为新闻工作者提供了广阔的工作空间。

报纸作为新闻媒介，通过标题来表达新闻报道中最重要最相关的信息。一旦读者阅读了报纸标题，就决定了是否继续读下面的报道。所以，标题信息是否吸引人，在当今充满竞争的社会显得尤其重要。俄罗斯报刊标题采用多种手段吸引读者，特别是标题的语言与从前相比发生了很大的变化。

1. 报刊标题中的口语成素

我们发现俄语报刊语言与口语贴近的趋势越来越明显，这说明口语语体正在逐渐向报刊政论语体渗透与扩张。

著名学者 В.Г.Костомаров 指出：大量俄语口语词涌现在报纸版面上，这些词质朴亲切，具有生动性、富有表现力（Русская речь, 1967:51）。而当今的俄文报刊语言及其标题中源源不断地出现口语构词形式、口语词汇、口语句法结构等形式。这些口语元素使报刊语言耳目一新，同样也使标题脱胎换骨。口语体的语言元素不仅改变了苏联时期报纸标题的固定模式和自上而下的教导口吻，也为当今的报纸注入了生机与活力。报纸语言变得通俗化，富有亲和力。

词汇的变化最能折射出语言的时代步伐，而报纸标题的变化首先是在构词方面。

社会在发展、人们生活节奏在加快，报纸标题出现了更加明快、简洁的构词形式。随着新事物的不断涌现，报纸标题中出现了口语中的"称名爆炸"（номинативный взрыв）现象。新事物表达往往具有其特有的构词方法，如在标题中新词采用缩合法、附加法、缩写词等口语构词形式。（1）缩合法（стяжение）是指某事物由以词组形式表达的正式名称时，在口语中则常用一个新词表示，这类新词表达形容词+名词词组的意义，与词组的词汇语义相同，但表达的形式不同。通常由形容词词根+后缀 ка 构成新词。这类词在现今的俄文报纸里出现的频率相当高。在报纸中可以轻而易举地找到此类例子，如"'Комсомолка' помогла вернуть часы Буденного в семью."（Комсомолка = Комсомольская правда）（2）附加法（наложение），用这种方法构成的词通常由两部分构成：一个为中心词，另一个为意义附加词，构成一个意义统一的复合词，例如"Экстро-колбаса: Супер ассортимент"；"Наши экс-заложники не уедут из Ирака."；"Звёзда 'Бригады' стала секс-бомбой..."。（3）缩写词（аббревиатуры），这种方法以其精炼的形式替代了冗长的原称名词组，符合口语的经济原则，如"МВД поделят на четыре."。МВД 是 министерство иностранных дел 的缩写。一些缩写词的使用在新闻语体里十分流行，但也比较随意，突破了以前的常规，如"ВВП стал памятником."，这里的 ВВП 竟然是俄总统弗拉基米尔·弗拉基米洛维

奇·普京的名、父称与姓的缩写（Владимир Владимирович Путин）。这种对人名的缩写情况在以前是很少见的。由此可见，缩写词也逐渐走向口语的自由化构词模式。

其次，许多口语词进入到报纸语言，这说明标准语逐步走向大众化。在报纸语言中俚语与俗语日积月累地扩张，使一些俚语词已经生根和广泛使用，例如"Щас укушу тебя, халявщик!"。"Щас"是"сейчас"一词的口语发音，具有俗语色彩。"халява"是俚语，指不花钱白得的东西，"халявщик"由"халява"加后缀构成表人的新词，指白吃白拿的人。还有一些外来词的使用是受到了西方语言的影响，在力求节约表达手段同时，也显示出新闻自由化的趋势，例如"Босс и супербул спасали из плена красавиц."（босс – 老板）；"Байки дворцового диггера."（байки –bike – 摩托车；диггер – 寻宝人）。还有些标题直接以英文为标题，引起部分读者的兴趣，如"Divine comedy"。

再次，口语句法形式的渗入，充分体现标题突出重点的意图。

标题中广泛使用富有表现力的口语语法手段，如强化信息点的分割加强句型（парцелляционная конструкция）和浓缩句型（конденсационная конструкция）等口语句型。口语的语流无准备性、信息接收与理解的同时性等决定口语组织的信息中心往往被分解。承载信息中心的词被分解后，逐步传递至接收者，以保证其在接收信息的同时，正确理解言语，这使话语被切分为两个独立的部分。口语词序灵活，往往突出携带重要信息的词语。在俄文报纸题目里已经出现分割加强句型的句式，如"Танцуют все. Некурящие."。信息成分被切分为两个词：前置的代词与后置的单独的补充性名词，而后者信息上是对独立完结话语的补充，试比较"Танцуют некурящие."。浓缩句型指使用名词进行借喻手法的表达，即借助某一名词来指称具有该名词所指事物的人或物，达到语句精炼、高度概括的功效，这正是此类句型被选作标题的原因，如版面某标题"НАРКОТИКИ, СПАСИБО – НЕТ!"（试比较"ПРИНИМАТЬ НАРКОТИКИ, СПАСИБО – НЕТ!"）。

口语的词汇、口语构词方式、口语句式在报刊语言标题中空前流行，这已成为俄罗斯报刊语言的时尚。同时标题作为报刊语言的一面镜子，这种趋势也反映出报刊文章语言的变化。报纸最需要与读者交流，而进行信息交流的最好途径就是交谈。报纸与读者的交谈采用口语化的方式，就十分有利于吸引读者，与读者沟通，实现报刊标题的对话功能。

但毕竟报刊政论语体不可能被口语体同化，前者与口语体相比还有一些不同之处。报刊语体句法结构主要以书卷语手段为基础，但要比科学语体和公文事务语体丰富自由。В.Г.Костомаров 指出："对现今大众媒体语言的句法观察证明，……有两种倾向很活跃：同时既借助十分明显的书面样式（多为外语样式），又借助自由不羁的会话言语和俗语说法"（Русская речь，1995 /3）。

随着俄罗斯语言的变化，在俄语修辞学方面，功能语体之间的区分正逐渐由明显趋于淡化，正所谓的"修辞界限的模糊"（程家钧，2001:226）。报刊政论语体虽然没有与口语体之间画等号，但也应注意到两种语体在构词、词汇、句法几个层面都出现了融合的现象。这种趋势将会继续下去还是会逐渐消失，我们还需拭目以待，因为影响语言的因素还很多，而就目前情况来判断，语体融合现象在俄罗斯报刊目前的大环境下还会持续下去。

2. 报刊标题中标点符号的使用

当今报纸标题以句子的形式取而代之从前的名词词组形式，这样一来标点符号大量出现。这些标点符号不仅能扩充标题的信息量，而且能传情达意，直接参与信息传播双方的交流互动。常见的形式有：冒号结构、感叹号结构、问句结构（修辞问句）等。

带冒号结构的频繁出现是前所未有的。冒号之前可以是被采访人的大名，冒号之后的直接引语作为标题的后半部分，内容通常是名人名言——被采访人自己的观点。这样做实际是提高信息的吸引力，如"Юрий Семин: Мы готовы выжить в группе 'смерти'."; "Татьяна Доронина: Я достучусь до молодого зрителя."。冒号之前也可以是文章论述的客体对象，之后则是人们对此事物的态度和看法，如"Московский трамвай: приговорим или сохраним?"。冒号与多种标点符号（感叹号、省略号、破折号）并用在以前的报纸上更是很少见到的，如"Оксана Фёдорова: общее – значит, ничьё!"; "Генерал Андрей Николаев: страна живёт несправедливо…"。

疑问句式标题体现信息传播者与读者沟通的迫切要求，表达吸引读者参与的欲望，如"Кому бы вы прибавили зарплату в первую очередь?"; "Заселят ли китайцы Сибирь и Дальний Восток?"; "Как быть с нелегалами?"。

感叹号句大多为祈使句式，用来表达请求、命令、劝告等意义，诱导、影响读者采取行动，如"Уходи, не мешай наркоманам!"; "Выдвигайте свою кандидатуру, Юрий Михайлович!"。

3. 报刊标题的语篇化

标题的另一个发展趋势是标题语篇化。（1）自问自答式的问答结构，如"Яблочко, куда ты катишься? К Мадонне."。（2）标题使用并列复合句和主从复合句，如"Европа далеко, а до Китая рукой подать. Прежде чем лезть на крышу, я купил наручники."; "Муж меня не ревнует, потому что всё понимает!"; "Мы не убирали снег, чтобы не создавать пробок."。（3）正、副标题构成完整的句子，如"Сила семьи / только она спасёт ребёнка."; 构成复合，如"Возвращение возможно / но для большинства пока теоретически лишний груз, или чего."; 也可表达直接引语和旁白，如"Здесь ученье как награда / так говорят о лицее информационных технологий его ученики."。这样一来，副标题与正标题一起构成对信息高度概括的最小语篇，以最小的空间占据读者的目光，实现最快的信息、吸引与沟通的功能。

4. 报刊标题的音韵美

俄文标题追求韵律美。押韵的特点与谚语比较相似，读起来朗朗上口。这也成为当前不可忽视的潮流。试比较谚语和标题"Не имей сто рублей, а имей сто друзей – покупка в кредит / кошельку вредит."; "Лучше препараты – ко дню победы!"; "Напрягайте 'шарики', покупая ролики!"。可以看出，谚语和标题押韵规律是倒数第一音节或倒数第一和第二音节押韵。

5. 报刊标题的功能

如上所述，俄文报纸标题中出现的上述变化点是为了更好地实现报纸标题的信息功能、评价功能、吸引功能、感染功能和对话功能。对报纸信息的接收是人的物理刺激和心理刺激感觉的过程，是理解和解码过程，报纸标题功能的实现也反映了这个过程。

5.1. 信息（报导）功能

俄文报纸是通过改变文章标题的结构，增加信息量的。标题以句子的形式，借助大量标点符号表达信息，这有别于以前常用的词组式结构。试比较句子和词组标题"Москвичи-доноры получили право на бесплатный проезд // Митинские развязки."。

出现这种现象，是因为报纸作为充分体现报刊政论语体特点的一种重要载体，其信息必须具有及时性（информативная своевременность）。随着生活节奏的加快，信息量以几何数字增长，在阅读报刊时人们先扫描式浏览标题，再对扫描的信息加以辨别，然后目光锁定在需要的详细信息（正文）上。要提高目光浏览器的工作效率，则应提升标题的信息量指数，以适应当今快速多变的生活节奏。使阅读者在瞬间即可捕捉到当日发生的事件，通过标题暗示能得知最重要信息。各种媒体之间（广播、电视、网络等）的竞争促使报刊语体逐渐变化，归根结底就是尽可能多地留住阅读者的目光，这是一个物理刺激的过程。在有限的空间中要提升信息量的指数，发挥报纸标题信息含量的最大潜能是大势所趋，所以句子式的标题也由此产生。

5.2. 吸引功能

报刊文章的标题不仅表达文章的内容，而且还应具有吸引力，富有表现力。在此基础之上才能有机会与读者进行沟通，产生心理上的交流，最终实现标题的对话功能。人们通常在阅读报纸时，无法事先决定阅读信息的内容，但总会有选择地注意一些能吸引自己的标题。这既是一种认知和谐心理因素，又是一种文化期待现象。现实生活中人们总是倾向于关注那些与自己固有的观念、态度、行为相一致的，或是自己需要的、感兴趣的信息。因此，引起读者的关注与警觉，这就是进行心理上的暗示，并依此实现信息传播双方的互动，俄罗斯报刊语言的口语化趋势正体现了这一思路。

口语体在新闻语体中的渗透，创造了平等的对话气氛，这是影响读者吸引力的重要因素。标点符号的大量使用、对韵律的追求，无一例外也是为了实现标题的吸引、感染功能。甚至在俄文报纸标题中的人称代词的使用都能发现新闻记者的良苦用心，如"Как мы запутались в сетях любви // 'ВМЕСТЕ ЗА ЦЕНОЙ НЕПОСТОИМ'"（版面标题）。"Мы"表示包括读者、听众在内的、利益关系相同的人们或表示作者所代表的组织或团体。"Мы"的使用能够创造出平等和睦、创造促膝而谈的对话氛围，极具亲和力，使读者感到在和记者拉家常，顺利地实现了标题的对话功能。

也就是说，新闻工作者在主观上放下以前正式语体严肃、古板的架子，在客观上创造对话的氛围、使用信任的语气等这些语言手段，在心理上拉近了信息发出者与接收者之间的距离，使当代报刊文章能感染读者、向读者证实媒体的观点，继而淋漓尽致地发挥在心理上影响读者的作用。

5.3. 评价功能、感染功能、对话功能

信息传播中的心理暗示引导着读者按照新闻记者的意图去认知、思考、行动。传播效果中的读者态度会因记者的态度而改变，在信息传播过程中，读者通过接收他人的信息，与记者之间心理互动影响，改变自己的态度，产生心理上的服从效果。由此可见，信息传播的最终效果就是态度的改变，而态度改变则是人心理作用的过程。

俄文报纸的疑问句和感叹句常用来表达记者的实际观点，对社会现象做出评价，继而影响感染读者的态度；有时也可不直接表明记者的观点，而是引导启发读者进行思考。同样，标点符号在报纸标题中不仅传递信息，留住读者的目光，而且还对事物做出评价，进而感染读者，引人思考，实现心理沟通与对话。

上述标题的各项功能是互为联系的。报纸与读者之间的心理作用分为四个阶段：吸引与被吸引——沟通与被沟通——影响与接受——初步互动、对话。特别是第一个阶段是后面三个阶段的前提。报纸标题承担着完成四个阶段的重任。标题的"初步对话"是与报刊文章相比较而言的，标题的对话功能因受到版面的局限，不如文章的对话功能实现得彻底。

所有俄文报纸标题的这一系列变化，归根结底就是新闻记者与读者之间身份的变化。以前的上级对下级的冷冰冰、毫无生机的态度转变为自己人之间平等、亲密的闲聊态度，意识的巨变引起语言方面的一系列变化。

二、当今俄罗斯报纸标题的语言变化及功能

结语

总之,标题作为报刊的缩影能折射出当代语言的变化图景,它能使人触摸到语言的时代脉搏,感触到语言的发展方向,体味到语言使用者的审美情趣和他周围浓烈的社会气息。俄罗斯报纸标题语言的变化是为了更好地服务于标题的各项功能,同时也反映了俄罗斯新闻媒介之间的竞争,体现了新闻工作者自由的创作个性。

三、报刊阅读教学范式之研究

引言

到了高年级，学生已掌握了基本的俄语语法，积累了一定的词汇量，学生已形成了基本的俄语阅读理解能力以及分析、思考、判断和评价的综合思维能力，为进一步提高自己的阅读水平打下了基础。高年级的报刊阅读是学生摄取新信息、接受新知识、提高思维水平、拓宽视野和储备综合性知识的一种极其重要的工具性能力。

1. 报刊阅读课程的定位

首先，报刊阅读与低年级的阅读教学不同，低年级的阅读教学的目的是"经过一定程度的精泛读结合教学巩固已掌握的语法、词汇知识，扩大语言知识面，了解俄罗斯文化，进而培养俄语阅读能力，尤其是为进一步培养获取信息的能力打下良好基础"（孙玉华等，2008:3）。从选材方面讲，低年级的"阅读课应选用题材广泛的材料，难度应相当或略低于正课文"（俄语专业教学大纲，2003:7）。不难看出，低年级的阅读教学受制于精读教学，服务于精读教学，并且是为高年级的报刊阅读等课程打基础。而高年级的"阅读课的目的在于进一步提高学生的俄语阅读（细读、速读）、理解能力，提高学生使用工具书的能力，进一步扩大学生的俄语词汇量，增加学生的语言、文化、社会知识。提高学生分析、思考、判断和评价的综合思维及概括能力，阅读课应注意题材的广泛性，同时解决好提高阅读理解能力、阅读速度和把握中心思想之间的关系。"（俄语专业教学大纲，2003:14）。大纲笼统地对高年级各类阅读教学提出了要求，而报刊阅读教学则更强调选材的复合性、阅读的速度、概括和思辨能力的训练、综合知识的积累。

其次，报刊阅读又不同于文学阅读和赏析，文学阅读是一种审美活动，文学作品的美体现在美的内容和美的形式的和谐统一之中。文学作品有语言之美，形象之美，音韵之美。阅读文学作品时读者要以审美的态度来解读和鉴赏文学作品，要把自身的情感体验、生命意识融入到对作品的审美体验中。所以文学阅读教学的目的是培养和提升学生阅读文学作品的态度、兴趣、习惯和鉴赏力。而报刊阅读则侧重于对所选材料内容理解的准确度和阅读时的速度，它不要求仔细揣摩和体味作品的语言，不太关注作者的语言风格，不太重视阅读时读者的情感体验等。

再之，俄语报刊阅读也不同于其他非外语院校、专业所开设的俄语专业文献阅读。比如，理工院校为俄语作为第一外语的学生所开设的俄语专业阅读，这些学生的专业方向已确定，阅读时所选用的材料与学生所修的专业方向基本一致，一般为本专业的专业文献。其教学的目的是培养学生以俄语为工具，获取专业所需要的信息。而对于俄语专业的学生来说，语言知识是他们学习的重点，至于未来具体的工作领域难以确定，有可能是外事、外贸、科研、企业、教育、文化等领域。因此报刊阅读教学的内容应该庞杂，教学选材注意广泛性的同时，应侧重于俄罗斯国内和国外政治、经济、贸易、文化、军事、科技、环保、卫生、法律、体育等方面的内容，使学生对以上知识有最基本的储备，成为一个"杂家"，一个复合型的人才，这样才能应对未来工作的需要。同时，报刊阅读教学还应传授给学生快速阅读的方法和技巧，培养学生理解、储备、加工、应用信息的能力。

由此看来，报刊阅读课的教师就像一个导航者，他应该明确地知道航程和目的地。报刊阅读教师只有明晰本课程的定位，准确地把握本课程的教学目的，才能做到有的放矢，科学选材，方法得当。

2. 报刊阅读教学的选材

俄语专业教学要满足复合型人才培养的要求，关键是要在俄语专业教学内部寻找合适的切入点，使俄语专业教学的一些课程顺应复合型人才培养的需求。从反馈回来的信息可知，当今社会所需要的俄语人才，不只是要精通俄语，了解使用俄语的国家的政治、经济、历史、地理、文化习俗等方面的知识，而且要掌握一定的外事、外贸、金融、法律、科技等知识的复合型人才。因此报刊阅读教学的选材至关重要，学生对各种知识的需求能否得到满足，在一定程度上取决于教师在选材时的取向。这时报刊教学的老师就像一位营养师，阅读材料的题材搭配、篇幅长短、难易程度要科学合理。既要配料新鲜（与其他课程相比，报刊阅读材料要紧跟时代，更新速度要快）、营养全面（选材时题材要多样化，所涉及的题材范围要广）、营养价值高（选材的知识性要强，实用性要强，学生读完后要有所受益），又要好消化、易吸收（所选材料的篇幅长短要合适、难易程度要适当）。我们认为，为了弥补外语院、系主干课程内容偏文的缺陷，报刊阅读材料的选用应侧重于俄罗斯国内和国外政治、经济、贸易、军事、科技、环保、卫生、法律、体育等方面的内容。但是众所周知，上述文本大多不具备文学作品中常见的鲜明的人物形象描写，缺乏生动的情节，阅读时学生难以产生像文学阅读时身临其境的感受，难以产生与作者在情感上的共鸣。再加之如果报刊阅读材料的选择和搭配不科学合理，课堂教学方式呆板单一，就有可能使学生倍感报刊阅读枯燥乏味。因此选材时教师不应该按照自己的兴趣和喜好去选材，选材时要科学、全面，要考虑到学生的兴趣、学生对各种知识的需求和全面发展，选材要有利于复合型人才的培养。另外，每一次教学所选用的几篇文章的题材搭配要合理，几篇文章的题材不要重复，使学生在阅读中始终保持一种新鲜感和兴奋感。

3. 学生阅读速度和效果

为了培养复合型的人才，报刊阅读教学不但要给学生提供题材庞杂的阅读材料，而且也要求学生阅读时注意力要集中，思维要敏捷，要使学生利用有限的课时获取大量的信息。从这一点讲，报刊阅读应是一种限时的、快速阅读，阅读速度要达到每分钟150至200个单词（正常阅读速度为每分钟100至140个单词——提高阶段教学大纲要求）或更高。这种快速阅读要求学生在限定的时间段内，从整体上把握文章的主要内容，迅速地从所选文章中摄取新的、有用的信息。关于这一点孙玉华教授也有过类似的观点，她认为，高年级的阅读"重点培养学生的快速阅读能力。在阅读过程中迅速准确地捕捉信息，进而区分主要信息和次要信息"（孙玉华等，2008:1）。可见，在报刊阅读中强调学生快速地获取文章的核心信息（所选读文章的主要内容是什么？文章作者准备要说明什么问题？文章作者对某事件、某现象持什么态度？），不要求学生仔细地理解文章中的每个信息。

然而在教学实践中总是存在着一些主观或客观因素，如材料的难易程度，材料是否有趣或有益，学生阅读的目的、语言基础、智力水平、精神状态、阅读习惯、阅读的方法和技巧等因素都在制约着阅读的速度和效果。下文中我们将主要分析一下阅读习惯和阅读方法对阅读速度和效果的影响。

3.1. 常见的不良阅读习惯

在报刊阅读教学中我们常常发现学生的一些不良阅读习惯，妨碍着阅读速度和效果的提高。这些不良的阅读习惯主要有以下几类：

出声阅读。有人做过试验，出声朗读汉语最快每分钟只能读200个汉字，而默读每分钟最快可达 800 个字，可见其速度的反差非常明显。出声阅读的弊端在于信息的获得要经过视觉、听觉和大脑，这就增加了阅读的环节，延长了阅读的时间。所以快速阅读训练的目的在于使学生摒弃出声阅读这一习惯，即彻底摆脱靠听觉来感知和确认信息的习惯，使视觉功能不再受一个个的音组成的语音现象的束缚和干扰，从而节省时间，提高阅读速度。

逐字阅读。这是一种效率低下的机械性的阅读。没有经过快速阅读训练的学生在阅读时其视觉单位非常小，他们的阅读单位往往是一个字或单词，每读完一个字或单词就要眼停一次，那么阅读的速度自然就放慢了。快速阅读的目的在于使学生扩大自己的视觉幅度，跨越低效的逐字阅读方式。只需一瞥便能抓住并理解一个词组或短语的含义，而不必逐字解释。在训练中慢慢地扩大自己的阅读单位，先由一个短语到一个小句，再由小句过渡到长句，再扩大到小段……

重复阅读。这种阅读习惯是指学生一边阅读，一边反复地回到已阅读过的部分，去确认自己对已阅读过的某个词或句子的理解是否准确到位。造成反复回读的原因有可能是学生阅读时注意力不集中，有可能是学生瞬时记忆能力太差，也有可能是学生太注重文章的个别细节。这种反复的认知降低了阅读的速度，影响了大脑功能的发挥，使大脑不能从整体上把握所阅读材料的内容。

依赖词典。报刊阅读材料直接选自俄罗斯的报刊（网站），文字上没有经过任何的改写和加工，不可避免存在生词。在教学中我们发现，一些同学遇见生词就去翻字典，把时间耗费在词义的选择上，从而降低阅读的速度。因此在我们的教学中要给学生传授依靠所掌握的语言知识、相关的主题知识、文章的上下文等来确定或猜测词义，从而加快阅读的速度。

3.2. 输入文章章法，强化概括能力训练

报刊阅读教学选用文章的题材不同，长短不一，结构各异，但阅读理解时总有章可循。刘勰说过："夫人之立言，因字而成句，积句而成章，积章而成篇"。这主要讲的就是文章的章法、结构、层次单位。报刊阅读教学时要给学生介绍文章章法的基本规律，要让学生在阅读时注意文章各层次单位衔接处明显的特征，注意领起后文和收束前文的语句，表示承前启后、过渡的语句，有重要指示词的语句，位于全文或全段开头、结尾处的语句等。这些明显的特征均可为快速地概括全文提供支撑。况且，任何文章都有一个逻辑中心，并按照统一的逻辑顺序发展。理解文章，除利用已有知识同文章提供的信息建立一定的逻辑联系以外，还必须把文章的内容归结成为简短的、逻辑性强的几条提纲，并从中找出一个中心内容，然后把这些内容联系起来，形成一个统一的、有一定逻辑联系的思想（曾祥芹，1992:200）。只要把握住文章的逻辑中心，就可迅速地从整体上概括文章的大意。

按照美国阅读心理学家金兹齐（Kintsch）和范迪（van Dijk）的说法，概括的作用是在阅读者的陈述记忆中，形成一种表达文章主要思想的总体结构或宏观结构。这种宏观结构相当于在阅读者的心目中形成一篇文章的提纲，它通过一系列有层次组织的命题来捕捉文中的主要概念（吴庆麟，2000:242）。概括能力是学生获得信息、浓缩信息、拓展和积累知识的重要能力，报刊阅读教学的一项主要任务就是要训练和提高学生的概括能力。概括能力强的学生阅读所需要的时间就会短，阅读的效果也就会高。

概括既可指学生对小到一个小自然段、意义段内容，又可指大到对一篇文章、一本书内容的浓缩。多数的段落本身就有中心句，有的中心句在段首，有的在段尾，也有的居段中，这些中心句常常就是本段的段意，然而寻找中心句必须以对全段的内容进行分析和综合为基础。还有一些段落虽然没有中心句，但却有概括性较强的词语或句子，我们就可以依托这些词或句子来概括段意。同时，对一个自然段意义的概括是对一篇文章内容进行概括的基础。

总之，提高学生的阅读速度和效果，除了要规避不好的阅读习惯外，还要给学生介绍文章的章法，强化学生概括能力的训练。经过训练，学生掌握了文章章法的基本规律，学

会快速地提取中心句，捕捉关键段，按照文章的逻辑中心循章归旨。

3.3. 注重培养学生的思辨能力

孔子曰："学而不思则罔"。孟子云："心之官则思，思则得之，不思则不得也"。二位圣人讲述的是同一个哲理，我们阅读时不是被动地吸收新信息，而是积极地在激活旧信息，是主动地探寻考证，是批判性的阅读。"报刊阅读作为一个信息双向交流的行为互动过程，信息交流中的双方都是具有主观能动性的人。原文作者用自己的文字在与学生进行无声的交流，用文本所表达的信息来影响学生；而学生的阅读并非是一种被动性的行为，学生在接受、理解和加工信息的过程中往往会积极主动地从自己的立场角度对文章中的思想观点做出反应、进行评判"（安新奎，2002:87）。学生在阅读时只有不断地介入自己的推测、评价、质疑（自己以前是否读过类似的材料，本篇文章有什么新意，作者的哪些观点尚需商榷、讨论，哪些观点是自己难以接受的），才能把文本中新的信息同自己以前的经验相结合，纳入已有的知识体系，并寻找某些因果关系，由此才能产生新的信息组合、启示和发现。报刊阅读教学需要营造的就是这种思辨的氛围，鼓励学生阅读时积极思维。只有这样，才能加深对所阅读文章的理解和提高阅读的效果。

4. 学生——报刊阅读教学的主体

报刊阅读教学较之其他一些外语课程，更强调学生是教学过程中的主体。报刊阅读教学主要是通过学生自己阅读文章来完成的，而教师只能起辅助的、指导的、组织的作用。

4.1. 教学活动的组织和形式

美国语言学家奥德丽·怀特所言极是，"好教师如同一个交响乐队的指挥，他不是演奏者，而是指挥演奏的人。他应能借助课堂上各种信号，维持整体演奏的适当的速度，保持合奏与独奏的协调平衡，保证及时地纠正每个错误的音调"（曾祥芹，1992:51）。把这一比喻用于报刊阅读教学是非常之贴切，老师作为课堂组织者，可根据学生的眼神、面部表情、呼吸、肢体动作等的细微变化来捕捉学生在阅读时心理的变化，观察学生阅读时注意稳定性的变化，即观察学生在一定的时间内是否把注意力集中在所阅读的那篇文章上。在阅读一篇文章之前，老师可提出在阅读文章后要完成的任务或要解决的问题，这是阅读时保持稳定的最重要的手段之一。另外要使学生在报刊阅读时保持注意力的稳定，除了每一次课所阅读的文章的题材不能重复，教师所组织的课堂活动的形式还要多样化。也就是说，如果一次课需要选读五篇短文，那么就可以安排政治、经济、文化、科技、环保等题材的文章，力求在一次课内所阅读文章的题材差异明显。如果长时间地阅读同一题材的文章，再加之长时间地进行单一的课堂活动，要保持学生注意力的集中是比较困难的。要使学生不断地保持阅读时的新鲜感，在阅读时始终处于兴奋状态，除了每一课阅读的文章的配置要合理外，教师可采用多变的教学方式。对报刊阅读教学来说，教师可以结合阅读材料的特点设计不同的练习，如词义（段意、文章大意）猜测、做小标题、判断是非、多项选择、回答问题、列提纲、概括大意、转述、分组讨（辩）论、抢答、"答记者问"等等，用这些形式多样的练习来组织课堂教学和检测阅读效果。"一个优秀的教师应该能让全班学生始终保持积极主动的学习态度。……不论在哪种教学方式上都不停留过久，以免使学生感到厌烦和失望"（曾祥芹，1992:51）。教师设计的丰富多变的课堂练习可以激发学生的阅读兴趣，使学生能够集中注意力，生气勃勃，而不是机械地、被动地、死气沉沉地去获取知识，要让学生乐于报刊阅读，能感受到报刊阅读教学特有的、潜在的乐趣。

4.2. 学生的个性差异

在考虑到全班整体阅读进度的情况下，对那些语言基础较差的、阅读速度慢的学生，在课堂上不妨让他们结合所阅读的课文完成一些如"是非判断、选择、列举、回答问题"

等简单的练习，而在课后则要求他们多下工夫，加深对所阅读课文的理解。对于那些知识面广、理解能力强、阅读速度快的学生可以提出一些抽象的问题，布置一些富有挑战性的练习，比如对所阅读材料的作者的观点进行评论。另外，也可要求他们在课后利用网络，增加阅读量。这样一来就可以照顾到学生个性的差异，从而调动各类学生的积极性，使他们都能参与教学活动，都能有成就感，都能从报刊阅读中获得乐趣。

4.3. 课时的合理分配

老师在报刊阅读授课时用于组织、引导、协调所占用的时间不宜过长，应把主要的课时留给学生。英国著名的语言学家C. E. 埃克斯利曾经说过："凡是课堂上绝大部分的活动是由学生而不是由教师进行的课，则是最成功的课。语言教师最有害的缺点和最流行的通病就是讲得太多。他试图以教代学，结果学生什么也学不到"（曾祥芹，1992：112）。报刊阅读教学尤其如此，报刊"阅读决非精读，不可做过细的讲解和分析，重要的是保证学生的阅读量，……"（刘永红等，2006:1）。如果教师过多地占用课堂时间，喋喋不休地介绍背景知识、讲解语言知识、文章的篇章结构、甚至是文章的内容，那么就会喧宾夺主、越俎代庖，其结果使报刊阅读教学过程支离破碎，限制了学生阅读能力的发展，抑制了学生的求知欲，影响了他们知识面的拓展。

结语

报刊阅读教学是培养复合型人才的切入点。只有加强对报刊阅读教学的研究，才能把握好教师在整个教学过程中的角色，准确地为课程定位，科学地为教学选材，丰富自己的教学方式，促进学生快速获取信息、加工信息、使用信息的能力的提高。

四、报刊阅读教学：学生信息积累+能力培养

引言

在这个信息大爆炸和知识不断更新的年代里，通过报纸等传统的媒体和时兴、快捷的互联网、电子邮件大量的信息纷至沓来。只有快而准地获得信息、加工信息、利用信息，才能够在全球经济一体化的滚滚浪潮中赢得先机。因此如何培养学生的阅读技巧和能力已在外语教学中占有很重要的地位。

1. "鱼"与"渔"之分

若横向比较，外语院校所开设的报刊阅读课不同于其他非外语院校、专业所开设的专业阅读（专业阅读旨在培养学生如何以外语为工具，获取专业所需要的信息，阅读所选用的材料与学生所修专业的内容一致，为该专业的专业文献。）；若纵向比较，报刊阅读又不同于外语院校、专业所开设的文学选读或文学赏析课（其主要内容是介绍一些作家的作品，旨在培养学生如何分析文学作品的中心思想、研究作品的结构、作品的语言风格）。从内容上讲，外语院校所开设的报刊阅读课主要选用新近出版的报刊文章或从互联网下载的文章，涉及政治、经济、军事、科学、文化、教育、文学、艺术、卫生诸多方面的内容。报刊阅读课程的教学目的是使学生及时地了解、获取大量的新信息的同时，也能够提高其获取信息、加工信息的技巧和能力。通过教学使学生获得信息、积累知识（信息、知识—本章中我们称之为"鱼"）固然重要，但是能够在教学的过程中培养学生自己判断、推理、分析、总结而达到获得信息、理解信息、加工信息的技巧和方法（技巧和方法—本章中我们称之为"渔"），我们以为这更加重要。因为学时有限，再加之信息和知识在不断地更新，而能掌握某种解决问题的方法、技巧和能力则会使人受益终生。假若"授之以鱼"与"授之以渔"二者必居其一，我们以为宜取后者。

2. 选"鱼"说

随着经济的发展，外语院校及外语专业传统的单一的纯语言教学已经不能适应社会的发展。这具体表现在所培养的人才知识结构单一、与市场需求相脱节、适应社会的能力差、难以满足社会的需要，因此改革传统的外语教学，为社会培养一专多能的复合型人才已迫在眉睫。而报刊阅读课程依托自身的特点（阅读材料内容新、题材范围广、形式多样化、教学方式灵活性强）完全可以顺应外语改革的趋势并为之服务。报刊阅读在内容上可弥补外语院校、专业学生知识面过窄、知识结构不合理的缺陷，通过改进教学方法可培养学生的独立思维和创造性思维能力。

从信息论讲，报刊阅读实质上是一种信息的转化过程，过程的两个终端为作者和读者。作者撰写刊发文章的目的是希望对读者产生影响或感染作用，读者阅读的目的是希望从文章中获取信息。然而，事实上每一个作者和读者并非都能如愿以偿，因为不是所有的文章都能吸引住读者的注意力，而且作者所表达的意义未必能为读者所理解。阅读过程中读者往往会根据自己的需要、情绪、经验、知识结构、价值观念等去选择有用的、自己感兴趣

的信息。文章能否被选中主要取决于两个方面的因素：文章的结构形式和文章的内容。若文章中所传达的信息不能吸引读者、被读者完全理解，那么信息的转换就难以完成。由此可见，报刊阅读教学中教师合理的选材至关重要。

报刊阅读的基本任务将是"授之于鱼"，这里的"鱼"指的是纷繁多样的信息、是知识粮食，因此如何选"鱼"至关重要。

2.1. 选材要有一定的目的性

我们以为，外语院校的学生偏重于语言文学的学习，所以对那些综合的运用语言的各种表现手段来刻画人物、反映社会生活的文艺作品感悟能力极强，而对于那些论证逻辑严密、分析客观具体、结构严谨、术语较多、涉及一定专业知识的文章却接触较少。因此报刊阅读选材料应以国际政治、外交、经济、贸易、军事、科学、技术卫生、体育等方面的知识为主，以达到服务于扩大学生的知识面、培养复合型人才之目的，而涉及文学、文化、艺术等方面的材料则应为辅，其原因在于外语院校一般都开设相关的语言、文化、文学课，如此来可避免"重复建设"，节约学时。

2.2. 要注意选材的科学性

我们以为，选材时教师要力避主观性，不能只根据教师个人的主观倾向、兴趣选材。选材要以服务于学生为目的，要满足学生获取新信息和有价值信息的需要，选材要有助于充实完善学生的知识结构，要注意全面发展。另外，不管选用哪种题材的文章都要注意文章的完整性，完整的文章更能使学生准确地把握作者行文的脉络和文章的中心思想。选材时还要把握好文章的长短和难易程度。较之短文章，一篇较长的文章更利于集中学生的注意力，同时从修辞角度讲，文章愈长，文章所具有的各种语体（或分语体）的个别特点也就愈加鲜明。故而一篇较长的文章能使学生有足够的时间去了解、适应作者的语言和文体风格，最终达到整体上去把握文章的主题（这一点下文将予以详述）。相反，文章太难则会分散学生的注意力，文章过分简单则会使学生在这场"心理语言的猜谜游戏"（美国 K. S . 古德曼）中无法兴奋和产生乐趣，从而使信息交流这一双向活动难以顺利进行。此外，选材时要注意同一类型的材料不宜重复选用，因为学生的交际需求在于不断地获取新的信息。"老生常谈"、重复选用相同或近似的题材会使学生失去新鲜感，难以激发学生阅读的兴趣和动力。

3. 授"渔"说

报刊阅读教学的内容除了让学生获得"鱼"，了解大量的信息以外，我们认为，教师还要教会学生如何"渔""鱼"，即如何获取信息、加工信息。有关专家和学者在教授学生阅读方法方面已有很多著述，大多涉及与阅读有关的词汇、语法、构词、背景知识（包括语言文化知识）等方面的研究（如根据构词法确定词义，根据上下文猜测词义，根据语法知识、背景知识确定词义，根据文章题目预测中心思想等）。这些方面的研究对阅读固然很重要，但略显重细节而忽视宏观，缺少一种对篇章阅读宏观驾驭。本章拟从篇章结构、文体类型两方面的知识对学生报刊阅读速度和质量的影响进行研究，旨在培养学生从宏观、从整体把握文章思想内容的能力。

3.1. 篇章知识与报刊阅读

言语交际（写和读）中的交际主体（作者和读者）都是有意识地参与交际，而为了完成交际过程，实现交际目的，文章作者都要对自己的言语行为（文章）进行有意识地控制和调节，使自己言语中的各种交际单位（句子、句组、句段以及由它们构成的各种组合形式）在意思和结构上自然、有机、紧密地结合成一个整体。而作者有意识地控制和调节是要遵循组成篇章的各种规律，通过借助一定的语言组织手段来实现的。如果教师在授课时能结合一定的文章给学生输入一些篇章知识，使学生能辨别作者文章中可能出现的句际关系（如并列、对应、分解、重叠、分指、重复等）、句际间的各种连接手段、作者文章结构所遵循的规律（平行式结构和链式结构），在此基础上把握住作者思维的脉络和线索。这几年我们的教学实践也表明，学生掌握一定的篇章知识在阅读时更易于提高其阅读的速度和质量。

3.2. 语体知识与报刊阅读

前文已说过，报刊阅读的内容涉及国内外政治、经济、贸易、外交、军事、科技、教育、艺术、体育、卫生等生活的方方面面，内容广泛，报道形式也有所不同。有些题材的报道有其相对固定的形式（即分语体和体裁），而这些固定的形式受制于言语交际的目的和任务，形式的不同具体表现为各种分语体和题材大多具有独特的言语组合方式以及表现在语言单位独特的相互联系上。根据各体裁在言语表达和结构组织上不同特点，报刊的分语体可分为三大类：报道型分体（其中又包括短讯、简讯、采访、现场采访和报道等），分析型分体（如社论、述评、理论性文章、决议、书评、科普文章等），文艺政论型分体（抨击性文章、特写、讽刺性小品文等）。给学生介绍这些方面的知识，使学生在阅读时能根据这些体裁的特点，按照其结构特点准确地把握住文章的中心思想。还需给学生强调不同体裁文章大都有其程式化的语言，这是因为报刊文章的作者一般都希望尽快、及时、准确地报道或评论所发生的事件或出现的现象，为此就出现了可适应交际需要的程式化的语言（其中包括程式化的词汇、篇章结构和语义构成等）。作者正是借助于这些程式化的语言，大大地提高了撰写文章的效率，而作者使用程式化语言的另外一个目的就是为了方便读者阅读。而对学生来说，如果他们了解报刊体裁程式化的语言，毋庸置疑，一定也会有助于他们加快阅读速度。从教学实践中我们也不难发现这一点，上课时我们经常要求学生找一个（或几个）关键词或主题句来概括一段话或一篇文章的大意。因为文章中程式化的句式结构或篇章结构常常只是充当一种形式、一种格式和框架，只起一种铺垫作用，而最具有意义的就是那些关键词或主题句了。

4. "渔" "鱼" 的测评

心理学表明，言语交际是一个双向的言语行为互动过程。它是一种由表达者和接收者共同参与并互换位置的信息交际活动，而报刊阅读作为言语活动的一种，自然也不例外。它是一种作者和读者的编码和解码传递信息的活动过程。信息传递是否畅通，学生对文章的理解程度如何，这些结果还有赖于教师使用各种方法进行测评。我们以为，理解程度的测评可分为三个层次：一、机械性理解（是对文章字面意思的理解，是一种表层理解），二、深层次理解（是一种在字面意思理解的基础上通过读者的概括、总结而得出文章的中心思想或通过读者的分析、判断、推理、论证而达到地对文章作者话语语用意义的理解和推测），三、交际性理解（是一种在前两个理解的基础上与文章作者进行模拟对话，各抒己见）。在此我们想主要谈一谈交际性理解。报刊阅读作为一个信息双向交流的行为互动过程，是原文作者用自己的文字在与读者进行无声的交流。信息交流中的双方都是具有主观能动性的人，学生的阅读并非是一种被动性的行为，学生在接受、理解和加工信息的过程中往往会积极主动地从自己的立场角度对文章中的思想观点做出反应、进行评判，这也体现了报刊体裁的感染影响功能。与此同时，通过读者反应、反馈，在这种无声的双向交流过程中文章中的信息不仅在传递，而且也在形成、补充、发展和完善，这是对原作信息的再加工和再创造——培养和提高这种能力正是我们报刊阅读教学所追求的目标。作为教师除了释疑、解惑、引导、调节、检查学生的阅读之外，还应当积极地投入到这种交际活动之中。既能对文章发表自己的观点和看法，也能善于适时地转变自己的角色，来充当作者的化身，站在作者的立场上，与学生展开对话，进行模拟双向交流。如此一来，活跃了课堂气氛，激发了学生的思维，使学生感受到阅读的乐趣，进而也集中了学生的注意力，提高了阅读的功效。

结语

总之，影响学生阅读能力的培养和提高的因素很多，除学生自身语言知识和背景知识的积累以外，老师丰富多样的教学方法也至关重要。只有两者相结合，阅读教学才不至于乏味枯燥。而阅读一旦成为一种积极主动的行为、一种乐趣和习惯时，阅读的效果自然也就提高了。在阅读教学中老师不但要给学生提供大量纷繁信息，丰富完善学生的知识结构，同时又要能给学生传授阅读的方法和技巧，使学生掌握如何处理信息和加工信息的技巧和方法。

五、图式理论与报刊阅读教学

引言

图式理论（Schema Theory）是认知心理学家们用以解释和理解心理过程的一种理论。图式理论最早由德国哲学家、心理学家康德（Kant）于1781年提出，后经英国心理学家巴利特（Bartlett）、瑞士儿童心理学家皮亚杰（Piaget）、美国人工智能专家鲁梅尔哈特（Rumelhart）、美国认知心理学家安德森（Anderson）等人的发展、充实和完善，使图式理论趋于成熟和完善。概括地讲，图式理论的主要观点是，人们在理解新事物的时候，需要将新事物与已知的概念、过去的经历，即背景知识，联系起来。对新事物的理解和解释取决于头脑已经存在的图式，输入的信息必须与这些图式相吻合（王初明，1990：151）。阅读时读者视觉感触到的是用文字所表达的信息，为了理解这一信息，读者总是在自己的记忆中去搜寻可以说明所输入的文字信息的图式。如果找到了这些图式，就说明读者理解了所输入的信息；如果读者的记忆中缺少与所输入信息相关的图式，那么读者就有可能不能理解，或者不能完全理解所输入的信息。由此看来，我们阅读的过程是我们头脑中先前储存的图式与所输入的信息之间相互作用的过程。这一点也可以从认知学派的结构同化说中得以印证。结构同化说认为，"新知识的获得主要依赖认知结构中原有的相应概念，通过新旧知识的相互作用，把新知识同化于已有的认知结构，或改组扩大原有的认知结构容纳新知识"（朱纯，1994：70）。根据图式理论，读者的阅读理解取决于三种图式：语言图式、内容图式、形式图式。本章试图把图式理论运用于我们的报刊阅读教学，探讨如何提高学生的报刊阅读能力。

1. 语言图式与报刊阅读教学

语言图式是指学生的语言知识，如词汇、语法、句型等方面的知识。从本质上讲，阅读理解是从感知外部言语信息、从最基本的文字符号的辨认开始的。阅读理解经历了由所阅读文本的表层结构到深层结构，再到理解最深层的语义表象的译码过程。在阅读过程中读者"经历了内部词汇检索，在词汇信息基础上建立句子的结构，最后把词汇信息和句法信息综合起来进行解码形成语义表征以理解其意义"（朱纯，1994：75）。不难看出，语言知识的运用贯穿于阅读过程的始终，在这一过程中学生是否具备相应的语言图式是完成阅读理解的先决条件。我们认为，俄语教学的低年级的阅读课和高年级的报刊阅读教学有很大的差别。低年级的阅读教学的目的是"经过一定程度的精泛读结合教学巩固已掌握的语法、词汇知识，扩大语言知识面，了解俄罗斯文化，进而培养俄语阅读能力，尤其是为进一步培养获取信息的能力打下良好基础"（孙玉华等，2008：3），不难看出，低年级的阅读课主要是配合精读和语法教学，是精读、语法等主干课程的延伸。对学生来说，语言图式和内容图式同等重要，因为低年级学生受语言知识和相关背景知识的限制，其阅读课既要重视词汇量的拓展、积累和语法知识的巩固和提高，又要强调对所阅读材料的内容图式的积累。这一阶段学生在阅读时把过多的精力花费在语言本身的学习上，学生一般都是从最小的语言单位，如字母和单词的辨别开始，逐步向短语、分句、句子和语篇等较大的语言单位过渡。而阅读课的教师在这一阶段多要求学生对语言图式的巩固和积累，不太要求学生的阅读速度，更注重的是阅读材料的细节，多强调的是所阅读材料的语言结构和文字特征。

而在高年级的报刊阅读教学中教师是在有意识地给学生提供各种各样的内容图式，其目的在于拓展和丰富学生的知识面，培养学生获取信息、加工信息、使用信息的能力。这一阶段语言图式的输入虽然不再是教学的重点，但并非说在高年级的报刊阅读教学中语言图式的作用不重要。如果学生缺乏足够的、扎实的语言图式，是难以对所阅读文本的信息进行解码，更谈不上利用阅读材料中所提供的信息和线索去刺激和调动大脑中所积累的结构图式和内容图式，进而就不能准确地理解所阅读文本的意义。

可以设想一下，如果在高年级的报刊阅读教学中教师过分地强调语言图式的输入，过分地利用阅读材料去讲解所涉及的语法和词汇现象，那么就会把一个有意义的语篇肢解，就会使报刊阅读教学过程支离破碎，使学生的阅读缺乏一个整体性和延续性。这样一来，报刊阅读课教学就成了一个教师讲解语言知识的单一模式。教学实践证明，这种模式会压抑学生的阅读主动性，从而使学生倍感报刊阅读枯燥无味，失去了对报刊阅读的兴趣，况且这种模式也不利于学生形成一个良好的阅读习惯，有碍于学生阅读能力的提高。

需要指出的是，报刊阅读教学并非一味地重视内容图式而忽视语言图式。在报刊阅读教学中教师除了要求学生积累丰富的内容图式、了解各种文本的结构图式外，也会要求学生积累材料中出现的主题词汇、积极词组、缩略语、新词汇，也会给学生简单地介绍新的语法现象。

2. 内容图式与报刊阅读教学

语言图式是阅读得以顺利进行的基础，没有语言知识的支撑，读者是难以获得形式图式和内容图式的。同时，图式理论也认为，语言图式，即任何语言信息，无论是口头的，还是书面的，本身都无意义。它只是指导听者或读者如何根据自己原有的知识恢复或构成意思。美国认知心理学家安德森（Anderson）认为，"人对环境中各种特征之间的相关有一种基本的敏感性，能够注意并记住在一范畴中哪些特征组和往往连同出现，并根据这些相关的特征建立起有关该范畴的图式。也就是说，人脑中将保留该范畴的若干特征，并由此形成一整套完整的记忆组织，而该范畴中一些无关全局的方面则不予保留或记忆"（吴庆麟，2000:132）。安德森的研究证明，人们在获取信息的过程中是有所选择和取舍的，并非是悉数接受的，有些信息留在记忆之中，有些则被舍弃。原作者使用语言图式、依照一定的形式图式而构筑内容图式，而在阅读时读者通过语言图式、借助形式图式而获得内容图式。往往在阅读结束后在读者的记忆中较多保留下来的心理痕迹却是内容图式而非语言图式和形式图式。

具体地讲，内容图式是指读者对文章内容范围的有关背景知识的熟悉程度，如学生对于俄罗斯的历史、地理、政治、经济、文化等知识的了解和积累的程度。古人刘勰的"观千剑而后识器，操千曲而后晓声"说的也是内容图式的长期积累和储存的重要性。在阅读过程中原文作者也正是利用读者的背景知识来传达他所要明确交代的信息，这时读者把自己记忆中的内容图式与所阅读材料所提供的内容图式结合起来，两种图式在读者的头脑中相互作用，内容图式的输入和激活同时进行，读者就获得了作者所要表达的内容图式。

我们在报刊阅读教学中发现，学生虽然在一定的时限内读完一篇文章，但不能理解文章，除了语言因素外，一个很重要的原因就是学生的记忆中缺少与所阅读文章相关的内容图式，或者是学生记忆中储存的内容图式与所阅读文章所提供的内容图式不完全一致或相距甚远，因而学生就难以理解文章。

美国人工智能专家鲁梅尔哈特（Rumelhart）研究发现，读者难以理解一篇文章，其原因有三："第一，读者未具备适当的图式。在此种情况下，读者根本无法理解文章表达的意思。第二，读者或许具备适当的图式，只是文章的作者未能提供充分的线索，使读者的图式发生作用。因此，读者依然不能读懂文章。如果提供合适的线索，读者对文章的理解便得到保证。第三，读者对文章会予以始终如一的解释，但未理解作者的真正意图。在此种情况下，读者'读懂'了文章，但误解了作者的意思"（王初明，1990:154）。从鲁梅尔哈特所总结的三个原因中我们可以清楚地看出，他非常重视读者内容图式的积累和读者记忆中所储存图式与阅读文章所提供图式的相互作用。

俄语院、系高年级的学生若谈起俄罗斯的白桦树、三色旗、国徽，则会对它们做详尽的描述，并能介绍各自在俄罗斯文化中的象征意义；若谈起俄罗斯文学作品中的"多余人"，他们则会罗列出普希金《叶甫盖尼·奥涅金》中的叶甫盖尼·奥涅金、莱蒙托夫《当代英雄》中的毕巧林、屠格涅夫《罗亭》中的罗亭、冈察洛夫《奥勃洛摩夫》中的奥勃洛摩夫，并说出他们的性格特点来，其中最主要的原因是学生在平时的学习中所接触的这些方面的图式较多之缘故。而若要谈起苏-37战斗机、布拉瓦-M导弹、尤里·多尔哥鲁基号潜水艇、瓦朗格号导弹巡洋舰，则很少有人能说出它们的技术性能和参数，这主要是由于在平时的教学中没有涉及这一方面的图式。学生的记忆中缺乏这些图式的储存，阅读时就无法产生所输入内容图式与所储存的内容图式的相互作用。

在我们的报刊阅读教学中还有一点值得注意，学生对于那些偏文学性的文章（如特写、采访、讽刺小品文等体裁的文章）的感悟能力要快得多，理解也要准确到位得多。而对于那些涉及国际政治、经贸、科普、法律、军事、环保等体裁的文章的阅读速度要慢得多，理解的准确度也低得多。其根本原因是"外语院校的学生偏重于语言文学的学习，所以对那些综合的运用语言的各种表现手段来刻画人物、反映社会生活的文艺作品感悟能力极强，而对于那些论证逻辑严密、分析客观具体、结构严谨、术语较多、涉及一定专业知识的文章却接触较少"（安新奎，2002:4）。我们也粗略地统计了一下，俄语精读课本《Восток》的5—6册中课文内容涉及文学和文化的超过60%之多，而涉及国际政治、经贸、科普等体裁的文章少之又少，致使学生知识结构单一、知识面狭窄，不利于学生对其他内容图式的积累。多年的教学实践告诉我们，报刊阅读教学是弥补这一缺陷的很好的途径：它不但选材范围广，而且内容更新快，更有利于学生各种图式的拓展和积累。我们认为，报刊阅读课的选材可集中在对国际政治、经贸、军事、科技、环保、法律、卫生、体育等材料的选读，以此来弥补俄语主干课程内容方面的缺陷，从而达到拓宽学生的知识面，为学生储备丰富的内容图式，进而服务于复合型人才的培养。

3. 结构图式与报刊阅读教学

每一个具体的内容都是使用一定的语言材料、按照一定结构模式表达出来的。结构图式是指读者对文章体裁、逻辑结构、修辞方式的了解程度。程千帆曰："考体式之辨，乃学文之始基"。程千帆虽然指的是做文章时要了解文章体式和结构的差别，但他的观点对我们的报刊阅读也有指导意义。读者在阅读时要形成全文总体结构的另一些线索必须依靠读者记忆中对不同文本的结构已具有的图式性知识。报刊作为一种信息传播媒介，为了方便记者及时报道新发生的事件，为了提高新闻撰写和传播的效率，也为了使读者能够迅速地找到并解读自己所感兴趣的信息，在长期的发展过程中报刊慢慢地就形成了一个相对稳定的结构模式。

以报刊阅读教学经常选用的新闻为例，新闻使用概括叙述的方法和扼要简明的文字迅速、及时地对新近发生的典型事件进行报道。"在篇章结构方面，许多报纸体裁，特别是新闻性体裁，如简讯、采访记等，有比较明显的程式性特点，结构方面常有一定的典型格式和框架，写作者也可作为现成的东西拿来套用。例如，简讯的首句常是概括报道事件整体，接下去的句子尝试将首句内容具体化、细节化……"（白春仁，1999:207）。学生掌握了新闻的篇章结构，阅读时更易于获得新闻的主要信息。

再如报刊阅读教学另一个常常选用的材料——新闻评论。新闻评论一般都是针对俄罗斯国内和国外重大社会、政治、经济、文化、军事等问题进行阐释和评论。教学的目的就是要求学生找出作者的观点、态度、主张及其所持的理由。要实现这一目的，学生就要善于把握住文章作者的行文的思路：作者是如何提出问题→作者是如何分析问题→作者是如何解决问题的。美国认知心理学家迈耶（Mayer）曾列述五种评论性文体的结构模式：第一，前提—结果结构，揭示两个主题之间的因果关系；第二，比较结构，论述两个主题之间的相似点与差异处；第三，组合结构，收集与某一主题有关的各方面事实；第四，描述结构，展开某一主题的细节或提出一些实例；第五，反应结构，提出问题然后予以解答。这些不同的文本结构作为各种文本的图式储存进熟练读者的陈述记忆之中后，便可指导他把握文章各部分的关系，使之能对现在所阅读的内容较快地形成总体概括（吴庆麟，2000:244）。记忆中储备有评论性文章的各种形式图式，学生在阅读时便易于把握作者是如何安排其观点和材料的，就可以辨别作者各观点之间的内在关系以及作者在文章中是如何安排这些观点的地位和顺序的，再加之使用综合与归纳方法，学生就可以准确地辨析篇章的框架结构。只有理清了作者的思路，剖析了文章的结构，把握了局部与整体的关系，把内容和形式统一起来，才能达到掌握全文，理解作者所要表明的基本观点和主张。在我们的报刊阅读教学中教师可以选用不同体裁的文章进行教学，给学生介绍和分析不同文章的结构，为他们点明不同文体的结构特点，从而为学生准确、快捷地获取信息创造条件。

结语

总之，报刊阅读是一个认知和言语交际的过程，这是一个极为复杂的生理、心理过程。在这一过程中学生不是被动地而是积极地参与其中，因为阅读时需要调动自己记忆中储存的各种图式来对新信息做出反应。如果一个人在自己的记忆中积累的各类图式的数量越多、种类越丰富，在阅读时可以被激发调动的机会也就越多，就越能保证准确地理解所阅读的文章。

六、国家俄语考试阅读测试的分析与研究

引言

阅读是一种从文字符号中获取意义的复杂的心智活动。阅读测试要求学生在有限的时间内及时准确地获取文章的必要信息,以此来检测学生是否具有准确而灵敏的理解力、准确而牢固的记忆力和准确而快速的推断及反应能力。本章以目前代表性最强(最权威、参加考试人数最多、范围最广)的高等学校俄语专业八级考试(以下简称"专八考试")和全国硕士研究生入学统一考试(俄语)(这种全国性的非俄语专业的研究生俄语考试下文中简称为"非俄专研考试")的试题为对象进行研究和分析,以图剖析国家俄语考试中阅读测试的特点,阐述培养学生阅读能力和提高学生阅读水平的策略。

1. 国家俄语考试阅读测试的要求

专八考试大纲中对阅读理解的考试要求:专八考试阅读材料一般为5篇短文,要求学生"能读懂俄罗斯报刊上一般性的时事述评、一般的科普文章和中等难度的文学作品。阅读速度为100-140词/分钟,总量为2500词左右,其中生词不超过3%(根据所学构词语法规则可认知的词汇除外)"。(史铁强,2007:4)后附测试题目数量为15,计分30,占整个考试分值的比重为15%。

非俄专研考试大纲对阅读理解的考试要求:非俄专研考阅读材料为4篇短文,总词量1600词左右,"考生应能读懂选自各类书籍和报刊的不同类型的文字材料(生词量不超过所读材料总词汇量的3%),还应能读懂与本人学习或工作有关的文献资料、技术说明和产品介绍等。对所读材料,考生应能:1)理解主旨要义;2)理解文中具体信息;3)理解文中的概念性含义;4)根据上下文推测词的词义;5)根据文中内容进行推理判断;6)理解文章总体结构以及句子之间、段落之间的关系;7)理解作者的意图、观点或态度;8)理解所读原文并能用汉语准确表达其内容"。(教育部考试中心,2011:2)后附测试题目数量为20,计分40,占整个考试分值的比重为40%。

通过对比我们不难看出,相较之而言,在非俄专研考试中阅读试题的分值和比重要大大地高于专八考试中阅读的分值和比重。我们认为,其中的原因在于专八考试的对象是俄语专业学生,俄语专业一般都要求学生听、说、读、写、译各语言技能全面均衡发展。而对非俄专研考试的考生来说,俄语对他们来说是一种获取信息的重要手段,服务于专业学习,俄语只是他们专业学习的辅助性工具。在听、说、读、写、译主要语言技能的培养过程中非俄语专业的俄语教学更注重和强调学生的阅读训练,其目的在于培养学生独立获取信息和加工信息的能力,通过阅读获得专业学习和研究所需要的信息,做到学以致用,促进专业水平的提高。另外,通过比较也可以发现,非俄专研考试的阅读测试对检测学生阅读能力和技巧方面所提出的要求不但明确细致,而且其要求比专八考试也要高许多。

2. 阅读测试检测点的分析

通过对历年专八考试和非俄专研考试的跟踪观察和分析研究,我们认为国考阅读测试

的检测点不外乎非俄专研考试中对学生阅读能力和技巧所提出的那些具体要求。只不过提请注意的是，非俄专研考试中把学生的汉语表达能力（"理解所读原文并能用汉语准确表达其内容"）的考查也列入阅读测试的范畴。考纲的制定者也在脚注中对此予以补充说明："硕士研究生俄语入学考试将俄译汉试题作为阅读的一部分，其目的是测试考生根据上下文准确理解俄语句子并用汉语予以正确表达的能力"（教育部考试中心，2011:2）。我们认为，把"俄译汉试题作为阅读的一部分"值得商榷。诚然，翻译时首先要掌握文章的内容，然后才是从译文语言中选择相应的表达手段来再现原文的内容。翻译过程中包含有诸多的阅读成分，阅读理解是翻译的基础。但是阅读过程中学生不但力求理解文章的信息，而且还常常会对文章的信息做出反应，这种反应所体现的形式是对信息的口头或内心的复述、转述、概括、质疑、拓展等。而汉语的表达仅是阅读后产生反应的一种形式，学生也可以用俄语来表达自己对文章信息的理解和掌握。况且，把翻译能力的检测列入阅读测试范畴之内有不妥之处，因为翻译能力的测试包括阅读理解、翻译技巧和方法的使用、译文语言的驾驭能力等。有时学生对文章的理解是正确的，但是翻译时表达出现了问题，那么翻译这种测试形式就不能完全准确地检测到学生对文章的理解程度。我们以为，对"用汉语予以正确表达"能力的测试可以通过独立的翻译考试进行检测。这样一来，国考阅读测试中常见的检测点我们可以归纳总结为以下几点：

2.1. 检测学生循章归旨的能力

国考阅读测试中对主题思想的提炼是重要的检测点之一，要求学生在理解整个文章的基础上能够进行高度的概括和总结。对文章主旨的理解和概括一般分为三步：第一步，整体阅读，把握文章轮廓，了解文章作者的思路和文章的基本内容；第二步划分层次，概括段意，理清段落间的相互关系；第三步，汇集段意，提炼中心。

作者通过文章全部内容所表达的中心思想、基本观点和情感倾向就是文章的主旨。任何文章都有一个逻辑中心，按照统一的逻辑顺序发展的，这就形成了文章的层次结构。文章层次结构是指作者对材料的组织和安排的方法，它是作者思路外在形式的表现。作者对事物内部联系的认识，思维的发展都是要借助于结构、层次和段落传达出来。这就要求学生要注意文章各段落之间主次轻重的组合关系，然后循文序或依关系去理清文意，求得文章的主题思想。命题人在设计这类题型时常常会涉及文章的基本观点、文章的标题、主旨、大意或段落大意等。例如：

① Какое из следующих высказываний соответствует содержанию текста?
　　[A] Теперешний высокий уровень цен на нефть удовлетворяет страны-члены ОПЕК.
　　[B] В течение большого периода цены на нефть постоянно повышаются.
　　[C]* Китай старается расширить источники энергии.
　　[D] Китай ограничивает употребление солнечной электроэнергии.

② Какое название можно дать этому тексту?
　　[A] Первая пересадка сердца.
　　[B] Последствия пересадки сердца.
　　[C] Количество пересадок сердца.
　　[D]3 Методы пересадки сердца.

③ В чём заключается главная мысль этого рассказа?
　　[A] Инвалиды – талантливые люди.
　　[B] Беды всегда приносят успехи.

---

*　画线选项为该题正确选项。

[C] Преодолевать трудности и беды легче всем вместе.
[D] Выступления на концертах приносят незабываемые минуты.

④ Чему посвящён этот текст?
[A] Быстрому экономическому росту Китая.
[B] Улучшению здоровья китайцев.
[C] Проблеме накопления веса у китайцев.
[D] Повышению жизненного уровня китайцев.

阅读测试时学生为了实现循章归旨，除了要梳理文章的结构层次外，还得具备一定的概括能力。"概括能力是学生获取信息、浓缩信息、拓展和积累知识的重要能力，阅读教学的一项主要任务就是要训练和提高学生的概括能力"。（安新奎，2009:91）文章是由大小不一的段落组成的，段落是文章的有机组成部分，对文章主题思想的概括是以对段意（自然段、意义段）的归纳为基础的，要想理解整篇文章的内容，就先得提炼出其组成部分的段意。阅读经验告诉我们，多数的段落有其中心句，而这些中心句往往就是段意；当然也有可能有些段落没有中心句，这时就要求学生要抓住那些概括性较强的词语或句子，并依托这些词句来浓缩段意。如：

⑤ Какова главная мысль последнего абзаца?
[A] Люди должны уделять внимание здоровью.
[B] Люди работают как винтики.
[C] Людям некогда нормально питаться.
[D] Китай набирает политический вес.

⑥ Как сжато передать главное содержание последней части текста?
[A] Одобрительное отношение к служебным романам.
[B] Родственные отношения на работе.
[C] Отношение родителей и детей к профессии.
[D] Отношения между образованием и культурой.

同时在提炼文章主旨时一定要抓住文章的"文眼"，即文章中最能表达作者意图的那些关键句子。"文眼"是窥看主旨的窗口，是梳理全文脉络的筋节，是分析文章各层次关系的关键。那么如何才能找到文章的关键句呢？"一般说来，一篇文章中的关键语句总是有表征可循的。从内容上看，要抓住能揭示文章题意、主旨的语句，抓住每一个段落中那些有概括段意作用的语句。从表达方式上看，要注意文章中那些直接或间接抒情的句子，注意那些发表议论的语句。从结构上看，要注意领起后文或收起前文的语句，表示承前、启后、过度的语句，有重要指示代词的语句，位于全文或全段开头、结尾处的语句等。从修辞上看，要注意那些运用了比喻、反问、排比、象征等手法的语句以及语意比较含蓄的语句等等。"（杨建华，2006:145）

总之，读一篇文章，要通过感知、分析、综合、抽象、覆盖等一系列思维活动，由分到总，逐级归纳，方可凝练中心。同时值得注意的是，不同体裁（记叙、描写、议论、说明或应用文体）的文章有不同的内容和写作目的，为此作者会采用不同的文章章法。把握文章的体裁和章法有助于学生辨别中心句，捕捉关键段，最终完成循章归旨。

2.2. 检测学生对文章具体细节的把握能力

文章的细节是组成文章的各个部分，用来帮助解释或表达主题。阅读测试中最常见的、题量最多的检测点莫过于对文章细节把握能力的检测，考查学生对文章中一些重要事实和细节的识别和辨认能力。一般情况下文章中具体的细节通常有以下几种：1) 事实性细节。这类细节描写指文章某一段落中的一些特定细节或重要事实，如作者在叙述某事时使用的事实或列举的数据等。2) 描写性细节。这类细节描写通常是用来表达某种情绪与感情或某种印象，叙述作者亲眼目睹的一些事情等。3）说明性细节。这类细节描写常常是作者以解说或介绍的方式来说明事物的特征或告诉人们如何做事。4）比较或对比性细节。对比是指出同类事物的不同之处，或者是对两种不同的观点的对比；而比较则是把两种或多种事物相比较指出其相同的地方。5）说理性细节。作者为了使主题思想为读者所接受，往往需要分析原因结果、陈述理由。为了检测对文章细节的把握，命题人在设计试题时常常会涉及：时间、地点、人物、事件的特征；数据、年代、世纪；原因、结果、作用、意义；目的、条件、步骤、方法等方面。例如：

① Что изображено на картине "На Шипке всё спокойно"?
　　[A] На ней изображено, как погибал простой солдат.
　　[B] На ней изображено, как умирали тысячи людей.
　　[C] На ней изображено, как шли ожесточённые бои.
　　[D] На ней изображено, как командовал царский генерал.

② Что входит в меню Олега в течение курса похудения?
　　[A] Фрукты, мёд, сухарики.
　　[B] Мёд, чай, мясо.
　　[C] Зелень, фрукты, макароны.
　　[D] Овощи, зелёный чай, бифштекс.

③ Что не входит в понятие здорового жилища?
　　[A] Наличие земельного участка.
　　[B] Отсутствие зелени.
　　[C] Защита от шума.
　　[D] Кубическая форма дома.

④ Почему русские принадлежат к неулыбчивым народам?
　　[A] Из-за быстрого темпа жизни русским некогда улыбаться.
　　[B] У русских свои коммуникативно-культурные традиции.
　　[C] Русские серьёзны и не гостеприимны.
　　[D] Русские – народ с особым психическим складом.

⑤ Какие особенности имеет поведение российского бизнесмена?
　　[A] Он строго следует цивилизованным формам делового общения.
　　[B] Он придаёт большое значение долгосрочным планам.
　　[C] Он любит стабильность и уверен в завтрашнем дне.
　　[D] Он стремится заработать как можно больше сегодня.

毋庸置疑，文章的具体细节对文章主要内容的构建起着支持、附加或解释的作用。阅读测试时由于时间所限，要求学生在阅读时要把注意力集中在各个段落的重要细节上，即要注意那些用来解释、例证和详述中心内容的细节，切勿忽视那些与中心内容相关的细节，因为这些细节常常就是检测点所在。

2.3. 检测学生对具体词义（句义）的理解能力

首先来看一下阅读测试题中对具体词义的理解的检测，这包括推断生词的词义、对文章中某一概念性的含义的理解、确定某一词在一定上下文中的具体含义等。

2.3.1. 推断生词的词义

阅读时要求学生能从上下文联系中，从狭义与广义的语境中，从典型例句中，从词的构成方式中，依靠自己的语言经验来逻辑推断出词的含义。如：

① Какое значение имеет выражение "идти ва-банк"?
　　[A] Рисковать.
　　[B] Сердиться.
　　[C] Слушаться.
　　[D] Идти в банк.

② Что такое "ароматерапия"?
　　[A] Это наука о запахах.
　　[B] Это наука об аромате.
　　[C] Это вид заболеваний.
　　[D] Это лечебный метод.

2.3.2. 对概念性词组的理解

阅读测试时要求学生注意把握词组所表示概念的内涵，弄清其外延。词语解释接近于下定义，往往先确定其大的从属外延，而后再限制其性质及内涵。在这方面需要注意的是，对概念的理解必须建立在对本质点的把握上，内涵一定要严格界定；另一方面，概念的外延一定要适合，不能过于宽泛。如：

③ Что такое "студенческая семья"?
　　[A] В семье оба супруга студенты.
　　[B] В семье есть студенты.
　　[C] В семье все дети студенты.
　　[D] В семье муж или жена студенты.

④ Что понимается под "солнечной" архитектурой?
　　[A] Окна во всех помещениях выходят на солнце.
　　[B] Помещения можно повернуть к югу в любое время.
　　[C] Для оформления зданий используются цвета и символы солнца.
　　[D] Для отопления зданий используется солнечная энергия.

2.3.3. 根据上下文确定某一词的具体含义

阅读时某些词常常会有多种相关的词义，作者接助词的这种多义性可以使文章思想内容的表达丰富多彩，但阅读时却会给学生的理解增加难度。在确定这些词的意义时要求学生首先要理解词语本身的内涵、词语的表面意义，因为这些都是揭示事物本质属性的核心所在，其次要善于把握词语的使用范围（上下文）、适用对象、感情色彩、使用程度等。学生只有多侧面、多角度、多层次地理解词语，才能确定词语在所阅读文章中的具体含义。如：

⑤ Что означает слово "товарищи" в предложении "да ещё товарищей приведут"?
　　[A] Родные.
　　[B] Лучшие друзья.
　　[C] Лишние килограммы.
　　[D] Сопутствующие заболевания.

⑥ Какое значение имеет слово "карьера" в данном тексте?
　　[A] Это профессия.
　　[B] Это работа.
　　[C] Это путь к успеху.
　　[D] Это семейное положение.

除了对具体词义的检测外，命题中还会有句子含义理解的检测。这指的是对文章中某一句子含义的理解、根据上下文确定某一句子的具体含义等。在阅读测试时主要考查学生能否准确地理解文章中那些语意含蓄或内涵较丰富的句子。为此，学生需仔细推敲，深刻领会，要把句子放到全文中去理解、去推敲琢磨。如：

⑦ Как понимать фразу "далеко нам до Европы"?
　　[A] Россия отстаёт от Европы в многом.
　　[B] Климат в Москве иной, чем в столицах других европейских стран.
　　[C] Россия оставила Европу далеко позади.
　　[D] Москва находится далеко от европейских столиц.

⑧ Что означает фраза "Серьёзных молодых людей в селе единицы"?
　　[A] Деревенские дети поздно взрослеют.
　　[B] Молодые люди на селе едины.
　　[C] Думающих молодых людей в селе мало.
　　[D] У молодых людей появились серьёзные проблемы.

⑨ Как нужно понять фразу "я одна, а вас много" во втором абзаце текста?
　　[A] Не могу обслуживать всех сразу.
　　[B] Вы мне мешаете работать.
　　[C] Вас много, и очередь идёт быстро.
　　[D] Я рада, что у нас много покупателей.

⑩ Что значит "находится на рабочем месте от звонка до звонка"?
　　[A] Сидеть на служебном месте от начала до конца рабочего дня.
　　[B] Сидеть за телефонными разговорами весь рабочий день.
　　[C] Телефонные звонки раздаются сразу после начала рабочего дня.
　　[D] Телефоны звонят до самого конца рабочего дня.

总之，确定一个词句在文章中的具体含义离不开词句使用的语境（上下文、情境、文化传统）。如果是一些概念性的词语，文章中常常会有相应的交代；如果是一些新概念、新词语，那就得借助其语法结构予以确定或通过上下文来猜测；如果一些词句的字面意思在上下文中发生了变化，这时不妨考虑这些词句是否带有一定的修辞色彩。

2.4. 检测学生的推理判断能力

推理判断能力的检测主要考查学生对文章所得出的结论、文章的寓意、作者的立场和观点的把握程度。阅读测试时学生根据文章内容进行推理、判断、想象，是学生阅读文章之后的一种发挥和再创造的过程。对学生推理判断能力的检测主要体现为阅读时学生能否察觉、领悟和理解材料的基本信息以及有关信息之间的关系；在充分地理解把握文章中心思想的前提下，能否根据所阅读的材料进行合理地推理、判断和想象。有时在所阅读的文章中作者并没有直接给出现成的结论，有时作者的立场、观点、态度是间接表达出来的，这种情况下就要求学生能够更深入地阅读文章，仔细地揣摩作者的语言，全面地把握文章，审慎地思考分辨。通过有根有据、合情顺理地分析、推理、筛选、判断、甄别，最终从文章的字里行间推断出文章的结论或作者隐含的立场或观点。如：

① Какой вывод делает автор?
　　[A] Магнитные бури не оказывают влияния на здоровье людей.
　　[B] Надо поменьше пользоваться мобильным телефоном.
　　[C] Надо поменьше ездить на метро и электропоездах.
　　[D] Не стоит слишком переживать из-за вспышки на солнце.

② Что хочет доказать автор, приводя пример поваров?
   [A] Запах имеет таинственную силу.
   [B] Повара любят запах на кухне.
   [C] В запахе есть соль.
   [D] Во вкусных блюдах приятный запах.

③ К какому общему мнению пришли все теоретики?
   [A] Изменение климата не представляет серьёзной опасности.
   [B] Человек не может влиять на ход климатических изменений.
   [C] Причиной климатических изменений является деятельность человека.
   [D] Климатические изменения приведут к нежелательным последствиям.

④ Какую мысль передаёт автор на примере дежурного сторожа?
   [A] В российских учреждениях все любят показывать свою власть.
   [B] По сравнению с советскими временами число бюрократов уменьшилось.
   [C] Маленьким начальникам лучше пойти работать на завод или на ферму.
   [D] Сторож должен иметь превосходство над другими людьми.

推理判断能力是一项非常重要的思维能力。作者的立场、观点、态度常常隐含在文章的字里行间。阅读测试时要求学生必须把握文章的篇章结构；了解全文的主题；抓住文章中的关键信息（关键的词、短语和句子），依托上下文和语境，进行仔细地分析、推敲、判断。唯其如此，方可获得正确的结论或挖掘出文章所隐含的深层含义。

结语

阅读是一个复杂的心智活动，它涉及诸多获取信息和加工信息的能力和技巧，而对阅读能力的检测是一门科学，需要对测试的内容、检测的手段、检测的方法、检测的对象等方方面面的进行深入研究，方可全面检测学生的阅读能力和科学地评价学生的阅读水平。

七、国家俄语考试中阅读测试命题存在的问题分析

引言

阅读是一种从文字符号中获取意义的复杂的心智活动。阅读测试要求学生在有限的时间内及时准确地获取文章的必要信息,以此来检测学生是否具有准确而灵敏的理解力、准确而牢固的记忆力和准确而快速的推断及反应能力。本章以目前代表性最强(最权威、参考人数最多、范围最广)的高等学校俄语专业八级考试(以下简称"专八考试")和全国硕士研究生入学统一考试(俄语)(这种全国性的非俄语专业的研究生俄语考试下文中简称为"非俄专研考试")的试题为对象进行分析和研究,以此剖析国家俄语考试中阅读测试命题存在的问题,达到完善阅读测试命题,提高阅读测试的效度,为其他外语测试的命题提供参考和借鉴。

1. 阅读测试、阅读过程和阅读能力

众所周知,现行的全国俄语专业专八考试和非俄专研考试中阅读测试常见的题型仅为形式单一的多项选择题(四选一)。毋庸置疑,对于全国性的考试来说该类题型确实有其特点:考试时学生作答方便;阅卷时适合用机器阅卷,试卷评阅省时省力;该题型常用于大规模的考试,考试评分也比较客观公正;学生凭猜测命中的机遇相对较低等等。根据我们的阅读经验和阅读实践,这种单一的多项选择题难以检测到学生在阅读过程中产生的各种反应,对学生的综合阅读能力的评价方面存在诸多不足,特别是阅读试题设计方面中也存在着这样或那样的问题,值得我们研究分析。

阅读的实质是把接收语言和处理语言集于同一的过程。读者究竟是如何完成阅读的?对此人们提出了不同的观点,如美国的阅读专家们针对阅读过程的模式就提出了几种不同的观点。其中最有代表性的如下:

一是 20 世纪 60 年代由拉伯格恩和塞缪尔斯等人提出的自下而上的阅读模式。按照这种模式,阅读是一个由词到句再到篇、从微观结构到宏观结构、从词汇意义到语篇意义建构的过程。在这种模式中读者被视为解码者,由字母到单词,由单词到短语,由短语到句子,然后从句子到段落、篇章,最后从篇章中获得作者的意图这样一个循序渐进的过程。很显然,这种模式注意语言本身的结构,强调的是词汇学习,忽视了上下文及其他因素的作用,低估了读者在阅读过程中积极能动作用。

二是 1971 年由歌德曼提出的自上而下的阅读模式。这种模式把阅读视为一个由语篇到句再到词、从宏观结构到微观结构、从语篇意义到词汇意义的组织构建过程。按照这个模式,读者在阅读过程中是一个主动的参与者,读者利用个人已有的经验、相关背景知识及文章所提供的信息进行预测,然后在文章中找出相关的信息,来验证自己的预测。这一模式强调高层次的阅读技能,即依赖某些背景知识或文章中的提示来对意义进行预测,而对较低层次的能力如快速、准确地对词汇和语法结构识别的能力有所忽视。可以看得出,这不是一个精确的理解和认识的过程,而是一个获得信息选择的过程,这种阅读模式在很大程度上夸大了读者在阅读过程中的主观预测和推理等作用。

三是 1977 年由鲁梅哈特提出的相互作用阅读模式。这一模式的支持者认为,在阅读

过程中既有读者对文字符号的视觉处理，也有读者已有知识结构的认知处理。这样一来，阅读的过程就变成了读者大脑已存在的知识和文章的信息相互作用的过程。可以认为，和前两种模式相比，这种模式能全面地解释阅读理解的过程。（丁维莉，2009:5-6）

基于以上阅读理论家对阅读过程模式的认识和研究，依托我们的阅读经验，再结合具体阅读教学实践，我们把学生完整的阅读活动可分为以下四个阶段：

第一阶段为接收信息。学生阅读时接收信息源于文章文字符号所产生的刺激，接收信息是阅读活动的开端。学生阅读时先把语言符号转变为概念或表象，进而结合为更大的意义单位。学生接收信息又分为对文章中的词、句子、段落的感知和对文章大意的感知，而在阅读的接收信息阶段学生只能了解文章的个别属性和外部特征。

第二个阶段是理解信息。对文章信息的理解又分为三个层次："一、机械性理解（是对文章字面意思的理解，是一种表层理解），二、逻辑性理解（是一种在字面意思理解的基础上通过读者的概括、总结而得出文章的中心思想或通过读者的分析、判断、推理、论证而达到对文章作者话语语用意义的理解和推测），三、交际性理解（是一种在前两个理解的基础上与文章作者进行模拟对话，各抒己见）"。（安新奎，2002:87）由此可见，除了机械性的理解，学生理解信息要借助于分析、判断、联想、抽象、概括、归纳、演绎、综合等一系列思维活动，来实现不同的阅读目标：或对词、句、段、篇的综合理解，或对背景、意图、观点、价值的深入理解，或对文章写作技法的更专业的理解。

第三个阶段是表述信息。对文章信息的表述阶段是一个完整阅读过程的必经阶段。在表述阶段学生根据自身的理解、记忆，对已经阅读的文章进行口头或内心的复述或转述。俄罗斯阅读研究专家们依据 H. 巴甫洛夫为代表的神经心理学的研究成果，指出"阅读实际上可以被看作是对已获得的信息重新编码的过程。人们读完一篇文章或一本书，不是逐词逐句地去记住所有的单词及其位置，而是用自己的语言转述其内容，这便是一种重新编码的过程。"（曾祥芹，1992:188）学生对信息的表述不仅能加强对所阅读文章的理解，促进对已读文章的记忆，而且会产生新知，对信息的表述还能锻炼学生的语言运用能力。

第四阶段是评价信息。对文章信息做出评价是阅读成果的最高级的表现，它要求学生在斟酌文章内容并与自己已有的知识进行对照之后对所读文章做出评价或得出结论。对信息的评价可包括辨明作者的目的和用意，区别事实与主张，区别合乎逻辑的议论与不合乎逻辑的结论等。

从表面上看阅读似乎只是学生单方面的行为，而究其实质，"阅读作为一个信息双向交流的行为互动过程，是原文作者用自己的文字在与读者进行无声的交流。信息交流中的双方都是具有主观能动性的人，学生的阅读并非是一种被动性的行为，学生在接受、理解和加工信息的过程中往往会积极主动地从自己的立场角度对文章中的思想观点做出反应、进行评判"。（安新奎，2003:243）正是在这种无声的双向交流过程中文章所表达的信息不仅在传递，而且也在形成、补充、发展和完善，这是对所阅读文章的再加工和再创造。

按照图式理论，阅读的过程是我们头脑中先前储存图式与所输入的信息之间相互作用的过程，所以阅读时学生不可能毫无根据地对文章的内容或作者的观点进行评价，学生的评价必须以其知识储备（语言图式、内容图式和结构图式）为基础，具体表现为学生在"阅读时需要调动自己记忆中储存的语言图式、内容图式和结构图式来对新信息做出反应。如果一个人在自己的记忆中储备的语言图式、内容图式和结构图式的数量越多、种类越丰富，在阅读时可以被激发调动的机会也就越多，就越能保证准确又迅速地理解所阅读的文章"。（安新奎、赵红，2009:93）

阅读测试是一种快速的阅读，是学生积极的、创造性的理解文章的过程。阅读测试的目的是检测学生能否在有限的时间内发挥分析、推理、概括、综合、辨析、选择、评价等各种能力和技巧，迅速地从文章中汲取有用的信息，梳理整篇文章的思想脉络，了解文章的主题思想、作者的立场和态度、所得出的结论等等。如此看来，阅读测试和一般意义上的阅读既有联系又有区别。依据俄罗斯阅读专家们的研究成果，阅读测试中学生要"利用知识和建立新的逻辑关系。这是一种复杂的不断发展的过程，不仅需要掌握知识和应用知识，而且要学会掌握一定的思维方法。"（曾祥芹，1992:190）阅读测试就是要求学生在瞬间理解并记住文章的内容，一般情况下学生可采用三种思维方法来达到这一目的："寻找重点内容法；判断法（也称'预测法'或'猜测法'）；追忆法（根据阅读中产生的新思想，回忆读过的内容以加深理解）"。（曾祥芹，1992:190）

通过对一般意义上学生阅读的各个阶段的分析和国家俄语考试中阅读测试的特点、常见阅读测试题型的分析我们可以得出结论：现行的专八考试和非俄专研考试中的阅读测试题型只能检测到学生的部分阅读能力和部分阅读技巧的运用情况。况且，现行阅读考试中使用的多选题在人们现实的语言交际中缺乏其真实性，因为人们极少用这种形式来检查自己对文章的理解程度。这样一来，要全面、客观、科学地评价学生的阅读能力和水平，国家考试中阅读测试题型的设计还有待于进一步的丰富和完善，以使我们的阅读测试更加科学化。

2. 阅读测试题设计方面存在的具体问题

上文中我们已经指出，现行的专八考试和非俄专研考试中阅读测试的题型单一，难以检测学生的阅读能力的全部，不能全面、科学地评价学生的阅读水平。另外，现行阅读测试题自身的设计还存在一些不足值得我们注意，不解决这些问题就难以保证阅读测试的效度。

2.1. 仅凭题干和选项即可选择

原文是学生阅读活动的客体，也就是说学生只有在读完全文、把文章理解后方可做出正确的选择。原文是教师命题基础，命题设计必须紧紧围绕原文，命题的各选项必须依托于原文。然而，我们观察研究发现有些阅读命题设计不尽合理，使得学生无需读原文便可对选项做出正确判断，这样一来原文失去了存在的价值。如：

① Чем полезен чай?
　　[A] Он даёт человеку все необходимые вещества.
　　[B] Он может вылечить различные болезни человека.
　　[C] Он помогает человеку избавиться от головной боли.
　　[D] Он содержит необходимые для организма человека элементы.

本测试题的选项的设计不尽合理。中国是一个有着悠久茶文化的国家，学生不用阅读文章，不用了解文章的内容，仅仅根据自己对茶基本的了解就可做出正确的选择。依据我们对茶的基本了解，干扰项 [A] "茶能给人提供所有必要的物质"、[B] "茶能医治人们各种各样的疾病"、[C] "茶能帮助人们摆脱头痛的折磨"均可轻松排除，唯一的正确选项只剩下选项 [D] "茶含有人体所需的元素"了。

② Почему русские не дарят жёлтые цветы?
　　[A] Это цвет измены.
　　[B] Это цвет несчастья.
　　[C] Это знак тайных намерений.
　　[D] Это знак неблагодарности.

在平时语言课或文化课上时老师常常会给学生输入一些俄语语言文化方面的知识，强调有关与俄罗斯人交际中应注意的一些问题，因而大部分俄语专业学生就很可能在读文章之前就已经知道黄色在俄罗斯象征着背叛，这样一来学生不用阅读原文就可以做出正确选择。

2.2. 正确选项与干扰项差异太大

命题的正确选项的设计要有一定的迷惑性和干扰性，不能与其他选项差异太明显。若正确选项在各选项中"独立鹤群"，那么学生因此可轻松地做出正确选择，如：

③ Чего мы не найдём в произведениях Пушкина?
　　[A] Стремление к свободе.
　　[B] Равновесия и ясности.
　　[C] Простоты и естественности.
　　[D] Презрения и ненависти к людям.

所阅读的文章中已指明，向往自由的精神（选项 [A]）贯穿于普希金的作品之中，也对普希金率真、朴实、自然和明快的艺术风格（选项 [B]、[C]）也做了介绍，学生根据文章内容通过使用排除法就可以做出正确选择。大凡对普希金及其作品稍有了解的学生都知道，"Презрения и ненависти к людям.（对人的鄙视和仇恨）"完全有悖于普希金作品的精神或创作特点，命题的正确选项 [D] "对人的鄙视和仇恨"不符合常识，该选项具有明显的暗示作用，干扰性不强，因此该选项设计不合理。

2.3. 干扰项的错误太明显

所谓选项的干扰性就是要求选项能对学生有一定的迷惑性、似真性和诱答性。若干扰项的错误太明显，学生就很容易排除该选项，该选项就形同虚设。如：

④ Что подразумевается под "розовым" вариантом?
　　[A] Пессимистический.
　　[B] Средний.
　　[C] Оптимистический.
　　[D] Ни один из вышеперечисленных.

根据文章内容判断，本题的正确选项应是 [C]，但是干扰项 [D] "Ни один из вышеперечисленных（以上选项皆错）"设计不合理。

⑤ Сколько мужчин кормят в этом ресторане бесплатно?
　　[A] Ни одного.
　　[B] Двадцать пять.
　　[C] Трёх.
　　[D] Двадцать семь.

根据文章内容判断，本题的正确选项应是 [C]，但是干扰项 [A] "Ни одного（没有一个人）"同样不具有迷惑性。

阅读测试选项的文字表述中不要泛用"没有一个""以上皆错""以上皆对"或"无法确定"，特别是"以上皆错"不能作为最佳多选题中的一个选项，学生仅凭这些词就会把该选项排除掉。

2.4. 选项中使用暗示性的特殊限定词

选项中使用一些表示绝对（或极端）意义的或表示模棱两可的限定词汇，在选择时这些词都会给学生产生暗示作用，仅凭这些词汇，学生就可做出相应的选择。如：

⑥ Какое из следующих высказываний не соответствует результатам опроса?
　　[A] Процент счастливых людей в России увеличился.
　　[B] Доля несчастливых людей в России снизилась.
　　[C] Для всех россиян счастье напрямую связано с доходом.
　　[D] Процент счастливых мужчин превышает процент счастливых женщин.

⑦ Как люди реагируют на запахи?
　　[A] Люди вообще не чувствуют запахов.
　　[B] Люди не разбираются в запахах.
　　[C] У каждого есть свои приятные и неприятные запахи.
　　[D] Все без исключения тонки к запахам.

阅读测试命题时若题干的题意是错误的，那么选项的文字表述中就应避免使用"每个""各个""所有的""总是""没有人（或任何东西）""决不"这类特殊限定词，防止学生单凭这些词就做出正确的选择。⑥题中正确选项 [C] 使用了特殊限定词"Для всех россиян（对所有俄罗斯人来说）"具有明显的暗示作用，所以本题设计不合理。

而⑦题中 [D] 选项除了使用"Все без исключения（所有人毫无例外）"暗示性的限定词外，还在 [A] 选项中使用了"вообще не（一般不）"这一限定词，本命题同样不合理。若题干的题意是正确的，那么选项的文字表述中应尽量避免使用"一般说来""一般地""经常""很少""有时""有些""可能""大多数"这类特殊限定词，防止学生仅凭这些词把选项排除掉。

2.5. 题干中有生词

题干中使用生词、偏词会给学生识别题意产生障碍，造成一定的心理压力。试想一下，若学生因题干中有生词而把题意理解错了，那么题干下所列的选项就失去了意义，所以命题时题干中要尽量不要出现生词、难词、偏词。如：

⑧ Что станет самым важным в будущей работе сейсмологов?
    [A] Определять сейсмоопасные районы.
    [B] Получать полные данные о подземном ударе.
    [C] Уточнять силу подземного удара.
    [D] Давать прогноз землетрясения.

⑨ Для чего в магазине устанавливают манекены?
    [A] Чтобы покупатели всегда их видели.
    [B] Чтобы люди покупали их.
    [C] Чтобы магазин выглядел изящным.
    [D] Чтобы демонстрировать товар и привлекать покупателей.

⑧、⑨命题的题干中出现了超纲词 сейсмологов（地震学家）和 манекены（商场用的假人模特）。题干或选项中出现生词多多少少会对学生的理解和选择造成一定的心理压力和障碍。我们认为，题干和选项的编写要适合学生的水平，题干和选项中不要出现难懂或不懂的单词，防止使用这些词汇让学生难以明白命题人的意图，从而使测试失去其效度。

除了以上列举的问题外，在测试题设计时还应注意所选文章要新颖，尽量不要从俄罗斯已结集出版的读物、教材中选择，因为这些材料很有可能已被用于国内的教学，可能出现测试所选的文章一些学生有可能已经读过的情况；文章体裁要多样化，要着重检查学生对不同文体及其语言、结构特点的识别能力；文章题材要广泛，不能仅局限于故事性的题材；测试点要覆盖面广，不能仅局限于文章的个别段落；测试题设计时措辞要清楚明了、准确无误、不得模棱两可，以免造成正确答案双选或多选的情况。

俄语报刊阅读教学实践
（上）

УРОК 1

I. Новости прошлой недели.
II. Прочитайте следующие тексты и выполните задания.

ТЕКСТ 1

Российский спецназ, которого должна бояться НАТО

Во времена холодной войны Соединенные Штаты и Советский Союз рассматривали войска специального назначения в основном как вспомогательные, оказывающие поддержку действиям обычных войск. Но уже в то время Советы толковали задачи спецназа шире, чем НАТО. Спецназ (это общее название сил специального назначения разной организационной принадлежности) должен был проводить наступательные операции, выполняя в основном задачи по диверсионной (破坏的) деятельности на линиях и узлах связи, готовя условия для наступления главных сил и даже сея панику (慌乱) среди населения.

Как и другие составляющие российских вооруженных сил, войска специального назначения после распада Советского Союза существенно ослабли. Однако российская армия, вооруженная опытом чеченской партизанской войны, восстановила и даже развила боевые возможности своих диверсионно-десантных сил (空降部队) и войск специального назначения. Из этих частей и подразделений Москва создала устрашающий военно-политический инструмент, способный оказывать свое воздействие во всех областях военных действий. Это восстановление спецназа шло одновременно с расширением западных сил специального назначения в рамках войны с террором. Натовские и российские спецназовцы иногда даже проводили совместные учения в целях совершенствования своей эффективности.

В своем нынешнем состоянии российские силы специального назначения представляют серьезную проблему для Запада на всех уровнях эскалации (升级) боевых действий. В случае возникновения конфликта российский спецназ может быть задействован на самых разных его этапах, как это происходит в украинском кризисе. Если из-за пограничного спора начнется война между Россией и одной из прибалтийских стран, мы, вне всякого сомнения, обнаружим, что российские спецназовцы идут впереди. В случае возникновения всеобщей войны спецназ будет высаживаться с подводных лодок и с других транспортных средств, проводя атаки в глубине натовской обороны.

Российский спецназ – это не "оружие" в техническом смысле слова, но он является одним из самых эффективных средств в российском арсенале. Спецназовцы будут играть важную роль в любом конфликте с НАТО, возможно даже до того, как Североатлантический альянс осознает, что конфликт начался.

Задания:

- Переведите следующие военные термины на китайский язык.
войска специального назначения, наступательные операции, вооружённые силы, военные действия, пограничный спор, транспортные средства, Североатлантический альянс

- Ответьте на следующие вопросы.
1. Какие задачи выполняет спецназ?
2. Когда российский спецназ восстановился?
3. Когда российский спецназ может действовать?
4. Какую роль играет российский спецназ?

- "Русский спецназ, которого должна бояться НАТО" – так автор текста оценил русский спецназ. Согласны ли вы с автором? Дайте обоснованный ответ.

ТЕКСТ 2

Нужно ли сохранять семью ради детей?

Мы все мечтаем встретить настоящую любовь – одну на всю жизнь. Но, к сожалению, не у всех это получается. Очень часто любовь проходит, и браки распадаются. Мы подаём на развод и начинаем жизнь сначала. Казалось бы, всё очень просто. Но ситуация намного усложняется, если у людей, которые собираются расстаться, есть дети. Ведь в данном случае мы в первую очередь думаем не о своём счастье, а о счастье наших детей. А непременным условием этого счастья является наличие любящих папы-мамы и крепкой, дружной семьи. Так что же делать: жить с нелюбимым человеком или же расставаться, невзирая на переживания детей?

Его мнение

Иван, 40 лет, директор турфирмы:

– Сохранять семью ради детей можно лишь в том случае, если мужчина и женщина до сих пор любят друг друга, просто некий кризис в отношениях заставляет их думать о разводе. Так было у нас с женой. Прожив в браке 10 лет, мы столкнулись с обычным для любой семьи явлением: наши чувства немного охладели, пришла скука, а вместе с ней раздражение (激怒, 气愤). Мы стали часто ссориться по мелочам, не могли долго находиться вместе. И я по дурости, в поисках новых ощущений, изменил жене. Она об этом узнала. Был страшный скандал, слёзы с её стороны и извинения с моей. Жена решила подать документы на развод. Что я только не делал, чтобы **вымолить** прощение: стоял на коленях, дарил ей бесчисленные букеты цветов, делал сюрпризы, но она была непреклонна в своём решении. Единственное, что могло её поколебать, – это наш маленький сынишка. Когда дело дошло до решающего шага, я привёл ей главный довод: я никогда больше не изменю тебе, постарайся дать мне шанс, хотя бы ради нашего ребёнка. С тех пор прошло уже 9 лет, и, поверьте, наш брак можно назвать счастливым. Мы сохранили семью не ради сына, это сын спас наш брак. Ведь если бы мы были **бездетными**, жена, не задумываясь, ушла бы от меня. И была бы права.

Сергей, 25 лет, автослесарь（汽车钳工）

– Жить с человеком, чувства к которому **остыли**, – это издевательство（讥笑）и над собой, и над этим человеком. Ребёнок никогда не скажет вам спасибо за сохранённый ради него брак, просто потому что не будет счастлив. Ребёнок не может не чувствовать, что его родители безразличны друг к другу или, что ещё хуже, испытывают глубокую антипатию（反感，厌恶）. Как бы вы ни скрывали истинное положение вещей за фасадом（正面）мнимого семейного благополучия, правда всегда даст о себе знать. Более того, ребёнок, когда вырастет, может почувствовать вину. Ведь именно из-за него оба самых близких для него человека, мать и отец, прожили долгую совместную, но несчастную жизнь. А могли разойтись и заняться своим благополучием, встретить новую любовь, и всем от этого было бы только лучше. А в итоге – три искалеченные （受损伤的）судьбы. А всё из-за того, что кто-то придумал, что ради детей мы обязаны идти на любые жертвы! Отдать жизнь, спасая сына или дочь, – это я понимаю, но при чём тут этот идиотизм（白痴）об обязательном сохранении брака?!

Александр, 30 лет, менеджер:

– Сохранять семью ради ребёнка стоит только в том случае, если родители могут жить мирно, то есть связывающие их нити намного прочнее, чем просто любовь. Только такие отношения могут помочь жить вместе без **разлада**, и малыш будет чувствовать себя комфортно. Но если мама с папой постоянно ругаются или просто в семье напряжённая атмосфера, то лучше разойтись. Кроме того, развод совершенно не означает, что с этого момента воспитанием ребёнка будет заниматься только мать. Если отец – нормальный мужчина, который любит своего малыша, он будет заботиться о нём не меньше, а может, даже и больше, чем раньше.

Её мнение

Светлана, 34 года, косметолог（整容师）:

– Мне кажется, тут нет однозначного ответа, всё зависит от каждого конкретного человека и каждой конкретной ситуации. Я поняла, что совершила ошибку, выйдя замуж за своего мужа, уже через три года после бракосочетания. Но на тот момент у нас была годовалая дочка. Поэтому я всеми силами гнала от себя мысли о разводе. Думала, стерпится – слюбится и всё будет по-прежнему, просто пришёл временный кризис, который обязательно пройдёт. Главное – терпеть и ждать. Вот так я терпела и ждала два года, но ничего не менялось. Ради счастья дочки я продолжала жить с человеком, чувства к которому давным-давно прошли. А потом я встретила другого мужчину, которого полюбила по-настоящему. Я, не раздумывая, ушла от мужа. И была права. Во-первых, мой новый муж любит дочку как родную, заботится о ней как о своей собственной, а во-вторых, настоящий отец малышки не забывает про неё и проводит с ней всё свободное время. Я считаю, что приняла правильное решение.

Елена, 23 года, студентка:

– Мои родители развелись, когда мне было 10 лет. Не могу сказать, что это стало счастливым событием в моей жизни. Но и родителям было не легче. Они пошли на этот шаг не из-за собственной прихоти（刁钻古怪的要求）, просто в какой-то момент они поняли, что им лучше расстаться. И если бы был хоть какой-то шанс, что всё изменится к лучшему, они обязательно бы им воспользовались. Но такого шанса не появилось. И, к счастью, они не стали насиловать себя ради своей единственной дочери. За что я им, кстати, благодарна. Прекратились домашние скандалы, которые были столь частыми в последние годы их совместной жизни, более того, через несколько лет мама с папой стали общаться друг с другом если не как друзья, то, по крайней мере, как близкие приятели. Я никогда не чувствовала себя брошенной, они оба в равной степени уделяли мне внимание. Я выросла нормальным ребёнком, без комплексов, о которых так настойчиво **разглагольствуют** психологи. Мол, дети из неполных семей психологически не совсем нормальные люди. Всё это бред. Если родители развелись, это не значит, что они стали любить тебя меньше. Так что у меня всё в порядке. И пускай мы не одна семья, я рада, что всё так получилось.

Надежда, 29 лет, тренер по фитнесу（健身）:

– Мужчина любит детей до тех пор, пока он любит их мать. Если любовь ушла, не стоит бороться за её возвращение. Удерживая мужчину рядом с собой, **шантажируя** его детьми, вы сделаете только хуже. Весь негатив его отношения к вам в той или иной степени будет выливаться и на детей. Они будут страдать с удвоенной силой. Мало того, что они живут в семье, где мать и отец не любят друг друга, а натянуто（紧张地）существуют, так помимо этого они ещё будут чувствовать на себе злость отца. Ведь именно из-за ни в чём не повинных малышей он вынужден жить с нелюбимой женщиной. Поэтому отпускайте своего мужа, не хватайтесь за него как за соломинку（稻草）. Лучше встретить новую, настоящую любовь. И, я уверена, сильное искреннее чувство мужчины к женщине обязательно перенесётся и на её детей.

Задания:

- Постарайтесь понять значение выделенных слов в тексте без словаря. Ответьте на вопросы по прочитанному тексту.

1. В чём состоит основа счастливой семьи?
2. Когда, по мнению Ивана, можно сохранять семью ради детей?
3. Кто, по мнению Ивана, спас их брак?
4. Как Сергей относится к семье, в которой нет любящих пап и мам и отсутствует дружба?
5. Надо ли, по мнению Александра, родителям расстаться, если в семье обстановка плохая?
6. Как Светлана относится к несчастливому браку?
7. Светлана ушла от первого мужа. Как она оценивает своё решение о разводе?
8. Как нынешний муж относится к дочери Светланы?
9. Считает ли Елена, что развод папы и мамы – счастливое событие для неё?
10. Почему Елена была признательна родителям за то, что они разошлись?
11. Любит ли своих детей муж, по мнению Надежды, если он не любит свою жену?
12. Любит ли, по мнению Надежды, новый муж детей жены от бывшего мужа, если новый муж очень искренне любит жену?

- Проведите дискуссию на тему "Надо жить с нелюбимым человеком ради детей" и на тему "При несчастливой любви надо расставаться, несмотря на переживания детей". При подготовке к дискуссии используйте информацию, данную в тексте.

УРОК 2

I. Новости прошлой недели.
II. Прочитайте следующие тексты и выполните задания.

ТЕКСТ 1

"Китайская мечта" в моем сердце

Интервью у доцента кафедры рекламы и связей с общественностью Санкт-Петербургского Гуманитарного университета профсоюзов Ротмистровой Ольги

"Выражая собственное отношение к 'китайской мечте', определяя собственное её видение, хотелось бы, прежде всего, сделать акцент на том, что национальная мечта того или иного этноса – это всегда многогранный, сложный и чрезвычайно ёмкий феномен, поскольку он определяется социальными, культурными, экономическими и др. составляющими, характерными для современного этапа развития данного этноса. В свою очередь эти составляющие участвуют в формировании национальных целей и установок, отражающих определенный путь развития нации и адекватны (完全相符) интересам нации," – отмечает доцент кафедры рекламы и связей с общественностью Санкт-Петербургского Гуманитарного университета профсоюзов Ольга Ротмистрова.

Она говорит: "Безусловно, каждое государство ввиду этнокультурных (民族文化的) ценностей, специфики национального мировидения, мироощущения, менталитета выбирает свой путь развития, поэтому актуализация (现实化) председателем КНР Си Цзиньпином 'китайского пути' для осуществления 'китайской мечты' вполне естественна."

Ротмистрова отмечает: "Анализируя значимость и актуальность 'китайского пути' для достижения 'китайской мечты', нельзя не учитывать также давнюю и интересную историю дипломатических отношений между Китаем и Россией. Именно построение руководством наших государств грамотной стратегии и тактики (战术, 战略) развития этих отношений позволяет сегодня говорить об эффективности взаимодействия наших стран в различных сферах: политики, экономики и др."

Она говорит: "Я верю, что сотрудничество между двумя странами поможет китайскому народу для достижения своей мечты. В то время я, как преподаватель русского языка, преподаю язык иностранцам, и глубоко отмечаю важность диалога культуры. Именно общение ценно для восприятия и является основой культуры. Это также является эффективной гарантией долгосрочного сотрудничества между двумя странами. Надеюсь, что взаимная помощь между двумя народами помогает быстрее достигнуть своей мечты."

Задания:

- Ответьте на следующие вопросы по прочитанному тексту.
1. Что такое национальная мечта?
2. От чего зависит эффективное развитие отношений между Россией и Китаем в различных сферах?
3. Поможет ли Китаю, по мнению Ольги Ротмистровой, сотрудничество между Россией и Китаем для достижения китайской мечты?
4. Как Ольга Ротмистрова оценивает роль культурного диалога?

- Прочитайте текст и выскажите, каково отношение автора к "Китайской мечте".

ТЕКСТ 2
Российская федерация
– демократическое федеративное правовое государство

"Российская Федерация является демократическим федеративным правовым государством с республиканской формой правления". В этой емкой (容量大的) и лаконичной формулировке (表达, 定义) из Конституции России наглядно отразились коренные перемены, произошедшие в стране на рубеже 80-90-х годов прошлого века.

Россия перешла к совершенно иному типу государственного устройства, соответствующему принятым в современном цивилизованном мире моделям. Началось строительство основ гражданского общества.

В новой России понятие "демократия" начало обретать реальный смысл. Демократичность нынешнего государственного строя определяется действием на уровне международных стандартов основных прав человека и гражданина – таких как свобода слова, печати, вероисповедания, право на объединение, право проводить демонстрации и митинги. Существуют идеологическое многообразие и экономический плюрализм (多元化), функционируют независимые от других ветвей власти суды, регулярно и на многопартийной основе проводятся выборы. Оппозиция (反对派) имеет все возможности отстаивать свои мнения как в парламенте, так и вне него.

Все эти достижения российской демократии позволяют говорить о создании в стране правового государства, в котором деятельность властных органов (权力机关) подчиняется Конституции и законам, иными словами – право стоит над властью. В Конституции также говорится, что Россия является социальным государством, политика которого направлена на создание условий, обеспечивающих достойную жизнь и свободное развитие человека. Власти, таким образом, берут на себя обеспечение определенного уровня жизни граждан, удовлетворение их материальных и духовных потребностей. В социальную сферу, которая, наконец, становится в России важнейшей в деятельности государства, входят охрана труда и здоровья людей, установление гарантированного (有保证的) минимума зарплаты, поддержка семьи, материнства, отцовства и детства, выплата государственных пособий (补助金) инвалидам и старикам.

Сегодня в социальной сфере возобладал（占上风）подход, при котором обеспечение материального благосостояния и духовного развития человека должно быть не только результатом государственной поддержки, но также и плодом ума, рук, личной инициативы каждого из трудоспособных граждан.

Что касается государства, то его роль прежде всего состоит в создании необходимых условий для такой "самореализации（自我实现）" людей. Современная Россия – республика президентского типа.

Президент, являющийся главой государства, избирается на шесть лет с возможностью переизбрания на второй срок. Именно Президент в соответствии с Конституцией и федеральными законами определяет основные направления внутренней и внешней политики страны, является гарантом Конституции, прав и свобод человека и гражданина, принимает меры по охране суверенитета России, ее независимости и государственной целостности. Не входя непосредственно ни в одну из ветвей（分支机构）государственной власти, Президент обеспечивает их согласованное функционирование и взаимодействие. Большой объем полномочий（权能，权力）, сосредоточенных в его руках, является важной предпосылкой решительного проведения реформ, коренным образом меняющих лицо общества.

Представительным и законодательным органом России является Федеральное Собрание, состоящее из двух палат: верхней – Совета Федерации, и нижней – Государственной Думы. Совет Федерации формируется в составе 178 членов из расчета два представителя от каждого субъекта РФ: по одному от представительного и исполнительного органов государственной власти.

Государственная Дума состоит из 450 депутатов и избирается сроком на пять лет по смешанному принципу, – по спискам объединений и одномандатным округам（单席位选区）на основе мажоритарной системы（多数制）.

Исполнительную власть в стране осуществляет Правительство РФ. Его Председателя назначает Президент с согласия Государственной Думы.

Судебная власть в России осуществляется посредством конституционного гражданского, административного и уголовного судопроизводства（诉讼程序）. Судьи Конституционного Суда, Верховного Суда и Высшего Арбитражного Суда и Генеральный прокурор РФ назначаются Советом Федерации по представлению Президента.

Другая существенная особенность российской государственности – федеративное устройство страны. В составе РФ 21 республика, 9 краев, 46 областей, 1 автономная область, 4 автономных округа, 2 города федерального значения（联邦级）, включая столицу Москву. Всего – 83 субъекта, которые не имеют права выхода из Федерации. (Комментарий: А с 18 марта 2014 года после присоединения Республики Крым к России и образования двух новых субъектов – Республики Крым и города федерального значения Севастополя субъектов в Российской Федерации стало 85.) А границы между субъектами РФ не могут быть изменены без их согласия. Понятие "субъекта Федерации" было введено в российское конституционное право в 1993 году и имеет особое значение. Дело в том, что Российская Федерация исторически сложилась асимметричной（不对称的）: наряду с государственными образованиями, основанными на национально-территориальном принципе（республики, автономии）, в ней есть и иные, основанные на принципе территориальном – края, области, города федерального значения. Охват всех этих форм понятием "субъект Федерации" подчеркивает их равенство.

Основополагающие принципы построения Российской Федерации предполагают также ее государственную целостность и единство, разграничение предметов ведения и полномочий（全权）между федеральными и региональными властями. Следует подчеркнуть, что все ветви власти в России объективно заинтересованы в соблюдении между ними конституционного баланса как и в поддержании единого правового пространства.

Высший приоритет внешнеполитического курса России – это защита интересов граждан страны, общества и государства. В рамках этого процесса усилия российского руководства направлены на обеспечение надежной безопасности страны, сохранение и укрепление ее суверенитета и территориальной целостности; воздействие на общемировые процессы в целях формирования стабильного, справедливого и демократического миропорядка, создание благоприятных внешних условий для поступательного развития России, подъема ее экономики.

Россия, как и подавляющее большинство других стран, отвергает концепцию единоличного（单极的）мирового лидерства, считает, что миропорядок в XXI столетии должен основываться на механизмах коллективного решения ключевых проблем.

События нескольких последних лет наглядно показали возрастающую роль России в борьбе мирового сообщества с новыми вызовами и угрозами глобальной безопасности. В первую очередь, к ним относятся проблема распространения оружия массового уничтожения и средств его доставки, неурегулированные или потенциальные локальные（地方性的）и региональные вооруженные конфликты, рост международного терроризма, транснациональная организованная преступность, незаконный оборот оружия и наркотиков. В противостоянии этим угрозам Россия находится не на периферии（外围，周围）процесса, а играет в нем активную инициативную роль, что, в частности, показали события после террористической атаки на Нью-Йорк и Вашингтон в сентябре 2001 года.

Москва считает, что главным центром регулирования международных отношений в XXI веке должна оставаться Организация Объединенных Наций, а появляющиеся время от времени попытки принизить или игнорировать（忽视）роль ООН и ее Совета Безопасности в мировых делах недопустимы. Россия выступает за усиление консолидирующей（团结的）роли ООН в мире, что предполагает, в первую очередь, неуклонное соблюдение основополагающих принципов Устава этой организации, включая сохранение статуса постоянных членов Совета Безопасности.

В то же время в Москве не отрицают необходимости рационального реформирования ООН в целях развития ее механизма быстрого реагирования на происходящие в мире события, включая наращивание ее возможностей по предотвращению（预防）и урегулированию различного рода кризисов и конфликтов.

Основное внимание на этом направлении Москва уделяет обеспечению благоприятных внешних условий для формирования в стране экономики рыночного типа и для становления обновленной внешнеэкономической специализации Российской Федерации, гарантирующей эффект от ее участия в международном разделении труда.

Задания:

- Ответьте на вопросы по прочитанному тексту.
1. Что входит в международные стандарты основных прав человека и гражданина?
2. Как действуют властные органы в РФ?
3. Что входит в социальную сферу государства России?
4. Как проходят выборы президента в РФ?
5. Что входит в обязанности президента РФ?
6. Из чего состоит Федеральное собрание?
7. Сколько членов в Совете федерации?
8. Сколько депутатов в Государственной думе РФ?
9. Как назначают председателя правительства РФ?
10. Что вы знаете о судебной системе РФ?
11. Сколько субъектов федерации в России? Перечислите их.
12. В чём состоит главная задача внешней политики РФ?
13. Можете ли вы перечислить новые вызовы и угрозы перед международным сообществом?
14. Как Россия относится к роли ООН?
15. В чём состоит цель реформы ООН с точки зрения Москвы?

ИЗВЕСТИЯ

Пятница, 26 августа 2016 года 16+

Главная | РИО-2016 | Политика | Выборы-2016 | Общество | Экономика | Мир | Армия | Наука | Гаджеты

Россия запросила у Турции планы воздушной кампании в Сирии

В Москве хотят минимизировать риски, связанные с прямым вмешательством Анкары в сирийский конфликт

Российская арктическая пехота пойдёт в бой на квадроциклах

Бойцы на мотовездеходах будут патрулировать побережье Чукотки

Дело о хищениях из бюджета ГЛОНАСС передано в военный суд

В сентябре военный суд начнёт рассмотрение громкого дела о недостроенном Центре контроля ГЛОНАСС

УРОК 3

I. Новости прошлой недели.
II. Прочитайте следующие тексты и выполните задания.

ТЕКСТ 1

Концепция "один пояс и один путь" заключается не просто в том, чтобы отыскать какие-нибудь исторические следы и важные события. Это взвешенная и реализуемая программа, нацеленная на развитие экономики, улучшение благосостояния народа, противодействие финансовому кризису, ускорение реструктуризации и модернизации, углубление культурного взаимодействия. Она имеет актуальное значение для продвижения региональной интеграции, активизации Азии и мирового экономического развития. Это системная программа на долгосрочную перспективу, которая не может быть реализована за один день. Необходимо продвигаться шаг за шагом, от простого к сложному, от точки к пространству, постепенно формируя большое региональное сотрудничество, реализуя всеобщее развитие. Китай приглашает соответствующие государства приложить максимальные усилия для непрерывного обогащения и совершенствования концепции и плана "один пояс и один путь".

Концепция "один пояс и один путь" – это не интеграционная структура, это не международная или региональная организация, а инициатива взаимовыгодного сотрудничества и совместного развития. Если уж обязательно проводить аналогии, то я думаю, что это больше похоже на то, что мы раньше часто называли сотрудничество типа "Юг-Юг". Такой вид сотрудничества характеризуется инициативой и идеей рамочного сотрудничества, а не списком конкретных проектов сотрудничества. Конечно, реализация этой концепции в конечном итоге будет основана на выполнении сотней конкретных примеров сотрудничества. Она открыта, всеобъемлюща, безгранична и приветствует участие всех стран и международных организаций. Она не стремится к единообразию, а отличается высокой гибкостью, плюральностью (多元性) и открытостью.

Концепция "один пояс и один путь" – это не проект только одного Китая, а общее дело всех государств, включая Россию. Это не эксклюзивная (排他的, 排外的) зона интересов Китая, а путь совместных интересов всех стран, включая Россию. Это совсем не то, что некоторые западные ученые характеризуют как попытку Китая через восстановление "Шелкового пути" восстановить положение гегемона. В деле совместного строительства "одного пояса и одного пути" Китай будет с соответствующими сторонами придерживаться принципа взаимного уважения и плюрализма. На основе равноправных консультаций и сотрудничества совместными усилиями решать трудности и вопросы, которые могут возникать, а также постепенно и упорядоченно продвигать и реализовывать цели проекта.

Совместное строительство "одного пояса и одного пути" откроет новую эпоху с наибольшими возможностями для соответствующих государств укреплять сотрудничество и реализовывать общие интересы. Мы должны ценить этот момент, ловить и использовать его, прилагать все возможные усилия, всесторонне развивать потенциал, проявлять свои сильные стороны, расширять взаимовыгодное сотрудничество между всеми странами. На новом уровне и дальше расширять сферы взаимодействия, способствовать справедливому распределению и передаче полученных результатов народам вдоль "одного пояса и одного пути". Страны, расположенные вдоль "одного пояса и одного пути" должны активизироваться и участвовать в претворении в жизнь этой идеи на благо своих народов. "Один пояс и один путь" должны стать дорогой к миру, сотрудничеству и совместному выигрышу.

Задания:

- Ответьте на вопросы.
1. Как называется этот текст?
2. В чём состоит цель концепции "одного пояса и одного пути"?
3. Какое значение имеет концепция "одного пояса и одного пути"?
4. Чем отличается концепция "одного пояса и одного пути"?
5. Как западные учёные оценивают концепцию "одного пояса и одного пути"?
6. Как надо реализовать концепцию "одного пояса и одного пути"?

ТЕКСТ 2

Государственный герб Российской Федерации

Двуглавый орёл как герб Московского государства впервые появился на печати Ивана III в 1497 году после его женитьбы на византийской принцессе (公主) Софье Палеолог: изображение двуглавого орла (герб Византии <拜占庭>) соединили с московским гербом, в результате чего на одной половине герба изображался орёл, на другой – всадник, попирающий дракона.

В дальнейшем в герб вносились изменения. На печатях царя Ивана IV Грозного на груди орла стало помещаться изображение Георгия Победоносца – символа московских князей. С 1625 года, при царе Михаиле Фёдоровиче, над главами орла появились три короны (皇冠). После учреждения Петром I русского ордена Андрея Первозванного в герб была включена цепь со знаком ордена. При Павле I в герб было внесено ещё и изображение Мальтийского креста.

Масштабную реформу герба произвёл Александр I – в 1825 году государственному орлу была придана не геральдическая (徽章的), а совершенно произвольная форма. Этот орёл имел широко распущенные крылья и держал перевитые（被缠绕的，被编织的）лентами громовые стрелы（闪电）и факел（火焰，火炬）в правой лапе（爪子）, а лавровый венец（桂冠）– в левой. Исчезла династическая Андреевская цепь, а на груди орла появился нетрадиционный（сердцевидной формы）, заостренный кверху щит с Московским гербом. Император Николай I уже в 1830 году вернулся к традиционной эмблеме（象征，图形标志）, но дополнил ее гербами царств, входящих в состав Российской империи. Щиты этих гербов располагались на распахнутых крыльях орла.

Новой реформой герба ознаменовалось и царствование Александра II. Это была чисто геральдическая реформа – рисунок герба приводился в соответствие с международными правилами геральдики（徽章）. В 1882 году учреждается строгая иерархия（等级）герба – Большой, Средний и Малый государственные гербы Российской Империи. С этого времени и до февраля 1917 года изображение герба становится незыблемым（牢固的）.

После февральской революции 1917 года на печати и денежных знаках Временного правительства фигурировал имперский двуглавый орел, но без корон. Декретом ВЦИК（全俄中央执行委员会）и СНК（人民委员会）от 10 ноября 1917 года "Об уничтожении сословий（阶级，阶层）и гражданских чинов" упразднялись（废止）российские знаки различия, ордена, флаг и герб.

5 ноября 1990 года Правительство РСФСР приняло постановление о создании Государственного герба и Государственного флага РСФСР. Для организации этой работы была создана Правительственная комиссия. После всестороннего обсуждения комиссия предложила рекомендовать Правительству бело-сине-красный флаг и герб – золотого двуглавого орла на красном поле. Окончательное восстановление этих символов произошло в 1993 году, когда Указами Президента Б. Ельцина они были утверждены в качестве государственных флага и герба: 30 ноября 1993 года Президент Российской Федерации Б. Н. Ельцин подписал Указ "О Государственном гербе Российской Федерации". Согласно Положению о гербе, он представляет собой "изображение золотого двуглавого орла, помещенного на красном геральдическом щите（盾）; над орлом – три исторические короны Петра Великого（над головами – две малые и над ними – одна большего размера）; в лапах орла – скипетр（帝王权杖）и держава; на груди орла на красном щите – всадник, поражающий копьем дракона".

4 декабря 2000 года Президент РФ Владимир Путин внес в Государственную Думу наряду с рядом законопроектов о государственной символике проект федерального конституционного закона "О Государственном гербе Российской Федерации". В качестве герба был предложен двуглавый золотой орел на фоне красного щита. 8 декабря Государственная Дума приняла в первом и третьем（минуя второе, что позволяет регламент Госдумы）чтениях проект закона "О государственном гербе Российской Федерации". 25 декабря 2000 года Президент РФ Владимир Путин подписал федеральный конституционный закон Российской Федерации "О Государственном гербе Российской Федерации" (№ ФКЗ-2), закон вступил в силу со дня его опубликования – 27 декабря 2000 года.

В соответствии с законом, Государственный герб РФ представляет собой четырехугольный, с закругленными（磨圆的）нижними углами, заостренный（磨尖的）в оконечности, красный геральдический щит с золотым двуглавым орлом, поднявшим вверх распущенные крылья. Орел увенчан（戴上）двумя малыми и одной большой коронами, соединенными лентой. В правой лапе орла – скипетр, в левой – держава. На груди орла, в красном щите, – едущий влево на серебряном коне серебряный всадник в синем плаще, поражающий серебряным копьем черного опрокинутого（被推翻的）навзничь（仰面，脸朝天）и попранного（被踩踏的）конем дракона, также обращенного влево.

Золотой двуглавый орел на красном поле сохраняет историческую преемственность в цветовой гамме гербов конца XV – XVII века. Рисунок орла восходит к изображениям на памятниках эпохи Петра Великого. Над головами орла изображены три исторические короны Петра Великого, символизирующие в новых условиях суверенитет как всей Российской Федерации, так и ее частей, субъектов Федерации; в лапах – скипетр и держава, олицетворяющие государственную власть и единое государство; на груди – изображение всадника, поражающего копьем（矛）дракона. Это один из древних символов борьбы добра со злом, света с тьмой, защиты Отечества. Восстановление двуглавого орла как Государственного герба России олицетворяет（体现，代表）неразрывность и преемственность отечественной истории. Сегодняшний герб России – это новый герб, но его составные части глубоко традиционны; он и отражает разные этапы отечественной истории.

Задания:

- Опишите государственный герб РФ.

- Ответьте на вопрос по прочитанному тексту.
  Что символизирует государственный герб РФ?

УРОК 4

I. Новости прошлой недели.
II. Прочитайте следующие тексты и выполните задания.

ТЕКСТ 1

Культура каникул

Наконец-то наступили праздники! Теперь родители и дети смогут друг от друга отдохнуть. Одним теперь не надо проверять домашние задания своих отпрысков (后裔, 子孙), тогда как другие в полной мере могут насладиться вниманием любящих их бабушек и дедушек. У кого есть желание, тот может каждое утро тренироваться в спортивном клубе, а в самих школах юных отпускников ожидают кружки по интересам и спортивные секции. Они даже могут остаться там на ночь – как в летнем лагере. И учителя о них заботятся. Звучит довольно странно, не так ли? Но речь идет о России. Хотя сейчас там дети не свободны – в России весенние каникулы были в марте. Однако скоро наступит лето, и это означает – три месяца отдыха!

Германия и Россия сильно отличаются друг от друга в том, что касается культуры каникул. Так, например, в большинстве российских детских садов есть только летние каникулы, так как родители берут отпуск только летом – обычно он продолжается целый месяц. Церковь в России – это обусловлено историческими причинами – имеет намного меньше значения, чем в Германии, и поэтому нет никакой связи между религиозными праздниками и школьными каникулами. Единственный нерабочий религиозный праздник в России – это Рождество, которое отмечается 7 января. Православная Пасха, которая в этом году совпадает по времени с католической (天主教的), относится к самым любимым праздникам у русских – несмотря на то, что большинство из них не являются верующими. Это происходит потому, что Пасху рассматривают как весенний праздник, как знак приближающегося лета.

В России все концентрируется вокруг летних каникул. "Как можно что-то учить летом?" Этот странный вопрос постоянно задают, когда в России рассказывают о немецких праздниках. "Бедные дети", – качают здесь головой, когда узнают, что суббота в России – обычный учебный день. Вопрос о том, насколько разумно то, что "бедные дети" летом отдыхают три месяца, уже давно обсуждается в России – без каких-либо заметных результатов. Так как главный отпускной сезон в России – это лето, и там не принято распределять каникулы по всему году, как это делается здесь. Именно в это время о них заботятся в школах, или они гостят у своих бабушек и дедушек. После трех месяцев отдыха самая большая проблема состоит в том, чтобы вновь приучить их к обычному распорядку дня. Поэтому первые уроки учителя проводят в расслабленной обстановке с элементами игры.

Взрослые пытаются другими способами справиться со стрессом после отпуска. По данным одного опроса, треть отдыхающих предпочитает возвращаться домой за два или три дня до начала работы. В первые рабочие дни русские избегают любого перенапряжения и стараются как можно раньше лечь спать. Некоторые принимают витамины и успокоительные средства. Кое-кто из числа опрошенных употребляет в этих целях по 100 граммов коньяка в день в течение первой рабочей недели. Работу они стараются начать в четверг или в пятницу для того, чтобы как можно раньше наступили выходные.

Задания:

- Выразите согласие или несогласие со следующими утверждениями по прочитанному тексту.
1. Все россияне являются верующими.
2. Рождество в России является знаком приближающегося лета.
3. Суббота в Германии – выходной день.

- Ответьте на следующие вопросы.
1. Сколько дней продолжаются летние каникулы в России?
2. Какая связь между религиозными праздниками и школьными каникулами?
3. Когда в России отмечается Рождество?
4. Какой праздник является самым любимым в России?
5. Почему после летних каникул бывают элементы игры на занятиях?
6. Как взрослые справляются со стрессом после отпуска?

ТЕКСТ 2

Государственный флаг Российской федерации

Государственный флаг в России появился на рубеже XVII-XVIII веков, в эпоху становления России как мощного государства. Впервые бело-сине-красный флаг был поднят на первом русском военном корабле "Орел", в царствование отца Петра I Алексея Михайловича. Известно, что "Орел" недолго плавал под новым знаменем: спустившись по Волге до Астрахани, был сожжен восставшими крестьянами Степана Разина. Законным же отцом триколора признан Петр I. 20 января 1705 года он издал  указ, согласно которому "на торговых всяких судах" должны поднимать бело-сине-красный флаг, сам начертал (勾画) образец и определил порядок горизонтальных полос. В разных вариациях (变化, 变型) трехполосный флаг украшал и военные корабли до 1712 года, когда на военном флоте утвердился Андреевский флаг.

В 1858 году Александр II утвердил рисунок "с расположением гербовых (国徽的, 徽章的) черно-желто-белого цветов Империи на знаменах, флагах и других предметах для украшений на улицах при торжественных случаях". А 1 января 1865 года вышел именной указ Александра II, в котором цвета черный, оранжевый (золотой) и белый уже прямо названы "государственными цветами России".

Черно-желто-белый флаг просуществовал до 1883 года. 28 апреля 1883 года было объявлено повеление (诏令) Александра III, в котором говорилось: "Чтобы в тех торжественных случаях, когда признается возможным дозволить украшение зданий флагами, был употреблен исключительно русский флаг, состоящий из трех полос: верхней – белого, средней – синего и нижней – красного цветов". Наконец, в 1896 году Николай II учредил Особое совещание при министерстве юстиции для обсуждения вопроса о Российском национальном флаге. Совещание пришло к выводу, что "флаг бело-сине-красный имеет полное право называться российским или национальным и цвета его: белый, синий и красный именоваться государственными" и определило, что для всей империи должен "окончательно считаться бело-сине-красный цвет, и никакой другой".

Три цвета флага, ставшего национальным, получили официальное толкование. Красный цвет означал "державность", синий – цвет Богоматери, под покровом (庇护) которой находится Россия, белый – цвет свободы и независимости. Эти цвета означали также содружество Белой, Малой и Великой России.

После Февральской революции Временное правительство употребляло в качестве государственного бело-сине-красный флаг. Советская Россия не сразу отвергла трехцветный символ России. 8 апреля 1918 года Я.М. Свердлов, выступая на заседании фракции большевиков ВЦИК, предложил утвердить боевой красный флаг национальным российским флагом, и более 70 лет государственным флагом являлся красный стяг (旗帜).

Предложение заменить "революционный" красный флаг на бело-сине-красный высказал народный депутат России Виктор Ярошенко – еще до августовского путча (叛乱) 1991 года. Чрезвычайная сессия Верховного Совета РСФСР 22 августа 1991 года постановила считать официальным символом России триколор, Указом Президента РФ от 11 декабря 1993 года было утверждено Положение о государственном флаге Российской Федерации, а в указе от 20 августа 1994 года устанавливалось, что Государственный флаг постоянно находится на зданиях, где размещается Администрация Президента РФ, федеральные органы исполнительной власти, другие федеральные органы государственной власти, органы государственной власти субъектов РФ (вместе с флагами субъектов РФ).

В августе 1994 года президент России Борис Ельцин подписал Указ, в котором говорится: "В связи с восстановлением 22 августа 1991 года исторического российского трехцветного государственного флага, овеянного (被吹动的) славой многих поколений россиян, и в целях воспитания у нынешнего и будущих поколений граждан России уважительного отношения к государственным символам, постановляю: Установить праздник – День Государственного флага Российской Федерации и отмечать его 22 августа".

В январе 1998 года было решено снять проблему законодательного закрепления государственной символики с повестки дня внутриполитической жизни, так как и в обществе, и в парламенте существуют полярные (完全相反的) точки зрения на этот счет.

4 декабря 2000 года Президент РФ Владимир Путин внес в Государственную Думу среди прочих законов о государственной символике проект федерального конституционного закона "О Государственном флаге Российской Федерации". 8 декабря 2000 года Государственная Дума приняла законопроект в первом и третьем

(окончательном) чтении. 20 декабря 2000 года Совет Федерации ФС РФ одобрил проект закона, 25 декабря 2000 года его подписал Президент РФ Владимир Путин.

В соответствии с законом, Государственный флаг РФ представляет собой прямоугольное полотнище из трех равновеликих горизонтальных полос: верхней – белого, средней – синего и нижней – красного цвета. Отношение ширины флага к его длине – 2:3.

В настоящее время чаще всего (неофициально) используется следующая трактовка (解释) значений цветов флага России: белый цвет означает мир, чистоту, непорочность (纯洁), совершенство; синий – цвет веры и верности, постоянства (永恒); красный цвет символизирует энергию, силу, кровь, пролитую за Отечество.

Задания:

- Ответьте на вопросы по прочитанному тексту.
1. Когда появился бело-сине-красный флаг в России?
2. Кто знает государственный флаг СССР?
3. Кто может описать государственный флаг РФ?
4. Что символизируют разные цвета государственного флага РФ?

- Какой из следующих флагов является нынешним государственным флагом РФ?
  [A] Бело-сине-красный.
  [B] Бело-жёлто-красный.
  [C] Бело-чёрно-красный.

Московские школы вошли в десятку мировых лидеров

Эксперт: Сейчас вся экономика США строится вокруг "российской угрозы"

Россияне в этом году предпочли отдохнуть на Родине

УРОК 5

КОНТРОЛЬНАЯ РАБОТА

I. Выберите правильный вариант по пройденным текстам. (**14 баллов**)
1. Современная Россия – республика _____ типа.
   [A] однопартийного   [B] парламентского   [C] президентского
2. Президент России избирается на _____ года/лет с возможностью переизбрания на второй срок.
   [A] 4 года   [B] 5 лет   [C] 6 лет
3. Представительным и законодательным органом России является _____.
   [A] Федеральное Собрание   [B] Совет Федерации
   [C] Государственная Дума
4. Высшим законодательным органом КНР является _____ .
   [A] Верховный народный суд   [B] Политбюро ЦК КПК
   [C] Всекитайское собрание народных представителей
5. Расположение цветов на государственном флаге РФ: _____ .
   [A] синий, белый, красный
   [B] белый, синий, красный
   [C] красный, синий, белый
6. Синий цвет флага России означает _____ .
   [A] мир   [B] энергию   [C] веру
7. Три исторические короны Петра Великого в изображении Государственного герба РФ символизируют _____ .
   [A] суверенитет всей РФ и её частей
   [B] государственную власть и единство
   [C] борьбу добра со злом, света с тьмой, защиту Отечества

II. Прочитайте следующие тексты и выполните задания.

ТЕКСТ 1

Победительницей юбилейного конкурса "Краса России"
стала пермская студентка Татьяна Сидорчик
Владимир Машков испытывал девушек Достоевским

Организаторы выпустили на сцену 49 девушек со всей страны. Актер и режиссер Владимир Машков впервые в жизни попал в жюри (评判委员会) конкурса красоты, и волновался не меньше, чем на премьере. Машков отнесся к своей миссии так серьезно, что экзаменовал на выборе девушек так, как будто они поступают как минимум в Литинститут. Например, говорил с ними о Достоевском. Заходит очередная красавица, а Машков ее спрашивает, какой у нее любимый роман великого писателя.

Та робеет и, замедляя речь, вспоминает: "Преступление и наказание". "А старушку вам было жалко?" – пристрастно продолжает Машков. "Не-а, – честно сообщает барышня, – она по жизни какая-то неприятная была..."

А девочки, как оказалось, не все знают, кто такой этот симпатичный председатель жюри, и даже выясняли друг у друга его фамилию: "То ли фильм 'Мама' он снял, то ли 'Папа'?" Выборы девушек просто утомили Машкова, и он сознался:

– Для меня все девушки красивые, я бы их всех сразу выбрал и успокоился!

В итоге вице-мисс (1-е, 2-е и 3-е места) стали Татьяна Фомина из Москвы, Елена Полубедова (Екатеринбург), Ирина Соловьева (Выборг). А главной победительницей, "Красой России-2004", стала Татьяна Сидорчик из Перми. Ей 19 лет, рост – 178, личные достоинства – 90-62-91. Собирается стать политическим обозревателем на телевидении: "А то там все места мужчины занимают". Голосующие были настолько разного мнения о том, кто должен победить, что писатель-сатирик Аркадий Арканов в знак протеста даже выбрал себе трех персональных королев, объявил их имена со сцены и собрался наградить ценным подарком – собственной книжкой. Для чего раздал девушкам свой номер телефона, чтобы те сами явились к нему за подарком.

"Королеву" в школе дразнили дистрофиком

Во время финала конкурса мама Татьяны Сидорчик увидела над головой дочери светящуюся корону.

За хрупкими плечиками 19-летней пермской студентки Татьяны Сидорчик уже есть несколько серьезных побед – "Краса Прикамья", "Мисс Бикини-2002", "Мисс Мирового туризма-2002", "Прикамская красавица-2003".

После одного из конкурсов Татьяну заметил директор французского агентства Roxane Клод Асье. Девушка дважды ездила в Париж на фотосессии. Фотограф-француз прозвал ее "моя маленькая Дженнифер Лопес" за внешнюю схожесть с популярной актрисой.

Карьеру профессиональной фотомодели Татьяна с успехом сочетает с учебой на историко-политологическом факультете Пермского университета. Да еще и работать успевает помощником гендиректора торговой компании.

– Я не собираюсь всю жизнь быть фотомоделью. Для меня это только хобби, – говорит Татьяна. – А вот о семейной жизни уже думаю. С другом я встречаюсь около двух лет. Он старше меня на 5 лет. Но все как-то не решается сделать мне предложение.

Но, скорее всего, с семейной жизнью Татьяне придется пока подождать. На следующий год ее ждет конкурс "Мисс Мира". На конкурсе "Краса России" у Тани была большая "группа поддержки". Вместе с ней в Москву приехали мама Людмила Степановна, сестра Марина и 9-летняя племянница Вероника.

Удивительно, но когда Людмила Степановна снимала на видеокамеру финальный выход красавиц, то увидела в объектив (镜头) над головой дочери свечение в виде короны. Той самой короны, которая спустя несколько минут действительно появилась поверх красивой прически Татьяны.

– Я сразу же поняла, что моя дочь победит, – говорит Людмила Сидорчик. – Представляете, а несколько лет назад в школе мою Танюшу дразнили (戏弄) дистрофиком (营养不良患者)!

Приехал поддержать Таню и и. о. губернатора Прикамья Олег Чиркунов. После того как судьи объявили, что победительницей стала пермская красавица, Чиркунов прислал ей SMS-сообщение: "Это только начало!"

Задания:

- Выберите правильный вариант и отметьте соответствующую букву на матрице. (8 баллов)
8. Кем хочет стать Татьяна Сидорчик?
   [A] Актрисой.　　　　　[B] Фотомоделью.
   [C] Писателем.　　　　[D] Политическим обозревателем.
9. Как Татьяна Сидорчик победила на конкурсе "Краса России" ?
   [A] Все члены жюри единогласно выбрали её.
   [B] Только Аркадий Арканов выбрал её.
   [C] Мало членов жюри выбрали её.
   [D] Она победила с абсолютным преимуществом.
10. Кто не приехал в Москву поддержать Татьяну Сидорчик?
   [A] Глава Пермской области.　　　[B] Её отец.
   [C] Её сестра.　　　　　　　　　　[D] Её мать.
11. Как Аркадий Арканов отнёсся к результатам конкурса "Краса России" ?
   [A] Он согласен с результатами конкурса.
   [B] Он согласен, но с оговорками.
   [C] Он не согласен с результатами конкурса.
   [D] Он согласен с выбором жюри и вручил подарок Татьяне Сидорчик.

- Ответьте на следующие вопросы. (4 балла)
12. Как губернатор оценивает победу Татьяны Сидорчик?
13. Татьяна сейчас уже замужем?

ТЕКСТ 2

В четверг кабинет министров РФ одобрил закон "О ратификации Киотского протокола к Рамочной конвенции Организации Объединенных Наций об изменении климата" , передает РИА "Новости" . В ближайшем будущем документ будет направлен для ратификации в Государственную Думу РФ.

Заместитель министра иностранных дел Юрий Федотов, выступая на заседании кабинета министров, пояснил, что отказ от ратификации Киотского протокола может повлечь за собой не только политические, но и экономические затраты.

"Особый характер наших позиций заключается в том, что от нас все зависит, судьба Киотского протокола в наших руках, – заявил Федотов. – Если бы мы отказались от ратификации, мы стали бы крайними, – сказал он. – И если бы на Россию попытались возложить ответственность за нератификацию протокола, это повлекло бы не только политические, но и возможные экономические издержки" .

Советник президента РФ Андрей Илларионов также подчеркнул, что решение о присоединении к Киотскому протоколу вынужденное.

"Нужно отдавать себе отчет, что это политическое решение, это вынужденное решение. Это не то решение, которое мы с удовольствием принимаем, – сказал Илларионов на заседании правительства. – Это решение наносит ущерб нашим национальным интересам и в краткосрочной, и среднесрочной, и долгосрочной перспективе".

В частности, Илларионов подчеркнул, что присоединение к Киотскому протоколу не позволит решить задачу удвоения ВВП.

Илларионов считает, что необходимо предпринять шаги, чтобы минимизировать последствия от принятия этого решения.

Руководитель Росгидромета Александр Бедрицкий подчеркнул, что Россия способна выполнить требования Киотского протокола и может даже выиграть от его ратификации.

Бедрицкий пояснил, что, согласно экспертным расчетам, выбросы углекислого газа в России в ближайшие восемь лет значительно сократятся за счет реализации программ энергосбережения.

"Эти программы реализуются не для климатических целей, а для поступательного развития экономики. Но они дают снижение выбросов", – подчеркнул Бедрицкий.

"В рамках Киотского протокола есть возможность защищать свои интересы и получать преференции для нашей экономики", – считает Бедрицкий.

"Россия потерпит ущерб, если будет реализована стратегия, не адекватная ситуации, например, будут проданы квоты на выбросы, – сказал Бедрицкий. – Если же мы примем адекватную стратегию реализации протокола, то мы выиграем".

В частности, Бедрицкий указал, что в рамках протокола существует возможность реализации совместных проектов. По его словам, РАО "ЕЭС России" и другие российские компании уже рассматривают возможность осуществления таких проектов с зарубежными фирмами.

Эти проекты могут принести России двойную выгоду: они позволят получить средства на усовершенствование технологий промышленного производства, а также снизить вредные выбросы.

Напомним, что Киотский протокол к Рамочной Конвенции ООН об изменении климата был подписан в 1997 году на состоявшемся в Киото международном саммите под руководством ООН. Участники саммита взяли на себя обязательство сократить в среднем на 5,2 процента выбросы углекислого и других вредных газов в атмосферу Земли к 2012 году, исходя из объемов 1990 года.

Протокол вступит в силу, если его одобрит достаточное число стран, на долю которых приходилось бы 55 процентов выбросов индустриального мира (считая от уровня 1990-го года), однако, несмотря на то, что к протоколу присоединились уже более 120 стран, этот уровень еще не достигнут.

Достигнуть его можно только в том случае, если к Киотскому протоколу присоединится Россия, на долю которой приходится 17 процентов выбросов углекислого газа в атмосферу, или США, на долю которых приходится 25 процентов.

> Задания:
>
> ● Выберите правильный вариант и отметьте соответствующую букву на матрице. (6 баллов)
> 14. Как русские отнеслись к ратификации Киотского протокола?
>   [A] Они с удовольствием одобрили её.
>   [B] Они добровольно одобрили её.
>   [C] Им пришлось одобрить её.
>   [D] Они одобрили её под давлением США.
> 15. Когда, по мнению автора, Киотский протокол вступил в силу?
>   [A] В 1997 г.   [B] В 2004 г.
>   [C] В 2012 г.   [D] Это неизвестно по тексту.
> 16. Кто, по мнению автора, больше всех выбрасывает вредных газов в атмосферу?
>   [A] Скотоводческие страны.
>   [B] Развивающиеся страны.
>   [C] Индустриальные страны.
>   [D] Сельскохозяйственные страны.
>
> ● Ответьте на следующие вопросы. (8 баллов)
> 17. Как называется данный текст?
> 18. Какое значение имеет ратификация Киотского протокола?
> 19. Как Александр Бедрицкий относится к ратификации Киотского протокола?
> 20. США уже ратифицировали Киотский протокол?

ТЕКСТ 3

Ученые выяснили, почему одни люди стареют быстрее, чем другие. Оказывается, ничто так не старит организм, как постоянный стресс (напряжение организма), вызывающий необратимые изменения на клеточном уровне. Особенно смертелен стресс для женского организма – представительницы условно прекрасного пола, которые часто волнуются, живут на 9-17 лет меньше, чем спокойные женщины.

Несколько лет назад наукой было установлено, что в ДНК существуют продолговатые фрагменты (长圆形片断) под названием теломеры (染色体终端), которые отвечают за генетическую стабильность и оберегают хромосомы (染色体). Чем старше организм, тем теломеры короче – у каждого поколения дочерних клеток они чуть меньше, чем у материнских. Когда человек регулярно испытывает стресс, теломеры заметно сокращаются, и организм будто бы проживает несколько лет за год.

К таким выводам пришли ученые из Калифорнийского университета в Сан-Франциско, проведя испытания, в которых приняли участие 58 женщин одной возрастной группы. Все они были матерями, причем у двух третей участниц эксперимента дети из-за хронических болезней нуждались в регулярном уходе. Исследование хромосом представительниц двух групп показало, что в первой группе теломеры значительно длиннее, чем во второй, соответственно, "органический" возраст матерей, ухаживавших за больными детьми и регулярно испытывавших стресс, был больше, чем у женщин, не затрудненных заботами и растивших детей без особых проблем.

Элисса Эппель, руководившая исследованием, говорит, что результаты ее совсем не удивили, – она всегда считала, что субъективное восприятие мира важнее реальности, то есть, как говорится, все болезни от нервов, а стресс со временем сводит в могилу. Теперь, когда смертельное влияние стресса на здоровье в очередной раз блестяще доказано, дело остается за малым – выяснить, как с ним бороться.

Кстати, параллельно с учеными университета Сан-Франциско проблемами старения клеток занимаются и исследователи из американского медицинского института Говарда Хьюза. Недавно они объявили о том, что смогли составить объемную модель белка, отвечающего за сокращение или наращивание теломеров. От количества этого белка в клетках в значительной мере зависит скорость старения организма. Вроде бы, если бы его не было совсем, теломеры наращивались бы постоянно и организм не старился, а молодел. Но такое, по словам ученых, пока возможно лишь в фантастических произведениях.

Задания:

21. Сформулируйте основную тему данного текста. (5 баллов)

- Ответьте на вопросы. (6 баллов)
22. В чём, по мнению автора, состоит основная причина старения женщин?
23. Что вы знаете о теломерах?
24. От чего зависит скорость старения организма?
25. Выразите согласие (√) или несогласие (Х). (2 балла)
   [A] Исследования показывают, что теломеры матерей, испытывающих постоянный стресс, значительно длиннее.
   [B] Автор считает, что мы должны жить в напряжённом режиме.

ТЕКСТ 4

Об этом и многом другом мы поговорили с академиком РАМН, доктором медицинских наук, профессором кардиологии, заслуженным врачом РФ Анатолием Мартыновым.

"АиФ": Как нужно _____ в жару?

Анатолий Мартынов: Особых требований к питанию не предъявляется. Питание в принципе должно быть таким же, каким оно было и ранее для данного человека и стало для него привычным.

Рекомендуют только ограничить жирные сорта мяса, немного ограничить жирные сорта рыбы, немного уменьшить калораж и кушать больше овощей и фруктов. А так особо строгих рекомендаций на период питания в жару нет.

"АиФ": Какие _____ нужно всегда иметь при себе людям, у которых есть проблемы с сердцем?

А.М.: В первую очередь нужно помнить не о лекарствах, а о том, чтобы покрыта была голова. Нагрев головы нередко может быть причиной так называемого "**солнечного удара**". Это, как правило, кратковременная потеря сознания, часто проходящая без каких-либо последствий, но все равно это крайне неприятное состояние. В принципе в поход или поездку берутся те лекарства, которые каждый из наших пациентов уже знает. Например, человек, у которого бывают неприятные ощущения в сердце, должен с собой всегда, где бы он ни был, иметь при себе нитроглицерин（硝化甘油）. Специальный сердечный аспирин стоит иметь при себе. Этот препарат наиболее широко используется во всем мире.

Сейчас появились и другие препараты, которые тоже обладают таким же свойством, но опыт их применения пока меньше, чем применение аспирина. Поэтому на сегодняшний день аспирин, несмотря на то, что ему уже много лет, мы считаем основным препаратом. Брать с собой какие-то другие препараты надо исходя из состояния здоровья человека. То есть аптечку каждый пациент имеет свою индивидуальную и она должна быть согласована с лечащим врачом.

Поход или поездка – это всегда ответственное мероприятие, особенно для человека второй половины жизни. Он должен всегда иметь с собой препараты, но спрашивать, кто что имеет – это неправильный путь. Это должна быть всегда своя, индивидуально подобранная аптечка.

"АиФ": Какой режим _____ надо соблюдать в жару?

А.М.: Тем людям, у которых уже имеется сердечная недостаточность, потреблять много воды нельзя. Мы даже в плане лечебных мероприятий даем препараты, которые выводят дополнительно воду, но сейчас мы говорим о людях без тяжелых сердечно-сосудистых состояний, потому что те должны наблюдаться врачами и обязательно врач должен исправить методы лечения на период жары.

Если мы говорим об основной массе населения, которые не имеют тяжелых проявлений изменений со стороны сердца, то им всегда нужно количество воды увеличивать. В старой армии в жару в питание добавляли соль для того, чтобы она задерживала воду.

Есть еще один очень важный фактор. В жару, особенно при избыточном выделении жидкости через кожу, теряется необходимое содержание калия（钾）и магния（镁）в крови, а это признаки нарушения ритма сердца. Нарушения ритма сердца могут быть столь тяжелыми, что человек может в жару внезапно погибнуть, может развиться фибрилляция（纤维性颤动）желудочков, это именуется у нас как клиническая смерть.

Это бывает обычно у людей, уже склонных к нарушению водно-электролитного баланса. У пожилых людей содержание калия, который очень важен для поддержания ритма сердца, нередко снижено и мы часто дополнительно назначаем эти препараты. Даже у молодых людей, у которых в обычные погодные условия содержание этих микроэлементов（калия и магния）нормальное, в жару может резко уменьшаться и это чревато серьезными последствиями.

Еще один фактор приводит к тяжелым последствиям, особенно у пожилых людей, – это когда уменьшается объем циркулирующей крови, кровь становится густым и создаются дополнительные условия для **тромбообразования**. Это наиболее частая причина осложнений во время жары, которые мы констатируем в виде инсульта（中

风）или инфаркта（梗塞）.

Предупреждать или бороться с этими осложнениями можно двумя путями. Первый путь мы уже обсудили – достаточное количество жидкости. Второй путь – это применение медикаментозной коррекции свертываемости крови, ее надо понижать. У нас в стране, да и во всем мире, широко используется специальный сердечный аспирин.

Препарат, который при не очень длительном приеме в период жары не оказывает никаких существенных побочных эффектов, а людей сберегает от инсульта и инфаркта. Он доступный, недорогой, важно только, чтобы люди об этом знали.

Задания:

- Ответьте на следующие вопросы.（6 баллов）
26. Что значит "солнечный удар"?
27. Как надо правильно озаглавить данный текст?
28. Как надо беречься от инсульта и инфаркта, по мнению Анатолия Мартынового?
29. Вставьте в пропуски нужные слова по содержанию прочитанного текста.（6 баллов）
    [A] "АиФ": Как нужно _____ в жару?
    [B] "АиФ": Какие _____ нужно всегда иметь при себе людям, у которых есть проблемы с сердцем?
    [C] "АиФ": Какой режим _____ надо соблюдать в жару?
30. Определите значение слова "тромбообразование" на основе контекста.（2 балла）
31. Выразите согласие（√）или несогласие（X）со следующими утверждениями по прочитанному тексту.（5 баллов）
    [A] Людям, страдающим сердечными заболеваниями, надо носить с собой сердечный аспирин.
    [B] Пожилым людям надо всегда иметь при себе одинаковые лекарства.
    [C] Людям, страдающим сердечными заболеваниями, надо пить много воды в жару.
    [D] Здоровым людям нельзя увеличивать количество воды в жару.
    [E] Пожилым людям надо дополнительно употреблять препараты, содержащие калий.

ТЕКСТ 5

Взаимоотношения России и Китая переходят на уровень сотрудничества двух гигантов

Китай является не только географическим соседом России, но и ее важнейшим экономическим партнером. С 2010 г. КНР остается крупнейшим внешнеторговым партнером России, опережая Нидерланды（荷兰）и Германию. Важность политической и экономической кооперации（合作，协作）с КНР для Москвы существенно возрастает ввиду угрозы ограничения российского сырьевого экспорта в Европу.

Торговые отношения России и Китая

Россия традиционно экспортирует в КНР товары сырьевой группы. В 2013 г. на поставки топливных ресурсов и электроэнергии пришлось 67% всего российского экспорта в стоимостном выражении. Вторую позицию занимает экспорт лесоматериалов（7%）, а на третьем месте расположились цветные металлы – медь, никель（镍）и алюминий（铝）（5%）. Экспортерами являются преимущественно крупные государственные компании или небольшие фирмы, находящиеся под контролем местных администраций. Основу российского импорта из Китая составляет готовая продукция. Более 40% приходится на машины и оборудование, 20% – на одежду, обувь и другие продукты текстильной промышленности, а 10% – на химические товары.

Как уже было сказано выше, в последние несколько лет КНР остается крупнейшим внешнеторговым партнером России, опережая Голландию и Германию. Место России во внешнеторговой политике КНР на сегодняшний день менее значительно. Наша страна занимает лишь 10 место в списке ее торговых партнеров（2% в общем объеме китайской внешней торговли）. По объемам товарооборота с Китаем Россия（$89 млрд.）существенно уступает Евросоюзу（$500 млрд.）, США（$470 млрд.）, Японии（$300 млрд.）и Южной Корее（$200 млрд.）. Несмотря на это, наша страна занимает одно из центральных мест в китайской стратегии развития: стратегическое партнерство с Москвой позволит КНР обеспечить энергетическую безопасность и укрепить позиции перед лицом потенциального противостояния с Западом.

Внешнеторговый оборот России и Китая стабильно увеличивался с 2002 г., достигнув в 2008 г. $57 млрд. Однако мировой экономический кризис на время прервал эту позитивную тенденцию: в 2009 г. товарооборот резко сократился до $38 млрд. Кризис также временно уменьшил "хроническую" дефицитность（亏空，赤字）российской торговли с Китаем: несмотря на замедление мировой экономической активности, Китай продолжил закупать российские энергоресурсы по понизившимся ценам.

За "посткризисные" 2010-2012 годы темпы прироста двустороннего товарооборота восстановились（10-30%）. Однако в 2013 г. темпы роста российско-китайской торговли замедлились до 1,1%（за год товарооборот увеличился с $88,1 до $89,2 млрд.）. В Китае основной причиной такого снижения считают «медленное восстановление мировой экономики». Вместе с тем, при анализе данных следует также учитывать падение мировых цен на сырье. Например, за 2013 г. экспорт российской нефти в Китай в физическом выражении увеличился, а в стоимостном – сократился.

В 2013 г. отрицательное сальдо（差额）торгового баланса РФ с Китаем составило порядка $10 млрд. Российский экспорт в Китай, фактически равен спросу на российское сырье в Поднебесной, упал более чем на 10,3%, а импорт китайских товаров в Россию, напротив, прибавил 12,6%.

Отметим, что в последние годы власти Китая начали подготовку к структурной перестройке экономики. Правительство КНР планирует переход от модели быстрого роста, ориентированной на экспорт товаров к более медленной, но устойчивой модели. Согласно официальным прогнозам, в 2014 г. годовой темп роста китайского ВВП замедлится с 7,7% до 7,5%. Пока речь идет о так называемой "мягкой посадке" экономики – управляемом и постепенном снижении темпов роста ВВП. Несмотря на все долгосрочные преимущества модернизации экономики КНР, в краткосрочном периоде замедление темпов роста Поднебесной может привести к некоторому сокращению спроса на российский экспорт.

УРОК 5

Почему Китай важен для России?

Темпы экономического роста Китая оказывают непосредственное влияние на российскую экономику. Дело в том, что КНР – вторая экономика в мире по объему ВВП после США, а темпы ее роста на порядок превышают общемировые. По официальным прогнозам, уже к 2021 г. Китай станет первой по величине мировой экономикой.

Для продолжения движения вперед огромным колесам китайской экономики необходимо сырье. По данным Международного энергетического агентства (МЭА), в 2010 г. Китай вышел на первое место в мире по потреблению энергии. В 2013 г. страна стала крупнейшим в мире импортером нефти, обойдя Соединенные Штаты, занимавшие эту позицию с 1970-х гг. По объемам потребления "черного золота" США все еще лидирует, но в отличие от Штатов, КНР значительно сильнее зависит от внешних поставок.

Таким образом, состояние экономики Поднебесной напрямую влияет на общемировой спрос на топливные ресурсы и, соответственно, на их рыночную стоимость. Плотно сидящая на нефтяной игле Россия крайне уязвима (敏感的, 脆弱的) к снижению цен: нефтегазовые доходы формируют около 50% всех бюджетных поступлений, а их доля в экспорте доходит до 70%.

Кроме того, КНР является крупным покупателем российских сырьевых товаров. В 2013 году Россия экспортировала в Китай 10% от общего объема экспорта нефти страны (24,3 млн. тонн на сумму $19,74 млрд.). В физическом объеме годовой прирост экспорта составил 0,1%, а в стоимостном выражении наблюдался спад на 3,6% из-за снижения мировых цен. Сейчас объем российских поставок составляет 12% от всей импортируемой нефти Китая – самый высокий уровень за последние 7 лет.

Крупнейшим покупателем российского "черного золота" по-прежнему остается Европа: в 2013 г. объем экспортированной туда нефти составил 65% от общего объема экспорта РФ ($154 млн. тонн). Однако отметим, что в последние годы Россия постепенно начала изменять структуру экспорта сырья, наращивая (增加, 扩大) экспортные потоки в Азию за счет уменьшения поставок в Европу. Потребность Европы в сырье заметно снизилась вместе с началом кризиса 2010 г., а недавний украинский конфликт, вероятно, приведет к еще более резкому сворачиванию (紧缩, 缩小) поставок.

Россия: разворот на Восток

У российско-китайского экономического сотрудничества существуют огромные перспективы расширения, однако в последние годы их реализацию затрудняло "неторопливое" поведение дипломатов и "забюрократизированность (官僚主义)" обеих экономик. До сих пор в переговорах с Пекином российская сторона применяла тактику "изматывания (使……精疲力竭)" партнера с целью заключения контрактов на более выгодных условиях. Теперь же, в связи с резким ухудшением отношений с Западом, Москва, вероятно, будет вынуждена изменить подход к ведению бизнеса с Китаем.

Наверно, наиболее яркой иллюстрацией являются переговоры по экспорту российского газа в Китай, начатые еще в 2007 г. Речь идет о поставках 38 млрд. кубометров газа в год через Дальний Восток в течение как минимум 30 лет. Сегодня многие экономисты ждут, что в связи со смещением (变动, 颠倒) политических акцентов газовый контракт будет подписан уже в мае.

Сейчас на разных стадиях обсуждения находится огромное количество энергетических и инфраструктурных сделок. Стоит упомянуть о переговорах по поставке в

КНР истребителей "Сухой", по различным проектам в сфере атомных технологий и по внедрению（运用，实行）в России китайской платежной системы China Union Pay. Вероятно, экономическая «необходимость» все-таки заставит российское правительство согласиться на ускоренное подписание многих соглашений, пусть и по менее выгодным условиям.

Нравится нам это или нет, но долгосрочный экономический и политический фокус（焦距；中心）России переместился с Запада на Восток. Для Москвы особенно возросла важность стратегического партнерства с Китаем. Китай со своей стороны также заинтересован в укреплении политических и экономических связей с Россией: стратегическое партнерство с Москвой позволит КНР обеспечить энергетическую безопасность и укрепить позиции перед лицом потенциального противостояния с Западом.

Задания:

- Ответьте на следующие вопросы по прочитанному тексту. （28 баллов）

32. Какое место занимает Китай во внешнеторговой политике России?
33. Почему важность политической и экономической кооперации с Пекином для Москвы существенно возрастает в настоящее время?
34. Какие товары преобладают в российском экспорте в Китай? А какие – в китайском экспорте в Россию?
35. Какие страны и организация вошли в четвёрку крупнейших торговых партнёров Китая?
36. Какую роль играет Россия в китайской стратегии развития?
37. Чем объясняется замедление темпов роста российско-китайской торговли в 2013 году?
38. Как скажется на российском экспорте так называемая «мягкая посадка» экономики Китая?
39. Почему считается, что темпы экономического роста Китая оказывают непосредственное влияние на российскую экономику?
40. Вы согласны с тем, что состояние экономики Китая напрямую влияет на общемировой спрос на топливные ресурсы и, соответственно, на их рыночную стоимость? И почему?
41. Куда Россия больше экспортировала нефть в 2013 году: в Европу или в Китай? Чем объясняется такая ситуация?
42. Какие изменения происходят в структуре экспорта сырья России в последние годы?
43. Какие факторы препятствовали развитию российско-китайского экономического сотрудничества?
44. Какие энергетические и инфраструктурные сделки между Россией и Китаем находятся на разных стадиях обсуждения?
45. С какой целью, по словам автора, Китай укрепляет политические и экономические связи с Россией?

УРОК 6

I. Новости прошлой недели.
II. Прочитайте следующие тексты и выполните задания.

ТЕКСТ 1

Подводные лодки класса Akula

Во время холодной войны для сил НАТО были разработаны чрезвычайно результативные системы противолодочной борьбы, в том числе, самолеты, ударные подводные лодки, стационарные датчики и надводные корабли. Распад Советского Союза привел к существенному снижению угрозы со стороны российских подводных лодок, что со временем вызвало ослабление натовского потенциала противолодочной борьбы. Войска НАТО сохраняют определенные возможности по ведению такой борьбы, однако, у них уже нет тех ресурсов, которыми они обладали во времена холодной войны.

А российские подводные лодки остались. В 1980-х и 1990-х годах СССР и Россия построили 15 субмарин (潜艇) класса Akula (это в натовской классификации, российский проект 971 под названием "Щука-Б" <狗鱼>), и девять из них по-прежнему входят в боевой состав флота. Это были исключительно скрытные и малозаметные лодки для советского ВМФ того периода, а российские конструкторы усовершенствовали их за счет дополнительной технологии снижения шумности. Наверное, важнее всего то, что лодки "Щука-Б" несут на своем борту внушительный арсенал вооружений, включая торпеды (鱼雷) и крылатые ракеты. Крылатая ракета способна поражать как морские, так и наземные цели, из-за чего значительная часть береговой линии стран НАТО оказывается под угрозой.

Лучшие подводные лодки НАТО все же могут выслеживать и уничтожать "Щуку-Б", однако высокая скорость субмарины существенно затрудняет эти действия. Но хотя Североатлантический альянс в состоянии топить эти русские подлодки, они могут нанести огромный ущерб своему противнику, прежде чем навеки погрузятся в морскую пучину (深渊). "Щуки" могут уничтожить авианосец (航空母舰) или просто нанести неожиданный и колоссальный ущерб важнейшим объектам на суше.

За пять лет развития дизель-электрических технологий на смену лодкам класса Akula могут прийти новые субмарины проекта 677 "Лада", по крайней мере, в узком контексте конфликта между НАТО и Россией. Но пока удивительная малозаметность и мощное вооружение "Щук" продолжает представлять немалую угрозу не только для натовских кораблей, но и для натовских наземных объектов.

Задания:

- Переведите следующие военные термины на китайский язык.
  система противолодочной борьбы, ударная подводная лодка, стационарный датчик, надводный корабль, арсенал вооружения, крылатая ракета, наземная цель.

- Используя текст, дайте краткий и развернутый ответы на следующие вопросы.
  1. Почему натовский потенциал противолодочной борьбы ослаб?
  2. Какие вооружения несёт на своём борту лодка "Щука-Б"?
  3. В чем заключается опасность подводной лодки "Щука-Б"?

- Расскажите о том, что вам показалось наиболее интересным.

ТЕКСТ 2

Дружба между мужчиной и женщиной: миф или реальность?

В детстве вы могли быть не разлей вода（形影不离）: вместе играли в песочнице（沙箱）, лазили（爬）по деревьям, ходили в один детский сад, а потом выросли, и дружба куда-то **испарилась**. У тебя свои подруги, у него **куча** друзей. Даже если посмотреть по сторонам: дружба между мужчиной и женщиной большая редкость. Да и возможна ли она? Этот непростой вопрос издревле волновал человечество. Интерес к нему не обошёл стороной и нас. Поэтому сегодня мы спрашиваем у вас: могут ли женщина и мужчина быть друзьями?

Его мнение

Константин, 38 лет, биолог:

– Я считаю, что дружба между мужчиной и женщиной – это миф. Она не возможна априори（先验地，武断地）. Не зря же говорят: мы существа с разных планет. Мужчины и женщины очень разные. Мы можем быть любовниками, жениться и рожать детей. Но вот дружить – маловероятно. У нас разное мировоззрение и совершенно разные взгляды на жизнь. То, что для мужчины в порядке вещей（理所当然）, недопустимо для женщины, и наоборот. Помимо этого, насколько мне известно, откровенным в полной мере ты можешь быть только с человеком одного с тобой пола. У меня есть жена, я люблю её и считаю, что мы действительно созданы друг для друга. Но существует множество вещей, которые я не могу сказать ей. Она просто не поймёт. Со многими своими проблемами, тревогами и вопросами я обращаюсь к своему единственному лучшему другу, мужчине. Не сомневаюсь, что и моя жена не открывает всего, что её волнует, приберегая многое для своих подруг. Кстати, ни у неё, ни у меня нет друзей противоположного пола. Приятели есть, но никак не друзья.

Сергей, 29 лет, инженер:

– Мне кажется, что дружба между мужчиной и женщиной – один из вариантов неразделённой любви. Просто один из друзей позволяет себя по-дружески любить, а второй, понимая, что в данный момент близость невозможна, старается всё время быть рядом, надеясь на то, что когда-нибудь всё изменится в лучшую для него сторону. И дружбой эти отношения назвать нельзя. Потому что дружба предполагает **равноправие**, а здесь один человек использует другого. Как правило, именно женщины любят такую дружбу. Вместо того чтобы чётко сказать "нет", они дают мужчине ложную надежду и начинают его эксплуатировать（使用，利用）: ты мой лучший друг, отвези меня туда, помоги мне сделать то, почини мне это. А бедный влюблённый исполняет все капризы（耍性子，无理的要求）и прихоти（刁钻古怪的愿望）. Он, бедняга, верит, что подруга обязательно оценит его поступки и взглянет на него как на мужчину.

Её мнение

Ирина, 40 лет, бухгалтер:
– Я верила в дружбу между мужчиной и женщиной, пока не вышла замуж за... своего лучшего друга! Мы познакомились на первом курсе института и сразу понравились друг другу. Слишком много общего было между нами: отношение к жизни, увлечения, мы читали одинаковые книги, любили одну и ту же музыку. Нам было безумно интересно общаться, но при этом мы не чувствовали никакого физического влечения, да и не привлекали друг друга внешне. В итоге мы подружили все пять курсов. Знакомили друг друга со своими вторыми половинками, помогали в учёбе, вели откровенные задушевные беседы, обращались в трудные минуты за поддержкой. Я была уверена, что нашла искреннего и доброго друга. Так продолжалось довольно долгое время. А потом меня бросил мой молодой человек. Это стало для меня ударом, я была **обескуражена** и расстроена. Мне нужно было выплакаться, попросить совета. Естественно, я отправилась к своему лучшему другу. Рыдала（抽泣）у него на плече, он поил меня чаем и утешал как мог. А потом, я даже не заметила, как это произошло, мы начали целоваться. После этого были долгие и сбивчивые（不连贯的）объяснения. Мы поняли, что идеально подходим друг другу, что за нашей дружбой скрывалось нечто большее, но нам понадобилось много времени, чтобы разглядеть это чувство. Через два месяца мы поженились, и живём в браке вот уже 15 лет. Так что для меня дружба между мужчиной и женщиной скорей не дружба в чистом виде, а первый этап любви, который даёт возможность присмотреться друг к другу.

Татьяна, 25 лет, секретарь:
– Лично для меня дружба с мужчиной – единственно возможный вариант. С самого детства я дружила исключительно с мальчиками и продолжаю дружить с мужчинами до сих пор. Просто потому, что не верю в искренность отношений между женщинами. Девушки завистливы, они готовы убить друг друга ради внимания понравившегося кавалера（男舞伴）, они двуличны и лживы. Вы никогда не замечали, что красавицы любят окружать себя дурнушками（不好看的女人）? На их фоне они выглядят ещё привлекательнее. А дурнушки надеются на то, что им перепадёт лакомый кусок с барского стола – очередной кавалер, **отвергнутый** красавицей. Втайне же они ненавидят свою подругу. Разве такие отношения можно назвать настоящей дружбой?! Мужчины не такие. Я верю им, потому что нам нечего делить. Другу-мужчине всё равно, что ты выглядишь лучше него, у тебя стройнее ноги и фигура. Он не будет ненавидеть тебя за твои достоинства. Для него важен твой ум, чувство юмора, умение поддержать в трудную минуту. У барышень же всё это уходит на второй план.

Ольга, 34 года, оформитель（装潢者，装饰者）:
– Возможна ли дружба между мужчиной и женщиной? А почему бы и нет. Толь-

ко эта дружба немного иная, нежели отношения, которые связывают мужчину с мужчиной и женщину с женщиной. Я уверена, что настоящий и верный друг может быть только одного с тобой пола. А вот приятель может быть кем угодно. И это тоже дружба, просто не такая крепкая и доверительная. У меня много хороших приятелей среди мужчин, я знаю, что могу рассчитывать на их совет и помощь. Но они никогда не станут мне так близки, как мои подруги-женщины. И никогда не поймут меня так, как может понимать женщина. Я не говорю, что это плохо или хорошо. Просто это по-другому.

Задания:

- Постарайтесь понять значение выделенных слов без словаря, а затем проверьте себя по словарю. Скажите, что помогло вам догадаться о значении этих слов.

- Поделитесь своими размышлениями, отвечая на следующие вопросы.
1. Возможна ли, по мнению Константина, дружба между мужчиной и женщиной?
2. Какие люди, по мнению Константина, могут стать настоящими друзьями?
3. Чем, по мнению Константина, отличаются приятели от друзей?
4. Что такое, по мнению Сергея, настоящая дружба?
5. Какую дружбу, по мнению Сергея, любят женщины?
6. Существует ли, по мнению Ирины, настоящая дружба между мужчиной и женщиной?
7. Кого, по мнению Ирины, можно назвать настоящим другом?
8. Возможна ли, по мнению Татьяны, дружба между мужчиной и женщиной?
9. Почему, по мнению Татьяны, не может быть настоящей дружбы между женщиной и женщиной?
10. Что, по мнению Татьяны, ценят мужчины в женщинах?
11. Кто, по мнению Ольги, считается настоящим другом?

- Подготовьтесь к дискуссии на следующие темы.
1. Настоящая дружба возможна только между мужчинами.
2. Настоящая дружба возможна только между женщинами.
3. Настоящая дружба возможна только между мужчиной и женщиной.

УРОК 7

I. Новости прошлой недели.
II. Прочитайте следующие тексты и выполните задания.

ТЕКСТ 1

Почему Китай пригласил соседние государства к совместной реализации концепции "один пояс и один путь"? Прежде всего, это определяется преимуществами географической близости. Россия, страны Центральной Азии, Южной Азии и Юго-Восточной Азии, которые были важными государствами на древнем Шелковом Пути, являются дружественными соседями Китая. На протяжении длительного периода все эти страны жили рядом в мире и согласии, развивали взаимовыгодный обмен, сформировав сообщество общей судьбы, основанное на том, что жизнь каждого отражается в жизни всех, а жизнь всех отражается в жизни каждого. В последние годы благодаря общим усилиям Китая и соседних стран постепенно сформировалась сеть транспортных коридоров, соединяющих различные субрегионы (次区域) Азии между собой, а также с государствами Азии, Европы и Африки. Это заложило прочную базу для совместной реализации концепции "один пояс и один путь". В долгосрочной перспективе важными партнерами по сотрудничеству в рамках концепции "один пояс и один путь" станут примыкающая к Азии Европа, тесно связанные с Россией государства СНГ, некоторые государства Африки, относящиеся к арабскому миру.

Во-вторых, это преимущества политического взаимодоверия. Изменения взаимоотношений Китая с миром, прежде всего, проявляются в изменении отношений со своими соседями. Китай длительное время привержен курсу на развитие дружеских и партнерских отношений с соседями, заинтересован в обстановке добрососедства, спокойствия и процветания в соседних странах, стремится активно участвовать в международных делах и делах сопредельных регионов, ставит на первое место принципы дружелюбия, искренности, взаимной выгоды и толерантности (宽容), развивает отношения с соседями в духе дружбы, согласия, взаимной помощи и взаимной поддержки, вместе преодолевая все трудности, совместно обсуждая важные вопросы, стремясь к совместному развитию. Китай таким образом завоевал доверие соседей и получил в ответ драгоценную дружбу. В настоящее время Китай установил практически со всеми соседними странами, в том числе с Россией, а также с многосторонними организациями этого региона отношения стратегического партнерства или добрососедские дружественные отношения, создавая по собственной модели "сеть партнерских отношений" с участием соседних стран.

В-третьих, это преимущества экономической взаимодополняемости. На фоне продолжающейся неясной ситуации в мировой экономике, китайская экономика не только продолжает быть лидером в мире, но и дает мировому развитию "китайский шанс". В 2014 году вклад Китая в увеличение мирового ВВП составил 27,8 процентов, что же касается Азии, то этот показатель превысил 50-процентный уровень. Это в полной мере демонстрирует высокую степень интеграции экономик Китая и соседних стран. Именно потому, что уровень экономического развития и структура экономик стран, расположенных вдоль Шелкового пути, неоднороден, быстро развивающийся Китай может выгодно дополнять и оказывать поддержку этим государствам. Кроме того, в этом регионе были созданы такие многосторонние механизмы, как Совещание по взаимодействию и мерам доверия в Азии, Региональный форум АСЕАН по безопасности, Форум Азия-Европа, Трехстороннее партнерство Китая, Республики Корея и Японии, "10+1"(АСЕАН-Китай), "10+3" (АСЕАН, Китай, Япония и Республика Корея), Шанхайская организация сотрудничества, РИК (Россия, Индия, Китай), которые предоставили редкий шанс и стали эффективной платформой для укрепления экономического сотрудничества стран этого региона.

В-четвертых, это преимущества взаимных контактов в гуманитарной области. Хотя у государств Евразии разная история, разные культуры и религии, однако, в ходе продолжительных дружественных контактов, они учились друг у друга, обменивались опытом, стремились к консенсусу. Китай, являясь одной из самых древних цивилизаций в мире, оказал важное и глубокое влияния на соседние страны своей философией, живописью, каллиграфией, искусством керамики, чайной культурой, искусством изготовления тканей, архитектурой, скульптурой, медициной, ушу, праздниками и кулинарией. С другой стороны, индийский буддизм, искусство России, европейская философия распространялись в Китае и заслужили глубокую любовь китайского народа. В последние годы Китай с государствами Шелкового пути успешно провел такие масштабные мероприятия, как "национальные годы", "годы языков", "годы туризма", "годы дружбы", фестивали культуры и кинофестивали, что способствовало развитию культурных обменов с различными странами, упрочило социальную основу дружбы.

Задания:

- Найдите в тексте максимальную полную информацию о взаимных контактах между странами Евразии в гуманитарной области.

- Ответьте на вопросы.
1. О чём идёт речь в данном тексте?
2. Что является прочной базой для совместной реализации концепции "один пояс и один путь"?
3. Какие страны могут стать важными партнёрами по сотрудничеству в рамках концепции "один пояс и один путь"?
4. Как Китай развивает отношения с соседями?
5. Что уже стало эффективной платформой для укрепления экономического сотрудничества стран этого региона?
6. Что способствовало развитию культурных обменов между странами Евразии?

ТЕКСТ 2

Русская кухня

Во всем мире русская кухня прежде всего **ассоциируется** с водкой и икрой, винегретом（凉拌菜）(известным в европейских языках под названием "русский салат") и пирожками.

Следует, однако, отметить, что водка была завезена в Россию из Италии лишь на рубеже XIV-XV веков и довольно долгое время была под запретом, икра была, да и остается, блюдом скорее праздничным, чем повседневным, а винегреты и вообще салаты обогатили русскую кулинарную традицию только в XIX веке, будучи заимствованы из кухонь европейских стран. Так что из всего вышеприведенного списка лишь пирожки могут претендовать（觊觎）на принадлежность к традиционной, исконной（向来就有的）кухне русского народа. Изделия из теста издревле занимали в русской кухне одно из ключевых мест. Знаменитый ржаной хлеб, непопулярный в других странах, появился здесь еще в IX-X веках. Примерно тогда же возникли и многие другие известные нам виды русских мучных и **хлебобулочных** изделий – пироги, блины, сайки（梭形面包）, пышки, оладьи（油炸饼）и др.

Русская кухня на протяжении своей долгой истории вобрала в себя и творчески переработала множество различных кулинарных традиций – от татаро-монгольской до французской, – став в результате одной из самых разнообразных кухонь мира. Исконно же повседневный стол русичей был довольно скромен: основу питания составляли, помимо мучных изделий, каши, блюда из рыбы, грибов, овощей – мясо использовалось редко（что объяснялось отчасти тем, что большинство дней в году считались постными< 斋戒的 >, и посты соблюдались весьма строго）.

Русской кухне не свойственно стремление французской, американской или восточных кухонь к смешению самых разных **ингредиентов** в одно блюдо: напротив, известные на Руси с десятого века овощи – капусту, редьку, репу（芜菁）, горох（豌豆）или огурцы – готовили и ели – будь то сырые, соленые, вареные или печеные – отдельно один от другого. Даже салаты, завезенные из Европы, вначале делали преимущественно с одним овощем – и так и называли: салат огуречный, салат свекольный, салат картофельный.

Но и на самом раннем этапе русская кухня не была однообразной. Достигалось это за счет применения различных масел (в основном растительных), многообразия способов обработки, как тепловой, так и холодной, а также широким использованием таких пряностей（香料，佐料）, как лук, чеснок, укроп（茴香）, перец, петрушка（香芹菜）, анис（茴芹）, кориандр（香菜）или лавровый（桂树的）лист, проникших в Россию – при посредстве Византии – еще в X-XI веках.

Впоследствии же в русскую кухню начинают проникать многочисленные мясные блюда с Востока – сибирские пельмени, среднеазиатские манты, кавказские шашлыки; позднее и русская фантазия внесла свою лепту（微小的贡献）в мировую сокровищницу мясных рецептов, подарив миру бефстроганов（小块焖牛肉）, по иронии судьбы содержащий в своем названии французский корень "беф", но являющийся тем не менее русским изобретением.

С самых древних времен немаловажное место в русском меню занимали жидкие блюда – супы. И сейчас русский обед – бедный или богатый – немыслим без супа.

Еще одна традиция, которую все привыкли воспринимать как традиционно русскую – послеобеденное чаепитие. Однако чай появился в России только во второй половине XVI века, после присоединения к России Астраханского и Казанского ханства（汗国）. До того на Руси пили квас, сбитень（热水蜜）, из хмельного（酒）– медовуху（蜜酒）, брагу（家酿啤酒）, пиво, импортируемые в основном из Византии греческие вина.

С XVIII века происходит радикальное **размежевание** кухни дворянской и кухни простонародной: дворянская кухня **европеизируется**, считается престижным иметь в числе прислуги повара-француза. Весь восемнадцатый век ознаменован прямым заимствованием иностранных блюд – котлет（肉饼）, сосисок（小灌肠）, омлетов（鸡蛋饼）, компотов（糖渍果品）, тех же салатов и супов и многого другого. Лишь после войны с Наполеоном на волне вспыхнувшего вдруг патриотизма у представителей русской знати（名人）вновь появляется интерес к русской кухне. Парадоксально, но положительную роль в возрождении исконно русских кулинарных традиций сыграл французский кулинар по фамилии Карем – именно он и его преемники предложили заменить "французскую" систему подачи блюд, когда все блюда выставлялись на стол одновременно, старинным русским способом поочередной подачи, а также отказаться от протертых（擦碎的）блюд в пользу более натуральных из цельных овощей, более свойственных русской кулинарной традиции. Но и в это время возрождавшаяся русская традиция проходила французскую "редактуру"（校订）: так появились отбивные（煎肉饼）и многие русские блюда с нерусскими названиями. На это же время – вторую половину прошлого века – приходится и начало широкого использования картофеля в качестве гарнира（配菜）, а также существенное расширение спектра закусок, ставших отныне одним из специфических элементов русского стола.

Советская эпоха сделала русскую кухню, с одной стороны, более демократичной – многие из ее былых（以往的）ингредиентов перешли в разряд деликатесов（美味）– а с другой, обогатило ее традициями других народов бывшего СССР. Именно в советское время шашлык и плов（羊肉饭, 抓饭）стали известны каждому русскому. Впрочем, и до 1917 года Российская Империя представляла собою единое пространство, так что малороссийский борщ или вареники, казахские манты и сибирские пельмени можно с полным правом отнести к рецептам, нашедшим свое место в русском меню.

Задания:

- Определите значение выделенных слов в прочитанном тексте.

- Выразите согласие или несогласие со следующими суждениями.
1. Водка и салат – это элементы исконно русской традиционной кухни.
2. Пирожки – это элементы исконно русской традиционной кухни.
3. Блины – это элементы исконно русской традиционной кухни.
4. Пельмени – это элементы исконно русской традиционной кухни.
5. Сейчас не едят суп во время бедного обеда.
6. Чаепитие – это элементы исконно русской традиционной кухни.
7. Вино – это элементы исконно русской традиционной кухни.
8. Шашлык и плов – это элементы исконно русской традиционной кухни.

- Ответьте на вопросы по прочитанному тексту.
1. Почему в древности русские за обедом мало использовали мясо?
2. Что является основой исконно традиционной русской кухни?
3. Чем отличается русская кухня?
4. Как по-французски подают блюда?
5. Как по-русски подают блюда?

УРОК 8

I. Новости прошлой недели.
II. Прочитайте следующие тексты и выполните задания.

ТЕКСТ 1

Города России

В соответствии с нынешним российским законодательством городом считается населенный пункт с числом жителей свыше 12 тысяч человек и с долей занятых вне сельского хозяйства не менее 85 процентом самодеятельного населения. У каждого из них, естественно, своя внешность и свой характер. Даже "города-миллионеры" вроде Москвы или Санкт-Петербурга похожи между собой разве что обилием автотранспорта. Что же говорить о других городах, среди которых немало скромных, провинциальных, но по-своему не менее привлекательных.

Впрочем, некоторые общие тенденции можно обнаружить и здесь. Уже беглого взгляда на географический атлас России достаточно, чтобы понять, насколько неравномерна по стране плотность (密度) населения. При средней плотности в 8,7 человека на 1 квадратный километр лишь три региона России имеют плотность свыше 70 человек. Прямая зависимость от природных условий здесь очевидна, в некоторых северных округах, например, в Эвенкийском, Таймырском и Корякском на одного человека приходится до 35 километров.

Крайне неравномерно **рассыпаны** по карте и города. Но вот быть или не быть городу решала уже не только природа. Свое слово здесь сказали и бурная российская история, и экономика, и даже железная воля Центра, который мог заставить своих граждан построить город где угодно: за Полярным кругом, в пустыне или на болоте. Российский центр жестко вмешивался в жизнь даже самых отдаленных регионов во все времена, и царские, и советские.

Самые древние русские города в европейской части страны располагались главным образом вдоль рек и по берегам озер, служивших основными торговыми путями. Часть из них пережила все исторические напасти (灾难) и сейчас входит в число красивейших городов – туристических жемчужин (珍珠) России.

Немалые изменения в географию русских городов внесло преодоление феодальной раздробленности (割据) и укрепление Москвы. По воле московских князей было основано немало ныне крупных русских городов. Сначала по преимуществу это были небольшие города-крепости для защиты от неприятелей, а затем новые центры русского влияния на **сопредельные** территории. Так появились на Волге Самара, Саратов, Белгород, Воронеж и многие другие старинные русские города.

С именем Петра Великого связано появление русских городов на Балтике, главный из которых, естественно, Санкт-Петербург (1703 год) и на Урале, где в петровские времена начала подниматься национальная промышленность. В 1723 году был основан один из крупнейших сегодня российских городов – Екатеринбург, а спустя полвека – Пермь. История Перми типична для многих русских городов, возникавших возле рудников（矿场）, заводов или в районах, богатых пушниной（毛皮）. Многие ныне известные сибирские города также начинались очень скромно, как сторожевые посты（警戒哨）, чтобы сдерживать кочевников（游牧民族）и разбойный люд. Омский острог（城堡）– **прародитель современного Омска** – был построен в 1617 году. Более сотни русских городов обязаны своим появлением административной реформе, проведенной Екатериной Великой в XVIII веке. Екатерининская реформа **упорядочила** деление（划分）России на губернии, области, уезды, причем вся эта административная конструкция опиралась на соответствующий губернский, областной или уездный город. Существовавших на тот момент в России городов（их было тогда более 300）не хватало, поэтому волевым усилием имперского Центра в города повысили еще 165 населенных пунктов. Благодаря екатерининским нововведениям XVII век дал России гораздо больше новых городов, чем век следующий. Энергичный XIX век добавил в российскую копилку（储钱罐）всего 50 городов. Отчасти это населенные пункты, ставшие городами благодаря своему бурному экономическому росту. Так, например, село Иваново и посад（工商区, 市镇）Вознесенский（недалеко от Москвы）, где возникло мощное ткацкое（纺织的）производство, были преобразованы в город Иваново-Вознесенск. Чуть позже, также благодаря своей экономической предприимчивости（进取心）, пробились（获得……地位）в число городов Орехово-Зуево, Нижний Тагил и Ижевск. Все остальные новые города XIX века следует искать в тех регионах, где в это время закреплялись русские: то есть на Кавказе（Нальчик, Пятигорск, Новороссийск, Владикавказ, Грозный）, а также в Приамурье и Приморье（Благовещенск, Владивосток, Уссурийск, Хабаровск）. На стыке XIX и XX веков новый мощный импульс освоению Сибири и Дальнего Востока, а, следовательно, и появлению на карте России новых городов, дала реализация грандиозного по тем временам проекта – строительство Транссибирской магистрали（干线）. Построенная в 1891-1916 гг. крупнейшая трансконтинентальная железнодорожная магистраль не только соединила центр с отдаленными районами, но и еще больше приблизила к европейской России Азию. Речь, прежде всего, идет, конечно, о Монголии и Китае, поскольку туда было протянуто ответвление（支线）от Транссиба.

В советский период города стали появляться быстрей.

Ряд городов возник на Урале во время второй мировой войны, когда туда **перебрасывались** целые заводы с персоналом и семьями из районов, которые могли быть оккупированы（占领）фашистской Германией. Эти стремительно выросшие города-заводы сыграли огромную роль в победе над фашизмом.

В этот же военный период многие русские города серьезно пострадали или были полностью разрушены, как, например, ставший знаменитым Сталинград. Снова, уже который раз в истории, под удар попали и древние русские города: Новгород, Псков, Смоленск, Вязьма. Серьезно пострадал Санкт-Петербург и особенно его окрестности: фашистами были разрушены и **разграблены** великолепные дворцовые ансамбли Пушкина, Петергофа, Гатчины, Павловска. Все, что было возможно, в послевоенные годы русские архитекторы и реставраторы с огромным трудом восстановили. Наконец совершенно новым явлением в советские годы стало появление в стране городов, которые являлись специализированными научными и исследовательскими центрами. Все подобные города носили непривычные для уха имена: Арзамас-16, Свердловск-44, Челябинск-70, Красноярск-26, Томск-7 и т.д.

Конечно, побывать во всех городах России не под силу не только иностранцу, но и коренному россиянину, разве что он посвятит этому делу всю свою жизнь.

УРОК 8

> **Задания:**
>
> - Определите значение выделенных слов в прочитанном тексте.
>
> - Ответьте на вопросы по прочитанному тексту.
> 1. Какой населенный пункт считается городом?
> 2. Знаете ли вы о средней плотности населения в России?
> 3. Зависело ли появление городов России от природных условий?
> 4. Где расположены самые древние русские города в европейской части?
> 5. Как развивались русские города при Екатерине Великой?
> 6. Какую роль играла Транссибирская магистраль?
> 7. Как развивались русские города во время второй мировой войны?
> 8. Какие русские города серьёзно пострадали во время второй мировой войны?

ТЕКСТ 2

Если муж моложе сына...

Как ни странно, статистика говорит о том, что все большее число женщин, особенно в больших городах, вступает в союз с мужчинами намного младше себя. Что это: закономерность или случайно вкравшаяся（潜入，出现）погрешность（误差）измерений? Нет, это не ошибка, а общее правило, у которого есть и физиологические, и психологические предпосылки（前提）.

Слово статистикам

Сначала о физиологии: дело в том, что мужчины и женщины созревают в половом отношении не одновременно. Но это статистика, которая устанавливает только общие закономерности, а в каждом отдельном случае все может быть совсем наоборот.

Впрочем, что это означает: жена старше мужа? Когда речь идет о двух-трех годах, то это не в счет – супруги практически сверстники. Если разница в возрасте достигает восьми-двенадцати лет, это как раз тот случай, который встречается достаточно часто и которому, собственно говоря, и посвящена данная статья. Такие пары, хоть и обсуждаются окружающими, тем не менее вызывают неприятие разве только у родных мужа. А вот браки, в которых жена старше мужа на двадцать-тридцать лет, это уже настоящая сенсация（耸人听闻）!

Исключения из правил

Мне приходилось сталкиваться с такими парами, где муж моложе сына жены от первого брака. Несмотря на все **пересуды** окружающих, они живут дружно, рожают детей и процветают. Как долго они будут счастливы – это другой вопрос. Вот что говорит по этому поводу героиня романа Сомерсета Моэма "Обещание": "Неужели вы думаете, что если мужчина **разлюбил** женщину, которая по возрасту годится ему в матери, то он сможет когда-нибудь ее снова полюбить?"

До сих пор речь шла о женщинах, которые биологически моложе своего календарного возраста. Если они и выглядят старше своих **избранников**, то это с лихвой （绰绰有余）**искупается** их жизненной силой и энергией. Но существует и другой вариант, когда молодой человек влюбляется в пожилую даму... просто потому, что она стара. Это уже выходит за пределы нормы и является довольно редким отклонением.

Кстати, это отклонение свойственно и женщинам – мне знакомы несколько молодых женщин, которые по большой любви вышли замуж за пожилых мужчин... да что там – за стариков. Если они счастливы, то не наше с вами дело бросать в них камни （责难，诽谤）.

Как ответить на вопрос – почему женщину тянет к пожилому мужчине? Скорее всего, потому, что больше всего в детстве она была привязана к **седовласому**, внимательному дедушке, который **ограждал** ее от всех неприятностей. Психоаналитическая теория утверждает, что женщина, **идеализирующая** своего отца, ищет себе пожилых партнеров, потому что она хочет в муже видеть не столько любовника, сколько "папочку". То же относится и к юношам, выбирающим себе спутниц жизни намного старше себя, – им нужна в первую очередь не жена, а мать. Честно говоря, это довольно спорное утверждение.

Плюсы и минусы

В нашем обществе до сих пор **бытуют** представления о том, что если жена старше мужа, то это неестественно и непременно плохо кончится. Всегда считалось нормальным, что профессора женятся на своих аспирантках, но если у молодой преподавательницы вуза роман со студентом, то это уже ЧП! Но далеко не все способны не обращать внимание на пересуды окружающих и тем более бросить открытый вызов обществу. Эти переживания и становятся причиной того, что она ведет себя именно таким образом, что ее скрытые страхи становятся реальностью.

Давайте разберем эти страхи по отдельности. Ну, во-первых, такое утверждение: "Я слишком стара для него, и когда мы вместе, то выглядим, как мать и сын. Это ужасно!"

Что ж, очень трудно выглядеть моложе мужчины, который на десять лет тебя младше. Но если держать себя в форме, то вполне можно смотреться рядом с ним если не сверстницей, то и не чересчур （过火，过分）зрелой дамой.

Не стоит верить на слово супругу, если он вам говорит: "Не переживай и не старайся казаться лучше, чем ты есть. Я люблю тебя именно такой и всегда буду любить". Он, возможно, действительно так считает – сейчас. Он искренен, но что он будет думать по этому поводу лет через пять, когда морщинки на вашем лице **проступят** особенно отчетливо?

Кстати говоря, ничто не держит женщину в таком тонусе （紧张）, как осознание того, что ей надо все время соответствовать. Постоянное присутствие рядом молодого спутника придает энергии и заставляет оптимистически смотреть на многие вещи. Но быть и чувствовать себя молодой – это не значит молодиться.

Страх потерять любимого из-за разницы в возрасте порою заставляет женщину делать глупости. Во время выяснения отношений она все время напоминает мужу, что она стара, и он совершил тот или иной поступок （в ее глазах – проступок< 过错 >）именно поэтому. Это делается для того, чтобы еще раз услышать от мужа, что он не считает ее старой и по-прежнему любит.

Еще одна ошибка – вести себя с мужем так, как будто он неразумный младенец, а уж "я-то достаточно пожила на свете, чтобы знать, что надо делать в каждом конкретном случае". Даже если ваш муж женился на вас именно потому, что ему нужна жена материнского типа, от такого обращения он скоро взбунтуется (反抗) – ему ведь требуется доказать себе и вам, что он мужчина!

У каждой жены вообще много конкуренток из числа незамужних девиц – если, конечно, ее муж чего-то стоит. Уверенная в себе женщина только посмеется над статистикой разводов (离婚): она знает, что супруг от нее никуда не денется, потому что она лучше всех. Но жене молодого мужа часто кажется, что все женщины на свете – все те, кто моложе ее самой, – **покушаются** на ее достояние.

Моей пациентке (病人) Елене **стукнуло** сорок шесть, когда от нее ушел муж. Они поженились десять лет назад; ей было тридцать шесть, а ему – двадцать четыре. У Елены стройная фигура нерожавшей женщины и лицо, которое выдает ее возраст, что и неудивительно: столько слез пролила она за последние месяцы. Увы, за десять лет брака она совершила все возможные ошибки. Ей супруга уже не вернуть, но давайте все-таки их проанализируем. Может, кто-нибудь все-таки научится на чужом опыте?

Беда Елены была в том, что она слишком любила мужа и не давала ему отдохнуть от этой любви. Боюсь, что семья Елены с самого начала была далека от идеала. Елена, женщина очень **властная**, сразу же приняла командный тон. Она велела Игорю закончить институт – и тот взялся за ум и получил диплом. Она очень многое за него решала, и до поры до времени он против этого не возражал. В их близком окружении были только те женщины, которых Елена одобряла, – то есть немолодые и малопривлекательные. Она старалась никуда мужа не отпускать в одиночку; и на работе (это был служебный роман), и дома, и в гостях они всегда были вместе. Но наступили новые времена, и, чтобы не умереть с голоду, им пришлось искать нормальную по уровню оплаты работу. Игорь устроился менеджером в представительство иностранной фирмы. Она стала часто заходить к мужу в офис, что заставляло всех косо (斜眼) на него посматривать. Когда Игорь попросил ее этого не делать, Елена устроила сцену. С этих пор она постоянно **терзалась** муками ревности. Она стала вызывать мужа на постоянные выяснения отношений... В первой же командировке он познакомился с женщиной, которая стала его любовницей; после очередного "серьезного" разговора с Еленой он собрал свои **вещички** и ушел к ней.

– Я знала, всегда знала, что мое счастье не продлится долго, – так закончила свой рассказ Елена. – Я рассчитывала на десять лет – и как раз десять лет мы и провели вместе.

На ошибках учимся

Итак, какие же ошибки совершила Елена? Ну, во-первых, она с самого начала стала опекать (监护, 照管) Игоря, как будто он был маленьким, и не давала ему никакой самостоятельности; в конце концов он **повзрослел** – и взбунтовался. Во-вторых, она чересчур бдительно следила, чтобы Игорь не общался с привлекательными девушками и женщинами – и вообще без нее ни с кем не общался. Запретный плод всегда сладок, и как только Игорь вырвался из-под ее опеки, то сразу же ушел.

Вы можете мне возразить, что ничего бы и не было, если бы Игорь не перешел на другую работу. Но все время мужа у своей юбки не удержишь, как ни старайся. Не было бы работы в фирме с ее командировками – случилось бы что-нибудь другое.

А подтолкнуть к этому его могла и сама Елена своею ревностью. Это ее третья ошибка. Может быть, он и забыл бы о возрасте своей жены, но она сама все время напоминала ему об этом. В любом случае постоянные семейные сцены – это лучший способ оттолкнуть от себя мужчину любого возраста.

В последние месяцы своей семейной жизни Елена впала в депрессию (抑郁) и так из нее и не вышла. Она утверждает, что ее настроение упало из-за того, что она почувствовала перемену в настроении мужа, но я уверена, что всему причиной было нарушение раз и навсегда заведенного порядка.

Задания:

- В тексте несколько подчеркнутых слов. Понятен ли вам их смысл?

- Переведите данное предложение на китайский язык.
  Эти переживания и становятся причиной того, что она ведет себя именно таким образом, что ее скрытые страхи становятся реальностью.

- Ответьте на вопросы по прочитанному тексту.
1. Какой брак вы предпочитаете, "жена старше мужа", или "мужа старше жены"? Почему?
2. Почему, по мнению автора, женщина стремится выйти замуж за пожилого человека?
3. Как в обществе относятся к паре "жена старше мужа"?
4. Как в обществе относятся к паре "муж старше жены"?
5. Какую пользу, по мнению автора, имеет брак "муж моложе жены"?
6. Что вам было бы нельзя делать, если бы ваш муж был моложе вас?
7. В чём заключается беда Елены?

- Подготовьтесь к дискуссии на тему "Какая пара счастлива"? При подготовке к дискуссии используйте информацию, данную в тексте.

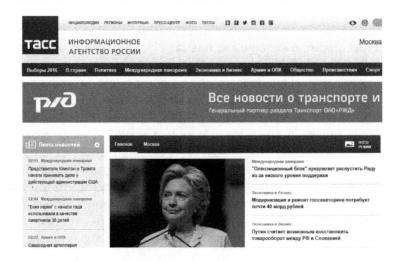

УРОК 9

I. Новости прошлой недели.
II. Прочитайте следующие тексты и выполните задания.

ТЕКСТ 1

Шансов получить работу и сделать карьеру гораздо больше у тех сотрудников, которые выглядят здоровыми, чем у тех, кто больше подходит для данной должности с точки зрения профессионализма и компетентности, но не имеет внешних признаков хорошего здоровья. К такому выводу пришли недавно специалисты из Амстердамского свободного университета.

В исследовании, которое провели ученые, приняли участие 148 человек. Всем им предлагали по фотографиям выбрать того, кто способен возглавить некую вымышленную компанию. При этом изображения потенциальных кандидатов на руководящую должность изменили в фоторедакторе таким образом, что на одних они выглядели более энергичными и здоровыми, а на других – более "умными" и "надежными". Хотя это были одни и те же люди. В семи случаях из десяти добровольцы указывали именно на того кандидата, который излучал здоровье.

Подобный выбор запрограммирован в нас на уровне биологической эволюции （进化，演化）. В древности только здоровый половой партнер или спутник жизни могли гарантировать полноценное потомство и стабильность. Только здоровый мужчина был способен стать **добытчиком**, и только здоровая женщина могла в полную силу поддерживать семейный очаг...

Со временем жизнь становилась более комфортной. Сейчас мужчинам в большинстве случаев не требуется охотиться или воевать, чтобы прокормить свою семью, а женщина может легко переложить часть своих обязанностей на бытовую технику и другие блага цивилизации. Но на подсознательном уровне мы по-прежнему более позитивно воспринимаем людей со здоровой внешностью.

Признаками здоровья в нашем понимании являются розовый цвет кожи, блестящие глаза... Приметы болезни – сильная худоба, серый землистый цвет лица, мешки под глазами...Такая внешность может указывать не только на различные недуги, но и на вредные привычки, которые тоже разрушают организм. Если речь идет о приеме на работу, назначении на должность, карьере, то получается, что такого человека нельзя рассматривать как надежного сотрудника или эффективного руководителя.

Да, болезненный человек может быть вполне профессионален и компетентен в своей сфере. Но в случае серьезного сбоя со здоровьем он не сможет больше выполнять свои обязанности, и ему придется искать замену. Конечно, известны случаи, когда очень больные люди даже руководят целой страной в течение многих лет, но это обычно выбор меньшего из двух зол, так как альтернативы просто нет.

Потенциальные **работодатели** в массе своей предпочитают нанимать "рабочих лошадок", которые смогут "**пахать**" без передышки. В большинстве компаний хвори (疾病) сотрудников не поощряются, а длительное пребывание на больничном может даже послужить поводом к увольнению. Если же болеет не рядовой сотрудник, а руководитель, то не всегда есть возможность адекватно (相应地) подменить его на время болезни. Чтобы не создавать таких ситуаций, проще взять специалиста пусть не столь опытного и знающего, но зато такого, который не подведет и всегда вовремя выйдет на службу.

К тому же, здоровый человек сможет трудиться больше, чем тот, кто имеет проблемы со здоровьем. Его проще заставить работать **сверхурочно** или отказаться от отпуска в связи с "производственной необходимостью".

То есть в ситуации выбора вышестоящее руководство скорее предпочтет здорового сотрудника, чем профессионального, и только если здоровые с виду кандидаты отсутствуют или никак не "**прокатывают**", то даст "зеленый свет" специалисту болезненного вида.

По мнению авторов исследования, здоровый вид является одним из решающих факторов для лидерства и хорошей карьеры. Руководитель научной группы Брайан Списак в своем докладе констатирует: "Это объясняет, почему политики и бизнесмены часто вкладывают много сил, времени и денег в свою внешность". Действительно, эти люди именно ради карьеры часто усиленно занимаются спортом и не пренебрегают (忽视, 不在意) регулярными медицинскими осмотрами.

Кстати, во многих компаниях существует определенный "культ здоровья". Для сотрудников приобретаются медицинские страховки, абонементы в тренажерные залы или бассейны. Иногда при организациях действуют собственные спортивные клубы или фитнес-центры. Всячески поощряются разнообразные оздоровительные или спортивные мероприятия. Так что если вы "недотягиваете" до нужного физического уровня для успешной карьеры, можно попробовать его "скорректировать", занявшись собой.

Задания:

- Определите значение выделенных слов в тексте.

- Ответьте на вопросы по прочитанному тексту.
1. Как называется этот текст?
2. О чём идёт речь в данном тексте?
3. О чём идёт речь в последнем абзаце текста?
4. У кого больше шансов получить работу?
5. Почему в древности предпочитали здорового спутника жизни?
6. Почему сильная худоба, серый землистый цвет лица, мешки под глазами считаются признаками болезни?
7. Каких сотрудников предпочитает работодатель?
8. Почему политики и бизнесмены часто вкладывают много сил, времени и денег в свою внешность?

- Проведите дискуссию на тему: "Я предпочитаю жену красивую, но не здоровую" или "Я предпочитаю мужа здорового, но не красивого".

ТЕКСТ 2

Россияне боятся наркотиков в 4 раза сильнее, чем террористов

Почти 20% россиян признают, что их близкие или знакомые употребляют наркотические вещества в немедицинских целях, – такие шокирующие (使人难堪的) данные **обнародовали** социологи "Левада-центра" в канун Международного дня борьбы с наркоманией (国际禁毒日). А по данным Всероссийского центра изучения общественного мнения (ВЦИОМ), рост числа наркозависимых людей (瘾君子) вокруг тревожит граждан в два раза сильнее, чем **монетизация** льгот, и вчетверо сильнее, чем события в Чечне.

Лишь три проблемы превосходят наркоманию по степени остроты: бедность (она не дает покоя 48% населения страны), произвол и коррупция (贪污) чиновников (38%) и безработица (35%). Наркотическая угроза (ее отметил 21% участников всероссийского опроса) тревожит граждан больше, чем кризис медицинской системы (20%), Разруха в ЖКХ (19%), организованная преступность (10%) и даже такая очевидная опасность, как "сохранение напряженной ситуации в Чечне и вокруг нее" (5%).

Проблема Чечни становится для россиян "своей", только когда происходит что-то выходящее за рамки самой Чечни (Дубровка, Беслан), а наркомания – это социальное зло, которое понятно каждому, понимание, что с ним надо бороться, **врожденное** у нашего общества. Оно требует от государства жестких мер в отношении наркобизнесменов и поддерживает действия в этом направлении не только правоохранительных органов (执法机关), но даже представителей криминального мира, как это было, например, в Екатеринбурге.

По мнению социолога, проблема в том, что "нынешний режим **вялотекущей** борьбы с распространением наркотиков неэффективен и не решает главную проблему – идет расширение круга наркоманов". Эту тенденцию отмечают и социологи "Левада-центра": если в 2013 году присутствие наркоманов в своем близком окружении признавали только 15% россиян, то сегодня об этом не стесняется сказать уже каждый пятый.

Москва **завалена** наркотиками. Вряд ли в столице найдется микрорайон, в котором нельзя достать в любое время суток за относительно небольшие деньги почти любую разновидность зелья (毒药): от легкой марихуаны (大麻) до синтетических препаратов потяжелее героина. Что уж говорить о вокзалах и увеселительных заведениях (娱乐场所) в центре города – доступность "дури" поражает даже привычных к существованию наркотического рынка западноевропейцев. Причем так живет не только Москва. По данным Фонда "Общественное мнение" (ФОМ), три четверти населения страны свидетельствуют: наркоманов вокруг становится больше. Более половины респондентов (被调查者) (56%) уверены, что сегодня у нас эта проблема стоит более остро, чем за рубежом.

По мере увеличения во дворах количества использованных шприцев (注射器) растет и нетерпимость граждан не только к наркобаронам, но и к наркоманам. В ФОМе еще в 2003 году зафиксировали резкое снижение числа респондентов, признавшихся, что они употребляют наркотики: это занятие становится все более неприличным. Оправдывать свою слабость тяжелыми условиями жизни получается все хуже. Среди причин, по которым люди начинают принимать наркотики, россияне чаще всего называют безделье (27%), любопытство и жажду новых ощущений (17%), психологические проблемы (16%) и лишь потом – социально-экономические трудности（16%）. Неудивительно, что более половины участников исследования（56%）полагают, что наркоманы сами виноваты в том, что попали в зависимость от **психоактивных** веществ. Лишь треть опрошенных склонна объяснять произошедшее с ними "неблагоприятными внешними обстоятельствами". Сегодня, по данным ВЦИОМа, считают допустимым употребление наркотиков 5% населения страны, еще 2% относятся к такой практике расширения сознания снисходительно（宽厚地）, но подавляющее большинство россиян（92%）уверено, что добровольно травить себя не стоит ни при каких обстоятельствах.

В России до 8 миллионов наркоманов

"На сегодняшний день, по различным оценкам, от трех до восьми миллионов человек в России – это люди, употребляющие наркотики" – заявил 15 июня на пресс-конференции в Медиа-центре "Известий" глава Управления межведомственного взаимодействия Федеральной службы по наркоконтролю. За прошлый год в стране было изъято（被没收）более 129 тонн различных наркотических средств и психотропных веществ. Официально на учете в наркологических диспансерах（防治所）состоят "всего" 500 тысяч человек, а возможности отечественной медицины таковы, по словам Целинского, что реально пройти за год курс лечения могут только 50 тысяч пациентов.

Задания:

- Замените выделенные слова и словосочетания близкими по смыслу.

- Ответьте на вопросы по прочитанному тексту.
1. Как вы можете иначе назвать этот текст?
2. Как надо реагировать на наркотическую угрозу?
3. Как социолог оценивает работу нынешнего режима в борьбе с наркотической угрозой?
4. Как вы понимаете, какой смысл заключён в слове "дурь"?
5. Почему люди употребляют наркотики?
6. Сколько сейчас наркоманов в России?

- Обведите кружком то, что вы считаете правильным по смыслу текста.
  [A] Наркотическая угроза – самая важная проблема в России.
  [B] В Москве легко достать наркотики.
  [C] Большинство русских считают, что проблема наркотической угрозы более острая, чем в других странах.
  [D] Большинство русских поддерживают употребление наркотиков.

- Проведите дискуссию на тему: "Употреблять наркотики – очень вредно".

УРОК 10

КОНТРОЛЬНАЯ РАБОТА

Прочитайте следующие тексты и выполните задания.

ТЕКСТ 1

Китай намерен обратиться к ЮНЕСКО с просьбой включить японский концлагерь (集中营) под Харбином, где проводились опыты на людях, в список охраняемых исторических памятников. Речь идет о лагере так называемого "Отряда 731", который занимался экспериментами по созданию бактериологического оружия, сообщает агентство "Синьхуа".

За шесть лет существования лагеря в результате экспериментов были убиты около трех тысяч узников (囚徒), в основном из числа мирного населения Китая. Среди жертв также оказались корейцы, русские, монголы, американцы и военнопленные из европейских стран. В результате применения биологического оружия, разработанного "Отрядом 731", погибли более 200 тысяч китайцев. По другим оценкам, число жертв может достигать миллиона человек, учитывая смертность вспышек заболеваний, которые продолжались даже после войны.

Лагерь "Отряда 731" был построен в 1939 году и просуществовал до августа 1945 года. Все это время японские врачи проводили опыты, пытаясь определить воздействие на людей различных болезнетворных микроорганизмов. В частности, в экспериментах использовались возбудители (病原体) чумы (瘟病, 鼠疫), тифа (伤寒), сибирской язвы и холеры (霍乱). Кроме того, узников подвергали воздействию повышенного давления, низких температур и облучению рентгеновскими лучами.

Первоначально на территории лагеря располагались около 150 зданий. К сегодняшнему дню сохранилась лишь часть этого комплекса. На 104 квадратных метрах размещен музей. Его руководство намерено увеличить площадь примерно в четыре раза и лишь затем подать официальную заявку в ЮНЕСКО. Реализация этого плана потребует около 60 миллионов долларов.

В 1979 году под охрану ЮНЕСКО перешел немецкий концлагерь Освенцим на территории Польши. В 1996 году статус охраняемого исторического памятника получил мемориал в Хиросиме, построенный в память о ядерной бомбардировке города американской авиацией.

Задания:

- Ответьте на следующие вопросы по прочитанному тексту. (14 баллов)
1. Какова тема данного текста?
2. Где находится лагерь "Отряд 731"?
3. Чем занимался этот лагерь во время войны?
4. Сколько людей погибло в этом лагере?
5. Для чего был создан этот лагерь?
6. Почему Китай намерен передать японский концлагерь под охрану ЮНЕСКО?
7. Как по-вашему, стоит ли включить этот лагерь в список ЮНЕСКО?

ТЕКСТ 2

Президент ФИФА на церемонии открытия третьей международной футбольной выставки ЭКСПО признал, что Китай является родиной футбола. Он согласился с теми данными, которые представили чиновники Китайской федерации футбола, сообщает Xinhua. Согласно этим данным, футбол был придуман 2300 лет в городе Линьцзы, в провинции Шаньдун. Линьцзы тогда был столицей королевства Ки.

ФИФА не так давно уже делала предположение, что Китай когда-нибудь будет официально признан родиной футбола. Это должно было произойти на прошлогоднем женском чемпионате мира, но турнир был перенесен из Китая в США из-за вспышки атипичной пневмонии.

"Очень приятно услышать, что президент ФИФА сделал официальное заявление по поводу того, что именно в Китае был придуман футбол – спорт номер один в мире. Это большая честь для нас и мы приложим все силы для того, чтобы внести больший вклад в развитие этой игры", – сказал вице-президент федерации футбола Китая.

Представители многих стран утверждают, что именно у них изобретен футбол, но историки указывают на древнейшую игру "ку джу" как прообраз современного футбола. За много столетий до того, как в Европе появился футбол, китайцы уже придумали игру, основой которой были удары ногой по мячу, и даже проводили официальные матчи.

Задания:

8. Озаглавьте данный текст. (2 балла)

- Ответьте на данные вопросы по прочитанному тексту. (8 баллов)
9. Почему женский чемпионат мира не состоялся в Китае?
10. Когда в Китае появился футбол?
11. Какой вид спорта является спортом № 1 в мире?
12. Согласны ли вы с тем, что футбол был придуман китайцами?

ТЕКСТ 3

Чем полезна ходьба?

В отличие от бега ходьбой могут заниматься люди всех возрастов, но особенно полезна она для пожилых, которым не под силу другие, более тяжёлые физические нагрузки. Доказано, что ходьба благотворно влияет на сердечную деятельность, кровообращение, дыхательную систему, а также укрепляет мышцы и мышечную ткань, не говоря уже о положительном эмоциональном воздействии. Это наиболее доступная физическая нагрузка, при которой работают большие группы мышц и суставов（关节）– тех самых, что выполняют функцию так называемого периферического（周围的, 外围的）сердца.

В результате их деятельности улучшается движение крови по всему организму, в том числе и в области брюшной полости（腹腔）, что немаловажно для хорошего самочувствия. При ходьбе движения грудной клетки и таза（骨盆）массируют печень（肝）, селезёнку（脾）, поджелудочную железу（胰腺）, а также активизируют процесс пищеварения.

Совершать прогулки лучше всего утром или днём, но не на полный желудок. При выборе темпа и продолжительности ходьбы надо обязательно **соразмерять** физическую нагрузку с возможностями своего организма. После каждой прогулки вы должны чувствовать бодрость и прилив сил. Гулять нужно только с удовольствием.

Для людей со слабой физической подготовкой рекомендуется начать тренировки с очень медленной ходьбы, делая 60-70 шагов в минуту. При этом продолжительность прогулки должна составлять 30 минут, а протяжённость маршрута – около 2 км. Сохраняйте такой темп в течение всей 1-й недели.

Во 2-ю неделю скорость ходьбы можно увеличить до 90 шагов в минуту, а время – до 45-50 минут. Оптимальные результаты, которых вы сможете достичь к 10-й неделе тренировок, – 100 шагов в минуту, 60 минут в пути и 4,5 км. по "тропе здоровья".

Тренироваться желательно каждый день или 4-5 раз в неделю. Уже через 2 месяца систематических тренировок вы почувствуете себя значительно лучше. Оздоровительные（保健的）прогулки повысят сопротивляемость вашего организма различным недугам и замедлят протекающие в нём процессы старения.

Задания:

- Ответьте на следующие вопросы по прочитанному тексту. (8 баллов)

13. О чём говорится в тексте?
14. Когда лучше заниматься ходьбой?
15. От чего зависят темп и продолжительность ходьбы?
16. Что вы советуете людям со слабым организмом?
17. Определите, от каких слов образовано слово "соразмерять". Замените его синонимами. (2 балла)
18. Переведите последнее предложение данного текста. (2 балла)
    Оздоровительные прогулки повысят сопротивляемость вашего организма различным недугам и замедлят протекающие в нём процессы старения.

ТЕКСТ 4

Великий шелковый путь – это огромное историко-культурное пространство со множеством маршрутов, по которым со II в. до н.э. до конца XVII в. н.э. шло международное общение от Китая до Испании. До II в. до н.э. путь из Европы в Азию обрывался у границ Китая, так как горные системы Азии – Тяньшань, Куньлунь, Каракорум, Гиндукуш, Гималаи – скрывали древнейшую китайскую цивилизацию от остального мира. С конца II в. до н.э. китайцы сами вышли на прямые контакты.

Одно из объединений кочевых племен（游牧部落）, союзник Китая, было вытеснено другим кочевым объединением, открыто враждебным Китаю. Бывший союзник ушел куда-то на Запад. Китайский император послал вдогонку（追赶）посольство во главе с Чжан Цанем. Он должен был уговорить бывших союзников вернуться, чтобы совместными усилиями разбить общего противника. Пройдя тяжелейшие пустыни бассейна реки Тарим, горы Тяньшаня, пережив десятилетний плен, Чжан Цань нашел бывших союзников в оазисах（绿洲）Средней Азии. Они оказались равнодушны к уговорам китайского посланника, так как новые места оказались несравненно лучше для проживания. Чжан Цань был поражен увиденным: только в Ферганской долине он насчитал более 70 больших и малых городских поселений с развитым ремеслом, земледелием. Жители городов-оазисов вели широкую торговлю с Индией, Ближним и Средним Востоком, античным миром. Возвратившись в Китай, Чжан Цань рассказал императору о странах к западу от Китая, о том, чем они богаты и чего нет у китайцев. В частности, он сообщил о породистых（良种的）рослых конях, не идущих ни в какое сравнение с мелкими китайскими лошадками. Он сообщил также, что встреченные им народы не знают культуры тутового（桑树的）шелкопряда（家蚕）, не умеют выделывать шелк. Император тут же захотел иметь таких лошадей, так как обладание ими давало огромные преимущества в борьбе против кочевников（游牧民族）. Вскоре в Среднюю Азию были отправлены посольства. Среди прочих даров они везли китайский шелк. Поэтому последнее десятилетие II в. до н.э. и принято считать датой рождения Великого шелкового пути. Уже в античной литературе встречаются наиболее полные описания Великого шелкового пути, вернее одного из его вариантов – от берегов Восточного Средиземноморья до Китая. Тот путь шел через Гиераполь у Евфрата, пересекал Месопотамию, направлялся к Тигру, затем в Экбатаны в Мидии, огибал с южной стороны Каспийское море, проходил древнюю столицу Парфии Гекатомпил, Антиохию Маргианскую, Бакрты и через Комедские горы попадал в бассейн реки Тарим. В конце VIII в. н.э. караванные（商队的）дороги притянула к себе столица Арабского халифата（哈里发国家）Багдад. В средние века в географию Великого шелкового пути была включена Древняя Русь. Арабские купцы освоили бассейн Волги и добирались до русского Севера, где "отсутствует ночь летом и день зимой".

Путешествие по Великому Шелковому пути было очень длительным, преисполнено трудностей и опасностей. Только чистое время в пути для каравана, шедшего от берегов северных берегов Каспийского моря в Пекин, составляло не менее 260 дней, а с учетом стоянок занимало более года. Основными товарами, которые купцы везли из Китая, Средней Азии долгое время были: китайский шелк, драгоценные камни, жемчуг, экзотические украшения, дорогая фаянсовая（瓷器的）и фарфоровая посуда, перец, пряности（香料）, и т.д. Западная Европа до начала XIX в. ничего не могла противопоставить азиатским товарам. Она расплачивалась за азиатские товары золотом и серебром. В средние века развитие мореплавания способствовало развитию дальней морской торговли. Теперь путь из Персидского залива в Китай занимал всего 120 дней. Быстрота передвижения, возможность транспортировать значительно большее количество товаров, относительная дешевизна перевозок стали приводить к тому, что с конца XV в. значение сухопутного Великого шелкового пути начинает падать.

Задания:

- Ответьте на следующие вопросы по прочитанному тексту. (16 баллов)
19. Как называется данный текст?
20. Зачем Чжан Цань отправлялся на запад?
21. Почему бывшие союзники династии Хань не хотели вернуться?
22. Что поразило Чжан Цаня в оазисах средней Азии?
23. Какое время называется датой начала Шёлкового пути?
24. Как проходил Великий Шёлковый путь?
25. Какие товары везли из Китая по древнему шёлковому пути?
26. Почему влияние Великого Шёлкового пути начинает падать с конца XV в.?

ТЕКСТ 5

Эмоциональная карта счастливого брака

Мы говорим о взлетах и падениях супружеской жизни: теперь ученые нашли данные, позволяющие с высокой точностью предсказать, когда ожидать этих пиков и провалов.

Исследование подтверждает представление о счастливом "медовом" времени молодоженов – обычно продолжающемся до рождения детей. Однако в отчете также указаны этапы, когда практически каждый брак теряет свое волшебное очарование и уровень счастья возвращается к тому, который был у партнеров до встречи друг с другом.

Романтики найдут утешение в том, что в среднем каждый счастливый брак выигрывает от сильного эффекта "медового месяца" – в таком случае этот период длится около года. Только те, кто обречен на развод (分手), ощущают снижение уровня счастья уже в первый год брака.

По истечении этого года даже пары, которым суждено прожить вместе дольше, должны ожидать резкого спада длительностью два года, и небольшое улучшение ждет их только между третьим и пятым годом брака, прежде чем опять начнется спад.

Вместо того чтобы принести мудрость, седьмой год брака, традиционно известный как самый критический период, когда у большинства супругов особенно сильно проявляется разочарование браком, этот этап является только началом стабильного падения уровня удовлетворенности. После десяти лет брачных отношений уровень счастья немного ниже, нежели до брака.

Однако в целом ученые утверждают, что брак делает людей счастливее. Супруги могут рассчитывать, что их уровень счастья на протяжение 40 лет будет выше, чем у одинокого человека.

Только к 60 годам степени ощущения счастья у одиноких и у состоящих в браке уравниваются.

И хотя более жизнерадостные люди, возможно, просто имеют больше шансов найти себе спутника жизни, одного этого недостаточно для объяснения данного феномена. "В браке есть некоторая внутренняя ценность, которая создает этот положительный эффект", – говорит доктор Алоис Штуцер, соавтор научного исследования.

В ходе исследования, отчет о результатах которого будет опубликован в "Журнале социоэкономики" (Journal of Socio-Economics) за авторством Штуцера и профессора Цюрихского университета Бруно Фрея, велось наблюдение за 15 тысячами жителей Германии за много лет.

Ученые предполагают, что после первого года в счастливом браке начинается спад ощущений, потому что люди принимают все радости брачного союза как должное. Другие эксперты говорят, что это может быть связано с давлением и финансовыми сложностями в связи с рождением детей или с тем, что отдельные привычки начинают бесить (使……大怒) обоих партнеров.

44-летняя Аннамари Каракьлоло, менеджер из Бристоля, 13 лет состоящая в счастливом браке, говорит, что появление детей создало в ее отношениях с мужем определенные трудности. "Примерно шесть недель после их рождения вы абсолютно счастливы, а потом начинаете думать: 'О, боже, когда же мы сможем высыпаться по ночам'. Происходит сдвиг приоритетов, и появляются новые поводы для стресса".

Другая 40-летняя женщина, пожелавшая остаться неизвестной, сказала, что самым счастливым моментом ее брака были "две минуты после объявления решения о разводе".

В научном труде под названием "Делает ли брак людей счастливыми, или счастливые люди вступают в брак?" встречается утверждение, что жены более счастливы в тех браках, где работает только один из супругов. При этом счастье мужа не зависит от того, работает его жена или нет. Исследователи объясняют это следующим образом: "Одна из возможных причин этого в том, что женщине в любом случае приходится выполнять большую часть работы по дому, вне зависимости от того, работает она или нет".

В ходе исследования было также установлено, что супруги с одинаковым уровнем образования обычно более счастливы, чем те, у кого уровни профессиональной квалификации сильно отличаются.

Задания:

- Ответьте на следующие вопросы по прочитанному тексту. (14 баллов)
27. Долго ли продолжается счастливое время молодожёнов?

28. Какое время в браке считается самым критическим периодом?
29. Кто, по-вашему, счастливее: женатые или одинокие?
30. Кто имеет больше возможностей найти себе спутника жизни?
31. Когда падает чувство в счастливом браке?
32. Когда у Аннамари появились определённые трудности в браке?
33. Какие супруги более счастливы?
34. Выразите согласие или несогласие со следующими высказываниями. (2 балла)
[A] Брак делает людей счастливыми.
[B] Счастливые люди вступают в брак.

ТЕКСТ 6

ШОС – новая модель успешного международного сотрудничества

Появившись на свет в 2001 году, ШОС быстро набрала вес и превратилась во влиятельную региональную организацию. Сегодня "фактор ШОС" – это значимый элемент стабильности на обширном евразийском пространстве. Это – реальность современной региональной и глобальной политики. Поэтому не случаен рост интереса других государств и многосторонних объединений к работе и форумам ШОС.

Напомню, что создание этой региональной организации было результатом длительных усилий по укреплению взаимного доверия. А если учесть, что параллельно нам приходилось решать ещё и другие серьезные проблемы, то мы действительно можем гордиться настойчивостью, **целеустремленностью** и выдержкой, проявленной всеми участниками. После сложных переговоров стороны решили пограничные вопросы. Достаточно сказать, что прецедентов (先例) подобных развязок (结局) – как по протяженности границы, так и по составу участников – нет и не было в Азии.

Уже тогда, в девяностых годах прошлого века – ещё в пору работы "Шанхайской пятёрки" – стало очевидно, насколько важно для наших стран объединить усилия в противодействии новым вызовам. При этом мы исходили из того, что только сами – на базе многостороннего партнерства – можем обеспечить мир и экономический прогресс в нашем общем обширном регионе.

Тем более, реальная ситуация требовала **безотлагательных** скоординированных усилий. Ряд государств Центральной Азии подвергся агрессии международного терроризма. Его идеологи пытались **разжечь** в регионе новые очаги (病灶, 发源地) сепаратизма, национального и религиозного экстремизма.

Создание антитеррористической коалиции (联盟) часто связывают с реакцией мирового сообщества на трагедию 11 сентября 2001 года. Да, это был своеобразный перелом и в умах людей, и в международной политике. Но если быть объективными – государства, создававшие ШОС, еще до этих драматических событий не только говорили о важности солидарного **отпора** террору, но и реально занимались этой работой. Так, именно страны-члены ШОС стали **первопроходцами**, выступив в июне 2001 года с инициативой о формировании региональной антитеррористической структуры.

Сейчас у нас уже есть эффективные рычаги (杠杆) для совместной борьбы, как говорят наши китайские партнеры, с "тремя видами зла" – терроризмом, сепаратизмом, экстремизмом.

Следующим логическим шагом стало **налаживание** взаимодействия в **нейтрализации** наркотрафика (贩毒) и соответственно – тесного сотрудничества по линии "силовых блоков".

Вопросы стабильности в регионе постоянно находятся в зоне самого пристального внимания стран-участниц Организации. И здесь мы открыты для самого широкого взаимодействия. По мнению ШОС, целесообразно ориентироваться на координацию усилий и выработку согласованных подходов в сфере обеспечения безопасности на всем азиатско-тихоокеанском пространстве. Прежде всего – через налаживание тесных отношений с уже действующими соответствующими региональными организациями и структурами.

Подобная партнерская сеть позволит избежать ненужного дублирования (重复) и параллелизма (并存, 并列), действовать в общих интересах без создания замкнутых "эксклюзивных (排他的)" клубов и разделительных линий. С инициативой о таком сотрудничестве ШОС выступила в 2004 году в Ташкенте, и она встретила широкий позитивный отклик.

В этой связи хотел бы отметить и новую для ШОС сферу – сотрудничество со странами-наблюдателями. В настоящее время к работе ШОС через статус наблюдателей подключаются Индия, Пакистан, Иран, Монголия. Организация создала Контактную группу с Афганистаном. Идет накопление опыта взаимодействия. Это, безусловно, будет способствовать возрастанию авторитета организации, население стран-членов которой составляет чуть ли не половину жителей Земли. Повторю, ШОС открыта для диалога, готова сообща работать на пользу мира, стабильности и развития.

Очевидно, что широкий диапазон деятельности Организации не ограничивается только политической сферой. У нас насыщенная экономическая повестка дня. Хозяйственная кооперация становится все более важной и востребованной для ШОС. В регионе есть колоссальные возможности для эффективного взаимовыгодного сотрудничества, способного существенно поднять уровень жизни населения и превратить Центральную Азию в один из наиболее развитых регионов мира.

Полагаю, что именно механизмы региональной интеграции позволят эффективно реализовать естественные конкурентные преимущества участников ШОС. Это касается и энергетики, и ресурсной базы, и транспортных потоков, и развития традиционных и инновационных отраслей промышленности, науки и технологий.

Очевидно, что здесь огромное поле для деятельности и инициативы предпринимательских и банковских кругов.

Все более уверенно в рамках ШОС заявляет о себе гуманитарное измерение. Несомненно, работа на этом направлении обогатит Организацию, наполнит её творческой энергией научных, культурных, молодежных, человеческих связей. База для такого общения у нас крепкая – народы наших стран создали уникальные цивилизации, внесли огромный вклад в общемировую культурную сокровищницу. Интерес к изучению этих богатств будет только возрастать.

Мы наработали обширный опыт культурных контактов и обменов, диалога академических кругов. Готовятся документы о взаимодействии в сфере образования. Необходимо переводить в многосторонний формат двусторонние **наработки** партнеров по ШОС в области туризма и спорта.

УРОК 10

***

Выработанная нами модель сотрудничества, сам "шанхайский дух" становятся все более востребованными. В основе нашей организации лежат четкие и ясные принципы. Среди них – взаимное доверие, открытое обсуждение любых проблем, решение вопросов без какого-либо давления, а путем консультаций. Практически, это уже своего рода целостные ориентиры ШОС, которые, как мы надеемся, и будут определять привлекательность Организации в глазах мировой общественности.

Сейчас, когда реанимируются утверждения о якобы непреодолимых культурно-цивилизационных различиях между государствами, Организация демонстрирует прекрасный пример равноправного партнерства на евразийском пространстве, стратегической целью которого является укрепление региональной безопасности и стабильности, содействие экономическому процессу и интеграционным процессам при сохранении национальной и культурной самобытности каждого из государств.

Сформулированные пять лет назад в Шанхае задачи реально воплощаются в жизнь. Создана прочная база для того, чтобы ШОС вышла не только на качественно новые рубежи сотрудничества, но и значительно увеличила свой вклад в решение глобальных проблем современности. Залогом этого служит реальное устремление всех участников Организации к совместной работе и солидарным действиям.

Задания:

35. Определите значения выделенных слов по их словообразованию.
  (8 баллов)
  [A] целеустремленность –
  [B] безотлагательный –
  [C] разжечь –
  [D] отпор –
  [E] первопроходец –
  [F] налаживание –
  [G] нейтрализация –
  [H] наработки –

- Ответьте на следующие вопросы по прочитанному тексту.
  (14 баллов)
36. Почему сегодня ШОС привлекает к себе внимание?
37. Как создавалась ШОС?
38. Кто первый выступил за борьбу с терроризмом?
39. Что вы знаете о "трёх видах зла" ?
40. Какие вопросы находятся в центре внимания членов ШОС?
41. В чём состоит основа общения и обмена в рамках ШОС?
42. В каких областях члены ШОС будут вести преимущественное сотрудничество?

43. Выразите согласие или несогласие по прочитанному тексту. (2 балла)
   [A] По мнению автора, ШОС – это замкнутая организация.
   [B] ШОС заботится только о политических вопросах.
44. Найдите в тексте предложения, соответствующие следующим высказываниям. (8 баллов)
   [A] 上合组织敞开着对话的大门，愿意为和平、稳定和发展共同做出努力。
   [B] 我们各国人民创造了独特的文明，为全世界的文化宝库做出了巨大贡献。
   [C] 相互信任，公开讨论任何问题，通过磋商和在不施加任何压力的情况下解决问题。
   [D] 当前，在关于国家间的文化和文明差异无法克服的论调再次泛起的时候，上合组织在欧亚地区展示着平等伙伴关系的范例。

УРОК 11

I. Новости прошлой недели.
II. Прочитайте следующие тексты и выполните задания.

ТЕКСТ 1

Зенитно-ракетный комплекс С-400

Вся западная манера ведения войны основана на достижении превосходства в воздухе. Силы НАТО уже очень давно не сталкивались с современными и эффективными комплексами ПВО. За это время стоимость натовских истребителей-бомбардировщиков выросла многократно, превратив потерю даже одного-единственного самолета едва ли не в общенациональную финансовую катастрофу.

Существует три типа ракет С-400, и каждый из них предназначен для поражения воздушных целей на различных дальностях. Самая дальняя ракета поражает цель на расстоянии 400 километров, а ракеты меньшей дальности обладают улучшенными возможностями по поражению быстролетящих маневрирующих (机动的) целей. С-400 можно применять и для борьбы с баллистическими ракетами, хотя НАТО вряд ли будет использовать такое оружие. Система датчиков (传感器) С-400 считается исключительно эффективной, особенно в связи с тем, что Россия может создавать эшелонированные (梯次配置的) зоны обороны с применением С-400 почти на любом театре конфликта. Если она развернет С-400 в Калининградской области, действия ВВС НАТО глубоко в Европе окажутся под угрозой.

В сочетании с "Искандерами" и Су-27 эти ракеты очень сильно затруднят действия ВВС НАТО в первые дни конфликта. Российские сенсорные (传感的) системы (наземные и воздушные) превосходят возможности всех тех противников, с которыми страны НАТО воевали за последние 25 лет. Выполнить задачу по подавлению комплексной системы ПВО противника (у России имеется немало разнообразных систем меньшей дальности для объектовой ПВО) будет исключительно трудно.

По меньшей мере, в первые дни войны С-400 и связанные с ней системы смогут подавить воздушную мощь НАТО, ослабив одно из главных звеньев в западном военном искусстве.

Задания:

- Переведите следующие военные термины на китайский язык.
  превосходство в воздухе, истребитель-бомбардировщик, воздушная цель, баллистическая ракета

- Ответьте на следующие вопросы по прочитанному тексту.
1. Для чего используют ракеты С-400?
2. Как автор оценивает сенсорные системы С-400?
3. Легко ли натовским силам нанести удар по комплексной системе ПВО России?

- Скажите, что вы знаете о развитии китайских ракет.

ТЕКСТ 2

Почему никто не боится курить?

Почему люди начинают курить? Большинство – чтобы создать имидж взрослого, уверенного в себе человека, особенно если курить начинают лет в 12. **Никотиновая зависимость** развивается уже потом. Многие и не начинали бы курить, если бы действительно знали, какой яд вдыхают вместе с сигаретами и насколько страдает организм. **Страшилка** про каплю никотина и лошадь, предупреждения на пачках сигарет уже почти ни на кого не действуют.

Курение стало массовым в конце XVIII – начале XIX века, когда была изобретена машина, которая делает папиросы. Сейчас 99% людей пробуют курить, но только половина остаётся верна вредной привычке. Это зависит от того, насколько человек информирован о вреде **табакокурения**, в какой социальной среде он живёт и, конечно, от наличия силы воли быть здоровым и непохожим на **дымящих** товарищей.

Когда в 1953 году впервые был опубликован доклад о том, что курение может вызвать рак лёгкого, несомненно, это кого-то напугало. Но к тому времени **табачники** были настолько сильны и обладали такими деньгами, что их ничем нельзя было **сразить**（打倒，征服）. С тех пор проводилось немало исследований, и медики выяснили, что **безобидные** на вид сигареты могут **загубить** не только курильщика, но и тех, кто его окружает, – так называемых пассивных курильщиков. Учёные не хотели никого пугать и собирались только сказать, что курить – здоровью вредить.

Табак – причина 20-30% всех смертей в развитых странах. Более 30 заболеваний, которые развиваются от курения, никак не проявляются в течение многих лет, а потом курильщику приходится **расплачиваться** за безобидную, как он считает, привычку. Научные исследования показали, что люди, которые начали курить в подростковом возрасте и курят более 20 лет, умрут на 20-25 лет раньше, чем те, кто никогда не курил. По данным ВОЗ, каждые 6,5 секунды на планете умирает 1 человек от болезни, связанной с использованием табака.

Среди болезней курильщиков вы найдёте такие, причины которых никогда бы не связали с сигаретой. Но тем не менее от курения развиваются: облысение（脱发）, катаракта（白内障）, ранние морщины（皱纹）, нарушение слуха, псориаз（牛皮癣）, рак кожи, разрушение зубов, эмфизема（气肿）, остеопороз（骨质疏松）, язва желудка, рак матки（子宫）и выкидыши（流产）（у женщин）, нарушение формирования спермы, рак более 15 органов.

Если курит беременная（怀孕的）женщина, это пагубным（危害极大的, 致命的）образом скажется на её малыше не только в утробе（肚子）, но и в будущем, когда он будет расти и развиваться.

Начнём с того, что курящие женщины страдают **бесплодием** в 3 раза чаще, чем некурящие. Смертность **новорождённых**, которых родили курящие женщины, в 2,7 раза выше. У плода, который мама отравляет（中毒）табачным дымом, замедляется развитие. Самой же маме вряд ли удастся избежать мучительного токсикоза（中毒）（вероятность его появления повышается в 2 раза）.

14% детишек от курящих мам рождаются **недоношенными**. Последствия курения могут сказаться на детях много позже – в школьном возрасте у них в 4 раза повышается частота развития негативного поведения.

Самая большая опасность табачной интоксикации в том, что действие её, скорее всего, проявится через много лет. Не в **необозримом** будущем, конечно, а тогда, когда вам это будет совсем не нужно. Скажем, в 40, когда вы должны быть полны сил, работать и радоваться жизни, придется бороться с непонятно откуда появившимися **болячками**. Например, один пациент, в этом возрасте умерший от лейкемии（白血病）, никак не связывал своё заболевание с курением. Хотя вероятность заболеть лейкемией у курильщиков увеличивается в 3 раза.

Конечно, слова, что вероятность того, что болезнь появится, высока, – всего лишь слова. Тем более вы или ваши знакомые наверняка знаете "такого-то и такого-то, который дымил, как паровоз, и прожил до 90 лет". Возможно, так и есть, человеку повезло. А вот повезёт ли вам так же, можно узнать, только поставив над собой эксперимент и прожив жизнь. А вдруг нет?

Задания:

- Постарайтесь понять значение выделенных слов без словаря, а затем проверьте себя по словарю. Скажите, что помогло вам догадаться о значении этих слов.

- Выразите согласие или несогласие со следующими утверждениями по прочитанному тексту.
    1. Люди курят, потому что курение приятно и полезно.
    2. Курение вредно только для курящего.
    3. Курение очень вредно для беременной женщины.

- Ответьте на вопросы по прочитанному тексту.
  О чём идёт речь в последнем абзаце текста?

- Подготовьтесь к дискуссии на тему "Курение – очень вредно". При подготовке к дискуссии используйте информацию, данную в тексте.

УРОК 12

I. Новости прошлой недели.
II. Прочитайте следующие тексты и выполните задания.

ТЕКСТ 1

Поклонение знаменитостям помогает подросткам расти психически здоровыми

Английские ученые выяснили, что поклонение кумирам (偶像) играет важную роль во взрослении подростков. Помешанные (对……爱得疯狂的) на "звездах" дети обычно эмоционально хорошо настроены, и у них много друзей. Их интерес к знаменитостям является здоровой частью подросткового развития, говорят психологи из Университетов в Лестере и Ковентри. Однако те подростки, которые фанатично (狂热地) преданны своему идолу, часто одиноки и не привязаны к друзьям и семье.

Джон Малтби и Дэвид Джилс опросили 191 английских школьников в возрасте 11-16 лет и обнаружили, что те из них, которые жадно следят за жизнью знаменитостей, наиболее популярны среди сверстников, пишет журнал New Scientist.

Примерно для 30 процентов тинейджеров (青少年) обсуждение любимых кумиров со своими сверстниками занимает значительную часть времени общения. Оказалось, что у этих подростков особенно сплоченный (团结的) и тесный круг друзей и они эмоционально дистанцированы от своих родителей, что полезно.

"По мере того как дети растут, они начинают переносить свою привязанность с родителей на сверстников. Знаменитости начинают играть роль героев, которую раньше, когда дети были младше, играли родители. Судя по всему, этот этап является частью здорового развития", – объясняем г-н Малтби.

"Возможно, главная функция привязанности к знаменитостям – это расширение социального общения. Кумиры – это своеобразная группа "псевдодрузей", которые представляют собой объект для сплетения (交织) и разговоров со сверстниками, – заявил он. – Постоянное обсуждение жизни кумиров эффективно сплачивает детский круг друзей, и одновременно позволяет им быть эмоционально автономными от родителей".

Франсиско Джил-Уайт из Университета Пенсильвании говорит, что у людей есть биологическая предрасположенность (志趣) к распознаванию успешных индивидуумов (个体) и подобострастному (卑躬的) отношению к ним. "Издавна люди преклонялись перед успешными индивидуумами, подсознательно желая от них узнать, как добиться успеха", – говорит он.

Возможно, что современные дети, которые почитают кумиров, более популярны у окружающих, потому что они используют данный глубинный механизм, чтобы определять, что есть "круто" и кто "супер", и наоборот, полагает ученый.

При этом около восьми процентов опрошенных подростков оказались фанатично преданными своим знаменитым "друзьям". Они говорили, что у них существует сильная личная связь со знаменитой личностью, и называли своего идола самым лучшим другом.

Такой тип поклонения, по мнению психологов, таит в себе проблемы и граничит с патологией（病态）. Подросток подобного склада обычно одинок, у него мало друзей, и он меньше других любит родителей.

Американские ученые в ходе своего исследования также пришли к выводу о том, что все больше американцев становятся жертвами "синдрома（综合征）поклонения знаменитостям". Они делают вывод, что каждый третий американец страдает этим синдромом, а 1 из 10 – безнадежно зависим от информации о частной жизни своего кумира.

Как минимум у 1% людей, исследованных группой ученых из США, нездоровый интерес к жизни знаменитых людей развивается до такой степени, что приводит к депрессии（抑郁症）и ощущению беспокойства. "Следующая стадия – это состояние, которое граничит с психозом（精神病）. До подобного состояния доводит себя около 1% поклонников. Такие люди готовы причинить вред себе и окружающим во имя своего идола", – утверждает доктор Лини Мак Катчеон из университета Орландо.

Задания:

- Найдите синоним к слову "кумир" в этом тексте.

- Определите значение выделенных слов в прочитанном тексте.

- Ответьте на вопросы по прочитанному тексту.
1. У вас есть свой кумир?
2. Как английские учёные относятся к поклонению знаменитостям?
3. Как английские учёные оценивают фанатичную преданность кумирам?
4. Почему люди поклоняются кумирам?
5. Кто, по мнению учёных, больше оказывает влияние на подростков? Родители или кумиры?
6. Что будет, по мнению учёных, если у кого-либо чрезмерный интерес к кумиру?

ТЕКСТ 2

Деньги под ногами
（Футбольный бизнес – как это делают в Англии）

Итак, футбол и бизнес. Пугающие понятия – менеджмент, маркетинг. И еще одно, совсем загадочное, – мерчандайзинг（产品推销商）. Какую роль они играют в футболе, у нас в стране ясно далеко не всем. Зато мы, кажется, уже дошли до понимания того, что без самого серьезного отношения к коммерческим вопросам футбола не может быть в принципе – он просто погибнет.

Доходная часть бюджета среднего английского клуба формируется из трех основных "кусков": это, во-первых, деньги от продажи прав на **телетрансляции**, во-вторых – спонсорские поступления（赞助费）и, наконец, средства от продажи билетов. Первая часть – самая весомая, она может достигать 50 процентов от всего дохода. Вторая – самая незначительная, в среднем процентов 10-15, не более. А вот третья – процентов 30-35 – самая "живая", самая трудовая и потому особенно "вкусная". Кроме того, это единственная доля доходов, размер которой клуб может контролировать. Если, конечно, это английский, а не российский клуб.

Продажа билетов в Англии невероятно, **чудовищно далека от банального**（老生常谈的）обмена "деньги – товар", который происходит обычно в кассовых окошках стадионов. Это очень сложный и многопрофильный（多侧面的）бизнес, требующий серьезных интеллектуальных затрат. Думаю, что у наших спортивных ученых, решившихся изучить опыт билетных дел мастеров из Британии, есть шанс защитить не одну диссертацию.

Все дело в том, что по рентабельности（利润）билетный бизнес не имеет себе равных. Сравните затраты на изготовление билетов или сезонных абонементов（季票, 套票）с прибылью, которую приносит их реализация, и вы все поймете. А чтобы было еще понятнее, приведу несколько цифр. Так, средняя стоимость билета на 45-тысячную арену "Ливерпуля" – "Энфилд Роуд" – составляет 25 фунтов（около 1250 рублей）. Но с помощью одноразовых билетов заполняется только половина "Энфилда". Все остальные места принадлежат владельцам сезонных абонементов.

Один из организаторов семинара, доктор Ливерпульского университета и страстный поклонник "Ливерпуля" Роган Тейлор как раз перед нашим приездом купил себе абонемент на новый сезон – самый дешевый из всех возможных. Обошелся он ему в 445 фунтов（у "Ливерпуля", кстати, самые дешевые абонементы среди всех клубов премьер-лиги< 英超 >）. Но если бы доктор Тейлор не **посуетился** и опоздал всего на неделю, то абонемент обошелся бы ему уже в 495 фунтов. Между тем до чемпионата на тот момент оставалось чуть ли не два месяца, и к его началу, как вы понимаете, абонементы успеют вырасти в цене еще не один раз.

Зато теперь доктор Тейлор спокоен. Когда у нашей делегации была экскурсия на "Энфилд", он разыскал свое законное место – скромненькое, на втором ярусе, в секторе за воротами – и уселся в кресло с самым **умиротворенным** видом. В этот момент на лице Тейлора отчетливо читалось предвкушение（提前感受到）грядущего счастья.

Между тем сладость продажи билетов заключается не только в их невероятной рентабельности. Обладание билетом или абонементом почти неминуемо влечет за собой траты его обладателя на приобретение программки к матчу, еды и напитков на стадионе, товаров в клубном магазине и множества всяческих мелочей, которые у клубных **маркетологов** проходят по разряду "прочее". Удержаться от возможности "срубить（砍）" на всем этом побольше денег не может ни один уважающий себя футбольный бизнесмен. Потому и работает он как проклятый（可恶的）, развивая невиданную активность и проявляя чудеса изобретательности.

А вот наши, представьте себе, удерживаются. Понятно, что у большинства россиян нет денег на дорогие билеты и на качественные футбольные услуги. Однако билетный бизнес рентабелен в любых условиях.

УРОК 12

Задания:

- Определите значение выделенных слов в прочитанном тексте.

- Ответьте на вопросы по прочитанному тексту.
1. Знаете ли вы, каковы отношения между футболом и бизнесом?
2. Откуда берутся доходы английских клубов?
3. Чем полезна покупка абонементов для болельщиков?
4. Считает ли автор, что продажа "футбольных услуг" – это тоже доходная часть английских клубов?

УРОК 13

I. Новости прошлой недели.
II. Прочитайте следующие тексты и выполните задания.

ТЕКСТ 1

Радость общения

Резкие движения любого человека вызывают наше повышенное внимание и тревогу. Вспомните свои ощущения, когда в автобус или вагон метро вваливается (拥进, 闯入) ведущая себя вольно компания – эмоции не очень приятные! Все незнакомое, подозрительно мелькающее подсознательно настораживает, мобилизует нас. Это древний инстинкт (本能, 天性), не раз выручавший (使摆脱) наших предков еще с доисторических времен, действует и сейчас. Если в общении с незнакомыми людьми не устранить этот момент и не установить атмосферу доверия и доброжелательности, то ждать хорошего не приходится.

Улыбка на губах

Первые сигналы, которые мы при общении посылаем окружающим, это совсем не слова, а невербальные, т. е. несловесные знаки (интонация, мимика, жесты, взгляды). Язык мимики и жестов гораздо откровеннее, чем язык слов. В нашем языке даже появилось выражение "американская улыбка", и хотя оно подсознательно выражает внутренний вопрос: "Чего это он разулыбался, ведь этот человек меня не знает" – но по данным психологов мы больше расположены (对……有好感) к улыбчивому, чем к угрюмому человеку. В мимике основную информацию несут брови и область вокруг рта, губы.

Что касается положения тела – то тут мы можем сознательно облегчить или затруднить общение. Так, к примеру, разговаривая с человеком "лицом к лицу", мы облегчаем общение и подчеркиваем доверительное, доброжелательное отношение. Если вы не расположены к беседе, то поза вполоборота (半转身), тем более спиной, говорит о вашем негативном отношении к собеседнику. А если вы непроизвольно переплетаете (交织) пальцы или скрещиваете (交叉) руки на груди, как Наполеон, то точка зрения собеседника вами отвергается (拒绝) и вы внутренне напряжены.

Мы в глаза друг другу глянем

Существует расхожее мнение, что смотрящий в глаза, говорит правду, ничего не скрывая. Но не все так просто. Если человек долго готовился и хорошо умеет контролировать свою мимику, то он специально будет твердо смотреть вам в глаза и врать. Недаром в народе говорят про таких лгунов (撒谎的人) – "врет прямо в глаза", а деловые люди нередко проходят специальные тренинги, чтобы в нужную минуту выдать "честный взгляд".

Но и правдивым людям не надо излишне демонстрировать свою честность и вести себя, как на допросе, не отводя глаза в сторону. По мнению профессиональных психологов, во время беседы "глаза в глаза" не переусердствуйте (过于热心), а время такого контакта не должно быть более 70 процентов от всего времени разговора, иначе это раздражает.

Желательно слушать собеседника "всем телом". Поза, когда тело наклонено чуть вперёд, а кивками вы подбадриваете (鼓励一下) собеседника, показывая, что вы его слушаете, очень выигрышна. Можно при этом говорить "угу", "да-да", что подтвердит, что вы внимательно слушаете. Но не притворяйтесь (假装) таковым. Вас быстро разоблачат (揭发), ведь отсутствие интереса проявится в мимике и жестах, даже если вы не будете откровенно зевать. Если вы чего-то не поняли, переспросите или задайте уточняющий вопрос. Но не перебивайте без надобности, а перебив, постарайтесь тут же восстановить ход мысли собеседника.

Выслушивайте оппонента до конца. Желательно не задавать слишком много вопросов. Это раздражает и настраивает человека против вас. Ещё один совет профессионального психолога – не претендуйте на излишнюю проницательность (敏锐, 锐利). Людей больше устраивает недостаток ума, чем его избыток. А ещё не давайте непрошеных советов и старайтесь завершить беседу комплиментом (恭维话).

Задания:

- Выразите согласие или несогласие со следующими суждениями по прочитанному тексту.
  [A] Резкие движения собеседника нам очень приятны.
  [B] Улыбка играет очень важную роль при общении.
  [C] Если собеседник при общении смотрит вам в глаза, то это значит, что он обязательно говорит правду.
  [D] Автор считает, что деловые люди иногда говорят неправду, хотя они смотрят вам в глаза.
  [E] Автор считает, что при общении надо задать собеседнику побольше вопросов.

- Ответьте на вопросы по прочитанному тексту.
1. Что обозначает слово "невербальное" в данном тексте?
2. Какое положение тела предпочитает автор при общении?
3. Как надо слушать собеседника при общении?
4. Что надо делать, если вам придётся перебить собеседника во время разговора?
5. Как правильно общаться с людьми?

ТЕКСТ 2

Монстр по имени пыль

Вытирая пыль, люди, даже не подозревают, какие путешествия совершили маленькие песчинки, неразличимые для глаза, прежде чем попасть в дом.

Мало того, только кажется, что пыль не приносит особых неприятностей, кроме аллергии. Но на самом деле, согласно новой гипотезе ученых, именно пыль может стать причиной исчезновения всего живого на Земле.

Первым источником пыли служит – сам человек. Отмершие чешуйки（鳞片）нашей кожи валяются по всей квартире, но в особенности – в постели. И поэтому на ваших кроватях без прописки（登记）проживают... до 2 миллионов микроскопических клещей（螨虫）, невидимых для человеческого глаза. Наверное, природа решила сделать их такими мелкими для того, чтобы поберечь наши нервы. Внешне они выглядят отвратительно: с сильно увеличенных фотографий смотрят ужасные монстры с острыми зубами, рогами и выпученными глазами. Угрозу они представляют только для аллергиков（过敏者）, и даже не они сами, а их выделения, которые они накладывают нам в постель до 20 раз в сутки.

Пустыня в доме

Второй источник пыли на планете – это почва и пески. Кстати, сельская местность запылена намного сильнее, чем города, но пыль там безобидная（无害的）. Естественно, это утверждение не относится к деревням и поселкам, расположенным вдоль оживленных автомагистралей. От списка болезней, которые провоцирует（引起）такая пыль, волосы встают дыбом: тут и сердечные нарушения, и проблемы с легкими, и даже рак. Кстати, у каждого из нас в доме есть... частичка пустыни Сахара. Каждый год она награждает человечество 200 тоннами пыли, которые разлетаются по всему свету.

Вулканы（火山）"сбивают" самолеты

Вулканы – третий по величине источник пыли на Земле; их частицы могут послужить причиной авиакатастроф. Летом 1982 года более 200 человек летели на "Боинге -747" к берегам Австралии. Над кромкой（边, 沿）побережья у самолета заглохли（熄火）все двигатели, и он начал падать вниз. В последние минуты, когда катастрофа казалась неминуемой, пилотам все-таки удалось запустить двигатели и совершить аварийную посадку. Позднее выяснилось, что причиной ЧП стало облако вулканической пыли, которое практически невозможно отличить приборами от обычного.

Навсегда запомнят падение с высоты почти 8000 метров и пассажиры самолета, попавшего в пылевое облако, образовавшееся после извержения（喷发）вулкана на Аляске в 1989 году. Двигатели, слава Богу, опять удалось завести（发动）остатки: у самой земли и кое-как приземлиться. В списке подобных происшествий – десятки случаев.

Сегодня за вулканическими облаками пыли следят космические спутники, и как только облака пересекают маршруты движения воздушных судов, об этом тотчас сообщается всем воздушным судам.

В объятиях космических облаков

Четвертый источник пыли – во вселенских глубинах. Скопление пыли в нашей атмосфере, вызванное столкновением астероидов（小行星）в космосе, может круто изменить климат нашей планеты на несколько миллионов лет. Каждый час на Землю попадает около тонны космической пыли, а за год выпадает "более 30 миллионов килограммов только из одного пылевого облака, вращающегося по орбите вокруг Солнца со скоростью 100 000 км/ч." .

Американские исследователи создали компьютерную модель влияния космической пыли на Землю за прошедшие 1,2 миллиона лет. И выяснилось, что пик пылевых осадков происходит раз в сто тысяч лет. Они никуда не исчезают, постепенно накапливаются и, возможно, служили причиной древних природных катаклизмов （突变）. Тем более что у палеонтологов （古生物病理学家）появились новые доказательства того, что исчезновение растительных и животных видов происходило не резко, вследствие какой-то глобальной катастрофы, а постепенно, за несколько сотен тысяч лет.

А совсем недавно исследователи из университета Кардиффа пришли к еще более неожиданному выводу: вместе с космической пылью на Землю проникает и вирус гриппа. По их мнению, эти мельчайшие частицы могут или служить переносчиками неземных вирусов, или содержать молекулы, которые являются таковыми.

Задания:

- Ответьте на вопросы по прочитанному тексту.
1. Откуда взялась пыль, по мнению автора?
2. Чем пыль вредна?
3. Что помогает лётчику, когда на пути перед ним появляются облака пыли?

УРОК 14

I. Новости прошлой недели.
II. Прочитайте следующие тексты и выполните задания.

ТЕКСТ 1

Зеленый чай, ставший в последнее время модным средством для поддержания организма в **тонусе**（紧张度，活力）, оказывается, может стать основой для долгожданного лекарства от СПИДа.

Способность веществ, которые содержатся в этом наименее обработанном виде чая, **блокировать** распространение вируса иммунодефицита（免疫力缺乏）была обнаружена недавно японскими учеными. Метилированный（甲基化的）галлат（没食子酸盐，镓酸盐）эпигаллокатехина является сильнейшим антиоксидантом（抗氧化剂）, который может создавать вокруг клетки защитную оболочку. Сквозь нее не проникают вирусы, в том числе и ВИЧ. В целом, зеленый чай давно известен высоким содержанием катехинов（儿茶酚）– особых веществ, помогающих в борьбе с бактериями и вирусами.

Безусловно, если на основе этих знаний ученым удастся создать лекарство для борьбы с одной из самых страшных болезней нашего времени, это станет абсолютным прорывом в медицине. Однако стоит напомнить, что заявления о якобы найденном лекарстве от СПИДа делаются довольно часто, но при этом еще ни один из этих методов не был признан официально.

В настоящее время все разработки лекарств и **вакцины** от СПИДа сводятся к тому, чтобы лечить уже пораженные клетки, в то время как открытое японцами соединение обладает свойством не пропускать любую инфекцию（传染，感染）в клетки.

Таким образом, результаты исследования могут помочь создать новый способ предотвращения распространения вируса по организму. Специалисты токийского университета Кейо считают, что пока еще рано говорить о готовом лекарстве от СПИДа на основе зеленого чая, но разработки в этом направлении считаются очень перспективными.

Следует отметить, что лекарство на основе зеленого чая уже продается на Тайване. Правда, местные медики утверждают, что их таблетки **предохраняют** организм от онкологических（肿瘤学的）и сердечных заболеваний.

Задания:

- Определите значение выделенных слов в прочитанном тексте.

- Ответьте на вопрос.
  Чем отличается японский метод лечения СПИДа от других?

- Выразите согласие или несогласие со следующими суждениями по прочитанному тексту.
1. Сейчас уже продаётся лекарство на основе зелёного чая.
2. Сейчас уже продаётся лекарство против СПИДа на основе зелёного чая.
3. Сейчас уже существуют совершенно эффективные методы лечения СПИДа.

- Озаглавьте данный текст.

ТЕКСТ 2

Дипломатия по рецептам Чжуге Ляна и Дэн Сяопина

Провозгласив курс на строительство рыночного социализма, лидеры КНР подчинили внешнюю политику страны задаче завоевания рынков

Поднять уровень жизни китайского населения до "средней зажиточности (小康)" в условиях мира – таковы официально объявленные цели руководства КНР на период до середины текущего столетия. Этим задачам подчинены не только внутренняя политика и хозяйственная деятельность самой населенной страны мира, но и ее внешнеполитический курс, дипломатия.

От игр в "треугольники" к экономической дипломатии

Даже приход к власти Дэн Сяопина с его курсом на экономические реформы поначалу не привел к отказу от рецептов Чжугэ Ляна и Чжоу Эньлая. По крайней мере по той же формуле "враг моего врага – мне друг" Пекин вступил в коалицию (同盟) стран, неофициально участвовавших в войне в Афганистане, предоставляя помощь моджахедам. И все же динамика реформ потребовала переключения внимания с внешнеполитических маневров на развитие экономических и иных связей с внешним миром, сначала преимущественно с Западом, а затем и с Москвой. Инициатива этих шагов принадлежит Дэн Сяопину.

Нельзя сказать, что с уходом в небытие (不存在) "треугольника" Вашингтон – Москва – Пекин в китайской столице полностью забыты рецепты Чжугэ Ляна, но их значение стало терять смысл. Были и другие обращения к рецептам прошлого. Например, поначалу кое-кто из идеологов реформ в оправдание курса на развитие связей с Западом позаимствовал из советской лексики 20-30-х годов термин "**передышка**", но затем от этого слова с его намеком на тактическую хитрость отказались. Новыми ориентирами Пекина стали многополярность и глобализация, главным содержанием его политики – курс на активное использование внешних факторов для развития страны.

Несколько лет назад на внешнеполитическом семинаре в Пекине ведущий китайский докладчик подчеркивал, что для КНР главные заботы лежат в ближнем окружении, а глобальные дела его интересуют, мол, постольку поскольку. Именно на ближнее окружение Пекин рассчитывает опереться, подчеркивал оратор. На Западе это Россия и созданная с ее участием Шанхайская организация сотрудничества （ШОС）, на востоке, точнее, юго-востоке, – планируемая зона свободной торговли с участием стран АСЕАН, самый большой по численности населения экономический блок в мире.

Эта оценка оправдалась в том, что на этих двух направлениях действительно Пекин был весьма активен. Ныне стратегическому партнерству между Россией и Китаем уже не мешает существовавшая десятилетия пограничная проблема, подписан Договор о дружбе. Урегулированы и другие участки бывшей советско-китайской границы – рубежи Китая с Казахстаном, Киргизией и Таджикистаном. Китай нормализовал отношения с Вьетнамом, сумел приглушить споры по территориальным проблемам с рядом стран ЮВА.

Ко всему этому добавились новые направления дипломатической активности Пекина. Наиболее заметное – с Индией. Пекин и Дели не только пытаются урегулировать пограничную проблему, но и находят общий язык по многим международным проблемам. Есть и направление растущих трений – японское. Китайско-японский спор по поводу оценок Второй мировой войны многие эксперты рассматривают как проявление соперничества между двумя экономическими гигантами Азии – новым и старым.

Что касается тезиса о недостаточном внимании Пекина к глобальным проблемам, то он уже окончательно устарел. Международная активность Китая выросла буквально на глазах. Однако наблюдатели отмечают и другое: было довольно много случаев, когда китайские дипломаты старательно избегали конфликтных ситуаций, если они непосредственно не затрагивали интересов КНР. Проявления такого подхода имели место даже в дискуссиях в Совете Безопасности ООН по Ираку в начале 2003 года. Тогда Пекин выступал совместно с Москвой, Парижем и Берлином, но как бы держался на полшага позади. В итоге всеобщее внимание сфокусировалось（聚焦）на противостоянии "тройки" и США, хотя правильнее было бы говорить о "четверке".

Ныне, похоже, Пекин расстался с таким подходом и в процессе обсуждения реформы ООН по настойчивости почти не уступает Вашингтону. Именно китайцы первыми потребовали отложить до лучших времен (до достижения "единого понимания") спорный вопрос о реорганизации Совета Безопасности, они высказались в пользу предоставления Индии статуса постоянного члена СБ и за отказ в этом Японии.

Еще больше выросла роль экономической дипломатии Пекина. Это объяснимо: в стремительном росте китайской экономики ключевую роль сыграли иностранные капиталовложения и выход на внешние рынки. Если по размерам ВВП Китай на втором месте в мире, то по внешнеторговому обороту – уже на первом. С присоединением КНР к Всемирной торговой организации в 2000 году китайцы еще больше поверили, что именно процесс глобализации открывает перед ними "стратегическую возможность" выйти в ряды развитых стран мира, обеспечивает доступ к необходимым энергетическим ресурсам и сырью.

Пекин установил продуктивный диалог с Европейским союзом и АСЕАН, активно участвует в работе Азиатско-Тихоокеанского экономического совета, китайские делегации – ныне частые гости на всех континентах. Острая потребность в нефти и газе заставляет Пекин наступать на пятки западным странам даже в их заповедных （禁止触犯的）районах, например в Латинской Америке, или обзаводиться （结交朋友）партнерами, к которым на Западе немало вопросов. Это в первую очередь Иран и Судан.

Задания:

- Догадайтесь о значении выделенных слов на основе контекста.

- Ответьте на следующие вопросы по прочитанному тексту.
1. Каковы ориентиры Пекина в его внешней политике?
2. Чему уделяет внимание Пекин в развитии международных отношений?
3. Каковы отношения между Китаем и Россией?
4. Каковы отношения между Вьетнамом и Китаем?
5. Каковы отношения между Индией и Китаем?
6. Каковы отношения между Японией и Китаем?
7. Как Китай относится к международным проблемам?
8. Как Китай относится к реформе ООН?
9. Какую роль играют иностранные инвестиции и международные рынки?

УРОК 15

КОНТРОЛЬНАЯ РАБОТА

Прочитайте следующие тексты и выполните задания.

ТЕКСТ 1

Во сне мы не можем лгать

Характер человека легче всего определить по позе, в которой он спит, – к такому выводу пришел английский ученый Крис Идзиковский. Он установил интересный факт. Оказывается: люди по-настоящему отдыхают всего лишь в шести положениях, причем каждое из этих положений соответствует строго определенному типу характера. Самая распространенная поза – "плод". Ей отдают предпочтение более 51% всех живущих на Земле. Те, кто спят на боку, свернувшись калачиком (蜷曲着), застенчивы и скромны, хотя частенько старательно скрывают это. Вторая по популярности позиция – "морская звезда". Человек лежит на спине, раскинув руки в стороны. Она характерна для общительных, бойких и жизнерадостных. "Солдатиком" – на спине с руками по швам – проводят ночи спокойные, уравновешенные личности. Как "бревно" – на боку с опущенными руками – спят люди нежные, с мягким характером, а в позе "мечтателя" – тоже на боку, но подняв руки вверх – бесстыдные и недоверчивые. Реже всего, лишь в 6,5% случаев, встречается положение "свободного полета" – это когда человек лежит на животе. Так отдыхают преступники, гении и очень уверенные в себе люди. Профессор Идзиковский исследовал более пятисот человек. Ученый убежден, что нашел самый надежный способ определения характера, точность которого приближается к 98%, ведь во сне мы не можем лгать. Кроме того, Крис отмечает, что его, с одной стороны, очень порадовали, а с другой – огорчили результаты опытов. Порадовали потому, что подавляющее число жителей нашей планеты – более 90% – не такие уж плохие люди, а огорчили потому, что, по сути, лишь 6,5% из нас способны на великие дела.

Задания:

- Выберите правильный вариант и отметьте соответствующую букву на матрице. (8 баллов)

1. О чём идёт речь в данном тексте?
   [A] О характере человека.
   [B] Об учёном Крисе Идзиковском.
   [C] О развлечениях человека.
   [D] О позах спящих людей.

2. К какой позе относится рисунок 1?

[A] К позе "плод".
[B] К позе "солдатик".
[C] К позе "морская звезда".
[D] К позе "мечтатель".

3. К какой позе относится рисунок 2?

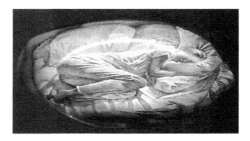

[A] К позе "плод".
[B] К позе "свободный полёт".
[C] К позе "бревно".
[D] К позе "мечтатель".

4. Почему Крис печалился?
[A] Потому что практика показывает, что его способ не точный.
[B] Потому что его исследование показывает, что в мире злых людей больше.
[C] Потому что его исследование было неудачным.
[D] Потому что его исследование показывает, что среди нас очень мало талантливых.

5. Нарисуйте позу "морская звезда". (5 баллов)
6. Нарисуйте позу "солдатик". (5 баллов)

ТЕКСТ 2

"Лицам до 18 лет продажа сигарет и спиртных напитков запрещена" – граждане бывшего СССР возрастом постарше вышеуказанного помнят такие таблички в заведениях общественного питания и торговли. Формально почти по всей современной России запрет продолжает действовать. Хотя пока нет федерального закона, который закреплял бы такие ограничения, вполне достаточно постановлений на местах.

Например, в Москве вчера прошла пресс-конференция представителей ведущих мировых табачных компаний. Мэрию Москвы представлял руководитель аппарата вице-мэра Леонид Белов. В столице с 1994 года действует постановление, которое среди прочего устанавливает запрет на продажу людям моложе 18 лет спиртных напитков, пива, табачных изделий и игральных карт. При этом Леонид Белов признал, что не знает ни одного случая, когда бы к розничным торговцам применялись за его нарушение предусмотренные санкции (штрафы или отзыв лицензии< 执照 >).

И все же теперь подросткам с покупкой сигарет будет посложнее. Договорённость о разворачивании всемирной кампании по борьбе с курением среди подростков была достигнута в прошлом году на уровне президентов вышеупомянутых табачных производителей. **Табачники** испытывают давление на Западе, особенно в США, и им жизненно необходимо улучшать свой имидж.

Кампания, **аналогичная** российской, тоже идёт в Германии, Мексике и в более близких странах – бывших республиках СССР. У табачников есть целый штат агентов, регулярно общающихся с продавцами магазинов и киосков. Теперь их обязали снабжать торговые точки наклейками с надписью "Мы не продаём изделия лицам моложе 18 лет", а также буклетами (印刷品) с рекомендациями, как вести себя продавцу в конфликтной ситуации. И даже – как на глаз отличить **несовершеннолетнего** ("нервничает, говорит неуверенным голосом"; "избегает смотреть в глаза, обращаясь к вам"; "ждёт, пока все взрослые покупатели будут **обслужены**"; "расплачивается мелкими деньгами").

Начавшись в Москве и Петербурге при содействии местных властей, кампания распространится по всей России и станет постоянной. В столице в ближайшие недели будут охвачены все 8,5 тыс. магазинов, киосков и т.п., где продают табак. На вопрос о бабушках, торгующих сигаретами с рук, менеджеры компаний отвечают: "За один день положение не исправишь, и лучше делать что-то, чем ничего".

Задания:

- Ответьте на следующие вопросы. (6 баллов)
  7. Что значит слово "табачник"?
  8. Почему сейчас лицам до 18 лет трудно купить сигареты?
  9. Как надо озаглавить данный текст?
  10. Напишите однокоренные слова следующих слов. (4 балла)
      [A] запрет –
      [B] аналогичный –
      [C] нервничать –
      [D] обслуженный –

11. Выразите согласие (√) или несогласие (X) со следующими суждениями по прочитанному тексту. (4 балла)

[A] Сейчас в России эффективно действует закон о запрете продажи сигарет подросткам.

[B] Подростки уверенно ведут себя перед бабушками, торгующими сигаретами.

[C] Табачные производители уже согласны с действиями по борьбе с курением среди подростков.

[D] Все бабушки, торгующие сигаретами с рук, чётко соблюдают запреты властей города Москвы.

ТЕКСТ 3

Попробуйте взять пачку чая (конечно, хорошего – например, "со слоном") и придумать, как же можно удивить гостей. Держу пари, сразу ничего в голову и не придёт. И правильно: чай, особенно хороший – роскошь, ценная сама по себе, конечно, если уметь правильно его заварить. И в то же время некоторые секреты неплохо бы знать – и пользу извлечь, да и гостей удивить вполне получится. Итак...

Во-первых, надо проверить качество чая. Если у вас в руках чай "со слоном" – московской **чаеразвесочной** фабрики (обязательно обратите внимание – этот качественный чай производится только там и нигде больше), то проверить проще простого – на коробке должна быть голографическая (全息摄影的) **наклейка** с надписью "Тот самый чай". Если же нет – есть простые способы проверки. Например, если в хорошо заваренный чай влить немного молока, то цвет напитка будет коричнево-оранжевым; если же чай так себе, то цвет будет грязновато-серым. Ещё один способ: если при охлаждении на поверхности напитка образуется светлая "пенка (凝皮)" (так называемые "чайные сливки") – значит, чай хороший и правильно заварен (страшного здесь ничего нет – эта "пенка" состоит из теина (茶碱) и других полезных веществ). Сразу предупредим: на глаз определить качество чая трудно. Скажем, не следует верить распространённому заблуждению, что чем крупнее листья чая, тем лучше. Совсем наоборот – чай высших сортов делается только из двух верхних листочков куста, чаинки маленькие, похожие на **реснички** (по-китайски – "хоа"). С последним словом – смешной случай в XIX веке, когда чай стали выращивать в Грузии, именно из него в силу слабого знания китайского произошел термин "байховый". Сейчас так принято называть обычный рассыпной чай (не в плитках или пакетиках). Естественно, и заваривать чай нужно правильно – кипящей отфильтрованной (蒸馏过的) или отстоянной (沉淀的) водой, предварительно **облив** чайник кипятком. Так что, выбрав хороший чай и правильно его заварив (главное – не жалейте заварки!), вы добьётесь нужного результата.

Что важно, высокое качество вовсе не обязательно связанно с **запредельными** ценами. Например, по вполне доступным ценам можно купить отличный чай "со слоном" – сейчас, кроме привычной всем стограммовой коробочки, он выпускается и в совершенно оригинальной мягкой упаковке, а ещё и в маленьких твердо бумажных коробочках, плюс для большой семьи – в 200-граммовых пластиковых пакетах.

Задания:

- Выберите ответы, соответствующие содержанию прочитанного текста. (5 баллов)

12. Как заваривать чай, чтобы получать хороший результат при чаепитии?
    [A] Надо знать, что роскошный чайник – это предпосылка для приятного чаепития.
    [B] Надо проверить качество чая.
    [C] Надо знать, что чем крупнее листья чая, тем лучше качество чая.
    [D] Надо знать, что хороший чай дорого стоит.
    [E] Ещё надо заваривать чай чистой кипящей водой.

13. Как проверить качество чая?
    [A] По ценам.
    [B] По цвету.
    [C] По голографическим наклейкам.
    [D] По красивым упаковкам.
    [E] По чайными сливкам.

14. Определите значение следующих слов по их составу или на основе контекста. (5 баллов)
    [A] чаеразвесочный –
    [B] реснички –
    [C] облить –
    [D] наклейка –
    [E] запредельный –

ТЕКСТ 4

Можно встретить самые разные рекомендации по необходимой длительности сна, да и у разных людей потребность в ночном сне сильно отличается.

Ну а есть ли какие-нибудь серьёзные мнения на этот счёт?

В Чикагском университете проводили специальные исследования по влиянию длительности ежесуточного сна на функции человеческого организма. При одинаковом количестве питания группы испытуемых спали по 4, по 8 и по 12 часов. Что же было обнаружено?

При недостаточной длительности сна в организме человека, употребляющего пищу с высоким содержанием углеводов, снижение содержания сахара в крови происходит почти в два раза медленнее, а способность вырабатывать инсулин (胰岛素) снижается на 30 %, а это уже можно рассматривать как раннюю стадию развивающегося диабета. Нарушение режима сна приводит к замедлению образования гормонов, управляющих щитовидной железой (甲状腺), а в крови повышается содержание кортизона – гормона, способствующего стрессам (机体应急反应, 紧张状态).

Если человеку после недосыпа дать отоспаться – всё проходит, по крайней мере в группах испытуемых все функции нормализовывались.

Вывод исследователей в Чикаго – спать нужно не менее 8 часов.

А в Гарвардском университете исследовали влияние продолжительности сна на продолжительность жизни и пришли к совершенно невероятным результатам – самая долгая жизнь ожидает тех, кто спит не более 4 часов в сутки, и продолжительность жизни женщин при этом на 2 года превышает продолжительность жизни мужчин.

Ещё более интересен установленный факт, что с увеличением продолжительности ночного сна свыше 4 часов возможная продолжительность жизни несколько снижается, а затем начинает возрастать. Те, кто спит около 6 часов в сутки, предположительно, умирают на 10 лет раньше, чем те, кто спит 4 часа.

А немецкий геронтолог（老年学家）Хельмут Айсман считает, что долгота сна влияет на продолжительность жизни в такой же степени, как курение и переедание.

Таблица влияния продолжительности сна на предполагаемую продолжительность жизни приведена по данным немецких исследователей и опубликована Х. Айсманом.

Продолжительность жизни в зависимости от продолжительности ночного сна:

Ночной сон (часы)	Продолжительность жизни мужчины	Продолжительность жизни женщины
До 4	82	84
От 4 до 5	76	89
От 5 до 6	70	68
От 6 до 7	68	70
От 7 до 8	69	72
От 8 до 9	70	71

Как видно из таблицы, продолжительность ночного сна сказывается на продолжительности жизни у мужчин и у женщин различно.

По сравнению с началом прошлого века люди стали в среднем спать в сутки на полтора часа меньше – в среднем всего 7 с половиной часов.

И если вам приходится рано вставать и вы ругаете всё на свете и хотите поспать ещё пару часиков – утешайтесь（安慰自己）, вы проживете дольше.

Задания:

15. Озаглавьте данный текст. (2 балла)
16. Выразите согласие (√) или несогласие (X) с данными высказываниями, прочитав бегло текст. (5 баллов)

[A] Таблица нам показывает, что чем больше мы спим, тем дольше мы проживем.
[B] Длительность ежесуточного сна не действует на функции организма человека.
[C] Учёные в Чикагском университете считают, что человеку надо спать больше 8 часов в сутки.
[D] Учёные в Гарвардском университете считают, что человеку надо спать меньше 4 часов в сутки.
[E] Немецкие учёные считают, что влияние курения на продолжительность жизни заметнее, чем долгота сна.

- Дайте краткие ответы на следующие вопросы. （4 балла）
17. С кем согласен автор данного текста?
18. Сколько часов вы спите в сутки? Чьё мнение вы разделяете? Чикагское или немецкое?
19. Дайте реферативное изложение текста. （7 баллов）

ТЕКСТ 5

Самый эффективный и утомительный путь к новой профессии – долгосрочные программы профессиональной переподготовки（500 учебных часов и больше）. Они предусматривают изучение специальных дисциплин, необходимых для выполнения нового вида профессиональной деятельности, а также получение новой квалификации в рамках имеющейся специальности. После завершения программы выдаётся диплом о профессиональной переподготовке, который не является вторым дипломом о высшем образовании, но даёт право работать по новой специальности. Курсы профессиональной переподготовки обойдутся в 6-12 тыс. рублей.

Так, лет пять назад учителя стремились приобрести квалификацию бухгалтера, секрктаря-референта или переводчика, чтобы получить высокооплачиваемую работу в коммерческой фирме. Сегодня потребность в этих специалистах не так велика, поэтому происходит обратная тенденция: инженеры, кандидаты наук, работающие на государственных предприятиях или в НИИ（где зарплата невысокая и выплачивается несвоевременно）, осваивают специальность преподавателя, устраиваются на работу в школы и вузы.

Кто платит за учёбу? По закону работающие граждане имеют право один раз в пять лет повысить свою квалификацию, пройти профессиональную переподготовку или стажировку за счёт средств **работодателя**（в объёме не менее 72 часов）по дополнительным образовательным программам. За счёт предприятий и фирм обучаются 70% специалистов.

Существуют и федеральные программы развития дополнительного образования, которые должны финансироваться из госбюджета. Однако выделяемых для этих целей средств недостаточно, поэтому обучаться за счёт государства удаётся немногим.

Повышение квалификации или **переподготовка** безработных граждан осуществляется по направлению органов службы занятости и финансируются из специального внебюджетного фонда. Безработным полагается стипендия. Однако основная цель службы занятости – скорейшее **трудоустройство**, но отнюдь не предоставление высокооплачиваемой работы. К примеру, в учебном центре департамента Федеральной государственной службы занятости можно приобрести профессию повара, парикмахера, официанта, швеи, кассира и т.п. Стоимость учебного часа (для тех, кто не имеет статуса безработного) – 40 рублей, что гораздо дешевле, чем в коммерческих центрах. Параллельно организованы курсы повышения квалификации по этим же специальностям. Например, кассирам помогают "**пересесть**" с несложных кассовых аппаратов за компьютеры.

Сегодня за повышение уровня знаний или переподготовку многие специалисты с высшим образованием готовы заплатить из своего кармана в надежде потом "**продать себя подороже**". В зависимости от специальности они выбирают курсы в соответствующем институте.

Например, в учебно-исследовательском центре по проблемам повышения квалификации Российского государственного университета нефти и газа им. И. М. Губкина существует более двухсот программ повышения квалификации для работников нефтегазовой отрасли. Профессиональная переподготовка организована по другим направлениям: менеджер персонала, международный нефтегазовый бизнес, охрана окружающей среды и рациональное природопользование, маркетинг, юриспруденция и т.д. Стоимость переподготовки зависит от сложности, продолжительности программы и от количества человек в группе (может составить 300-500 долларов).

В центральном межведомственном ИПК руководящих работников и специалистов строительства при Московском государственном строительном университете можно получить дополнительное образование по 23 направлениям: экономика и инвестирование, финансы и кредит, бухучёт и аудит (审计), ценообразование и сметное (预算) дело, менеджмент и маркетинг, промышленное и гражданское строительство, социология и психология. Обучение длится от одной-двух недель (стоимость 2-3 тыс. рублей) до 4,5-7 месяцев (6-8 тыс. рублей).

В Институте повышения квалификации руководящих работников и специалистов Федеральной службы РФ по гидрометеорологии (水文气象) и мониторингу (监测) окружающей среды курсы повышения квалификации обойдутся в 4 тыс. рублей за неделю. Здесь проходят лекции на актуальные темы и практические занятия для работников авиации, синоптиков (天气预报员), других специалистов. Поменять за 4 месяца одну врачебную специальность на другую в Российской медицинской академии **последипломного** образования Минздрава РФ можно за 2-5 тыс. рублей.

Задания:

20. Определите значение выделенных слов на основе контекста или по их составу. (6 баллов)

   [A] пересесть –
   [B] продать себя подороже –
   [C] переподготовка –
   [D] работодатель –
   [E] последипломный –
   [F] трудоустройство –

- Закончите следующие предложения по прочитанному тексту. （4 балла）
21. Однако выделяемых для этих целей средств недостаточно, поэтому ...
22. Однако основная цель службы занятости – скорейшее трудоустройство, но отнюдь не ...
23. Переведите следующее предложение на китайский язык. （5 баллов）
Они предусматривают изучение специальных дисциплин, необходимых для выполнения нового вида профессиональной деятельности, а также получение новой квалификации в рамках имеющейся специальности.

- Ответьте на следующие вопросы. （6 баллов）
24. О чём идёт речь в данном тексте?
25. Кто платит за переподготовку безработных по закону РФ?
26. Как русские относятся к профессии преподавателя?

ТЕКСТ 6

Скинхеды（光头党）забили 5-летнюю девочку

Армия бритоголовых устроила расправу над двумя таджикскими женщинами и их дочерьми. В результате 5-летняя малышка погибла, обе женщины и 7-летняя Марина были доставлены в больницы Петербурга.

Они никому не ме_____

Табор（流浪的茨冈人群）таджикских цыган все лето жил возле железнодорожной станции Дачное, недалеко от станции метро "Проспект Ветеранов". Десяток палаток, покрытых от дождя полиэтиленом（聚乙烯）, "деревенский" туалет, импровизированная （临时搭建的）душевая и самобытная печка для приготовления ужина – все имущество цыган с Востока. Каждое утро женщины и дети шли в город просить милостыню, а мужчины **сторожили** жилища и готовили еду. К вечеру добытчицы возвращались с **наваром**: приносили деньги и продукты, купленные по дороге "домой".

Стражи порядка махнули на непрошеных гостей рукой: вреда от них особого нет, в драки ни с кем не вступают. И если бы не чудовищный случай, который произошел на днях в Петербурге, про них бы уже никто не вспомнил...

Детей рубили, как мя_____

В тот вечер две таджички с двумя маленькими девочками возвращались с "работы". А по пути решили зайти в магазин за продуктами. Там-то, возле одного из супермаркетов около станции метро "Проспект Ветеранов", их и увидели четверо подростков – короткостриженые, в ботинках с металлическими набойками（鞋掌）.

Кто первым кинул клич "бить черномазых（皮肤黝黑的）", предстоит определить следствию. Но через пару минут четверо борцов за чистоту нации набросились на беззащитных женщин и девочек. Подонки（败类）были вооружены: у кого-то из них в руках был металлический прут（条，杆）, у другого – туристический топорик, еще у двоих – ножи.

...Они били без разбору, каждый удар оказывался точнее и жестче предыдущего. Им было плевать（不在乎）, что перед ними всего лишь беззащитные женщины и дети, они не слышали ни мольбы взрослых, не видели залитых кровью мордашек двух маленьких девчонок... Как будто перед ними были не люди, а куски мяса, которые нужно было порубить на мелкие кусочки.

Одной из женщин повезло: ей удалось вырваться. Она из последних сил бросилась на людную улицу, прохожие подсказали ей, где находится ближайший отдел милиции.

Ран_____ Марина ждет маму

Когда стражи порядка прибыли на место преступления, подростков там уже не было. Девочек и раненую женщину повезли в больницу. 5-летняя Лена от полученных ран умерла по дороге в больницу. Старшей – 7-летней Марине – повезло больше, она выжила.

Ее доставили в больницу имени Раухфуса. У девочки – рубленая рана головы. Через два дня из реанимации（复苏）маленькую пациентку перевели в нейрохирургическое отделение.

Марина постоянно что-то лепечет（含混不清地说）на своем языке. По-русски девочка только может назвать свое имя.

Пока малышка находилась в реанимации, ее навещали родные из табора. Но потом приходить перестали.

Погибшую от рук бритоголовых подонков Лену цыгане похоронили на кладбище недалеко от Ораниенбаума.

Товарищ начальник, отправьте нас на _____!

Кровавая разборка（袭扰）с женщинами и детьми не успокоила скинхедов. Через пару дней они, вооружившись все теми же железными прутами и ножами, взяв с собой еще десяток приятелей, направились в таджикский лагерь. Но на этот раз цыгане сумели дать отпор. А затем представители таджикского табора, только что похоронившие 5-летнюю Лену, впервые в жизни добровольно отправились в милицию и попросили помочь им вернуться в Таджикистан.

Сутки тридцать человек, с котомками（背包）, в цветных халатах и тюрбанах（一种头饰的名字）, провели в милицейских отделах – они боялись возвращаться на место своего **пристанища**. Сидя в отделах, они бросались к каждому проходившему милиционеру: "Товарищ начальник, отправьте нас обратно в Таджикистан! Там не убивают наших детей!" Через пару дней их депортировали（被驱逐出境）на родину.

А на следующий день сотрудники милиции задержали троих из нападавших – тех, кто убивал 5-летнюю Лену.

Мы не хотели их уб_____

В минувшую пятницу всем троим задержанным было предъявлено обвинение.

Они не отпирались（不承认）. Глядя честными глазами на следователя, присмиревшие парни рассказывали, как они ненавидят черных. Как таджикские цыгане всех достали, что они – разносчики（传播者）заразы（传染病）.

— Они вас обидели? — спросил следователь прокуратуры Московского района Владимир Моргайлик.

— Нет, — ответил один из задержанных. — Нам было противно смотреть на их грязные руки, как они ко всем цепляются（纠缠）и пачкают（弄脏）одежду. Но убивать не собирались. Так получилось.

Двоим из подозреваемых в преступлении уже исполнилось по 18 лет, в свое время они бросили школу, ничем не занимались. Третий — Николай — учащийся Электротехнического колледжа. Все трое дружат несколько лет, часто собираются у кого-нибудь дома. Не так давно они стали фанатами（狂热者）группы "Рамштайн" и причислили себя к молодежной группировке скинхедов.

Следователю прокуратуры парни признались, что раньше они ни на кого не нападали, а избавлялись от своей злости к мигрантам в спортивном зале. А тут не удержались...

За всю неделю, которую задержанные провели в следственном изоляторе, они ни разу не поинтересовались у следователя о самочувствии девочки Марины, которая находится в больнице с рубленой раной головы...

Задания:

27. Прочитайте данный текст и вставьте пропущенные буквы или слова в подзаголовках.（5 баллов）
    [A] ме_____   [B] мя_____   [C] ран_____
    [D] _____   [E] уб_____

28. Определите значение следующих слов в прочитанном тексте.（4 балла）
    [A] сторожить —   [B] добытчицы —
    [C] навар —   [D] пристанище —

29. Найдите синоним к слову "скинхед" в прочитанном тексте.（2 балла）

- Ответьте на следующие вопросы.（8 баллов）

30. Как цыгане живут в Москве?
31. Как правительство относится к цыганам?
32. Почему скинхеды забили цыган?
33. Выразили ли скинхеды своё сочувствие раненой девочке перед следователями прокуратуры?

УРОК 16

I. Новости прошлой недели.
II. Прочитайте следующие тексты и выполните задания.

ТЕКСТ 1

Продажа эмоций
(Футбольный бизнес – как это делают в Англии)

Политику тех клубов, где болельщика влечет на стадион только внутреннее самосознание, в Англии называют администрированием（行政管理）. Это понятие противоположно истинной продаже билетов, то есть глубокому и вдумчивому（深思熟虑的）маркетингу. Да и клубов, где администрирование в чести, на туманном Альбионе давно не осталось. Зритель не сам себя тащит на стадион – его туда завлекают.

На Британских островах уже давно поняли: прежде всего деньги приносит такая далекая от меркантильности（唯利是图）субстанция（实体，本质）, как верность своему клубу. "Вместе с командой – от колыбели к могиле!" – вот лозунг маркетологов сегодняшнего дня. Человек, единожды отдавший свое сердце какому-либо клубу, будет приносить ему доход в течение 40-50 лет. Разве в серьезном бизнесе бросаются такими клиентами?

Важнейший вопрос – формирование цен на билеты и абонементы. Наш лектор Джеймс Уоррел, возглавлявший в свое время отдел по развитию бизнеса английской Футбольной ассоциации（ФА）, жестко выделил главное: если цена устанавливается чьим-либо руководящим перстом（指示，命令）– пиши пропало（失败不可避免）. Даже если это будет хозяин клуба.

Задолго до начала нового сезона все финансовые, футбольные и управленческие структуры клуба должны совместно выработать стратегию продажи билетов. Начать при этом необходимо с анализа аудитории болельщиков – и места, занятого клубом в предыдущем сезоне.

С "МЮ", допустим, все ясно – с их успехами и популярностью цены на билеты в Манчестере никогда не будут низкими. Но как быть с "Астон Виллой", имеющей много болельщиков, но отнюдь не блещущей（出众的）, или "Чарльтоном", у которого не очень большая аудитория, зато неожиданно высокое место в таблице? А ведь есть еще и так называемые семейные клубы, число зрителей у которых почти не зависит от результатов. Совершенно очевидно, что стратегия продажи билетов во всех этих четырех случаях будет совершенно разной. И ошибиться с ней нельзя – потеряешь большие деньги.

Кроме того, необходимо учесть два варианта развития событий в сезоне. Первый – неожиданный успех клуба в чемпионате. В этом случае к группе активных болельщиков подтянутся и те, кто раньше относился к футболу с прохладцей либо вообще за ходом турнирной（循环赛的）борьбы не следил. Второй вариант – это стратегия провала, когда от активных болельщиков отпочковываются（产生出）те, кто и раньше ходил на стадион нерегулярно. Разумеется, в ходе сезона оба эти варианта влекут за собой существенную корректировку（校对）ценовой политики.

В качестве примера грамотной билетной стратегии мистер Уоррел привел нам скромный "Норвич" из Норфолка. Это типичный "семейный" клуб второго эшелона（梯队）английского футбола, успехи которого никак не связаны с его результатами. Однако заполняемость 22-тысячного стадиона – почти стопроцентная! При этом 13 600 мест распределяются по сезонным абонементам, хотя цены весьма высоки: взрослый абонемент стоит от 300 до 380 фунтов. За счет чего же, в таком случае, руководству "Норвича" удается привлекать болельщиков?

В "Норвиче" существует четкая градация（分级）детей по возрастам. Зрители до 12 лет могут купить сезонный абонемент всего за 29 фунтов. Фунт（磅）и 10 пенсов за матч! До 16 лет – за 35 фунтов. На стадионе существуют четыре с половиной тысячи так называемых семейных мест. Цены на них такие же, как и на другие места, зато есть возможность взять с собой всех членов семьи – от грудных детей до бабушек с дедушками. В этом секторе продаются иные еда и напитки, здесь своя, по-семейному приветливая охрана.

В Англии（а в Норфолке особенно）люди идут не на результат, а на процесс. Здесь продают эмоции, которые продуцирует（表演，展示）футбол. Руководство клуба лишь добавляет к этим эмоциям качественные разнообразные услуги и сервис. В результате желающих получить удовольствие становится все больше, и жалеют они о потраченных деньгах все меньше.

Задания:

- Ответьте на вопросы по прочитанному тексту.
1. О чём идёт речь во втором абзаце данного текста?
2. Установление цены на билеты это важное дело для английских клубов?
3. Зависит ли количество зрителей у "семейных" клубов от результатов футбольной команды?
4. Что предпочитают англичане? Процесс игры или результат?

ТЕКСТ 2

Сколько детей должно быть в семье?

Времена, когда каждая вторая семья была многодетной, давным-давно прошли. И сегодня нам кажется, что три ребёнка это уже много. Кто-то занимается карьерой（功名）, кто-то живёт в своё удовольствие, а кто-то просто боится идти на этот серьёзный шаг, и в итоге женщины рожают всё позже и всё меньше. Почему так происходит? Один ребёнок в семье – это нормальное явление для нашего времени или же тревожный признак?

Его мнение

Олег, 34 года, инженер:

– Этот вопрос – очень индивидуальный. Конечно, с точки зрения демографической ситуации в стране один ребёнок это плохо. Но каждый человек живёт в первую очередь для себя и думает о себе, а не о благе своей родины. Поэтому и ответ на вопрос у каждого свой. Кто-то видит своё счастье в окружении **кучи** детишек, кому-то достаточно одного. Вот у нас с женой растёт маленький сын. И забот с ним **невпроворот**. Мы переживаем за него, волнуемся и просто не готовы родить ему братика или сестрёнку. Нас устраивает один ребёнок, мы счастливы и не хотим, по крайней мере сейчас, заводить ещё одного. Возможно, это желание никогда не появится. Я считаю, что это нормально. Это наша жизнь, и сколько у нас будет детей – решать только нам. Правда, окружающие нас люди пытаются навязать нам свою точку зрения. Например, тёща всегда упрекает меня и жену в эгоизме. Говорит, что думаем мы только о себе, своём спокойствии и благополучии, живём в своё удовольствие, а о сыне забываем. Она считает, что единственный ребёнок в семье – сирота. Ему одиноко, не с кем поиграть, нет рядом близкого человека. Родители – это одно, а братик или сестричка – другое. Тут я с ней не согласен. У меня нет братьев и сестёр, но никаких комплексов（综合症）или одиночества я никогда не испытывал.

Степан, 40 лет, автомеханик:

– Один ребёнок в семье – это не просто плохо, это грустно! Я не понимаю людей, которые отказываются заводить несколько детей, ссылаясь на плохие материальные условия. Говорят, мол, денег не хватает, чтобы вырастить больше, чем одного. Это всё уловки（诡计，狡猾），чтобы прикрыть свой собственный эгоизм. А на самом деле многие боятся трудностей, хотят жить только ради себя, ни в чём себе не отказывая. Естественно, что рождение нескольких детей круто изменит эту беспечную（无忧无虑的）жизнь. Поэтому и не рожают женщины. А вспомните, как было раньше. Все были бедны, но тем не менее многодетные семьи встречались сплошь и рядом. И жили все нормально, и воспитывали своих детей невзирая на отсутствие денег. И дети росли, помогая друг другу, становились на ноги и начинали, в свою очередь, заботиться о родителях. Сейчас всё не так. Дети вырастают эгоистичными, **избалованными**, они уверены, что родители им должны по гроб жизни. А всё потому, что ребёнок, у которого нет брата или сестры, привыкает, что все вокруг заботятся только о нём. На мой взгляд, рожать одного ребёнка – это преступление. Вы не только себе, вы ему жизнь испортите. Рафинированному（精致的，精炼的）человеку сложно устроиться в жизни, а родители не вечны.

Александр, 30 лет, энергетик:

– В условиях нашей современной действительности завести ребёнка намного сложней, чем кажется. Плохая экология, стрессы, **бешеный** ритм жизни – всё это приводит к ухудшению здоровья. У меня есть несколько знакомых пар, которые очень хотят детей, но у них ничего не получается. Они **обивают** пороги дорогих клиник, лечатся на все лады（从多方面），для них даже один-единственный ребёнок – самая большая мечта и главная цель в жизни. А вы спрашиваете: хорошо это или плохо. Да надо радоваться, что есть хотя бы один!

Её мнение

Татьяна, 33 года, медсестра:

– Не надо забывать об обстоятельствах, которые окружают человека. Я – мать-одиночка. Родила ребёнка несколько лет назад. Сейчас всеми силами стараюсь обеспечить ему нормальную жизнь и, естественно, даже не помышляю о рождении второго. Пусть у меня будет один, но обеспеченный, ни в чём не знающий нужды ребёнок. И мама его будет нормальной и ухоженной（有人伺候的，有人照料的）

женщиной, а не загнанной (精疲力竭的) рабочей лошадью, у которой мысли только о куске хлеба. Меня никто не осудит, я воспитываю дочку одна. Но многие считают, что это неправильно, когда в полной семье, где есть и мама и папа, всего один ребёнок. А если люди небогаты? Зачем **плодить** нищету?! Лучше действительно поставить на ноги всего лишь одного ребёнка, чем рожать нескольких, которых ты не сможешь обеспечить. Женщины рожают, их мужья работают на своих **малооплачиваемых** работах, с трудом сводят концы с концами, и в итоге дети не могут вырваться из круга бедности. Потому что не получили ни нормального образования, ни стартовой площадки для хорошей жизни в будущем. Мне кажется, у нас в стране так много бедных в том числе и из-за того, что люди не могут адекватно оценить свои силы. Детей нужно рожать тогда, когда твёрдо стоишь на ногах.

Мария, 39 лет, юрист:
– Много детей – это, конечно, здорово. Только вот не у каждой женщины хватит сил. У меня были очень тяжёлые роды (难产), а после них послеродовая депрессия (抑郁). Я очень долго приходила в себя, не могла вернуться к нормальной жизни. После этого я решила, что пройти повторно всё это не смогу. Мы много спорили с мужем. Он хотел второго ребёнка, я же думала с ужасом о том, что все эти кошмары (非常可怕的事) вернутся. И настояла на своём. Мужчина считает, что его воспитательные функции на первых порах сводятся к регулярному финансированию. Принёс денег, помог жене. А на наши хрупкие плечи **взваливается** всё остальное: пелёнки (襁褓，包布), **недосыпание**, вечные тревоги и заботы. Муж живёт нормальной жизнью, мы же попадаем в свой собственный мир: плохо выглядим, сидим дома, с утра до вечера стираем, кормим. Разве это правильно? Поэтому я не осуждаю тех женщин, которые не хотят рожать повторно. Для многих это страшный стресс. А что касается распространённого мнения, что один ребёнок в семье непременно вырастет эгоистом, то здесь, думаю, важно не количество детей, а родительское воспитание. Если своего единственного ребёнка они будут баловать, то и получится эгоист, но если воспитывать без лишнего баловства, ребёнок будет нормальным: добрым, ответственным, заботливым. Бывает, что и в семьях с несколькими детьми вырастают законченные эгоисты.

Светлана, 26 лет, косметолог:
– Возможно, моё мнение покажется многим шокирующим (使人不快的), но сейчас я не хочу ни одного ребёнка. Я выросла в многодетной семье, помимо меня у родителей было ещё 4 ребёнка. Я самая старшая. Всю жизнь я **пронянчилась** со своими братьями и сёстрами, не имела ни минуты свободного времени. Родители с утра до вечера на работе. Представляете, сколько нужно работать, чтобы прокормить, одеть и обуть такую ораву (喧哗的一群人)? Я не жалуюсь, у нас дружная семья, мы все друг друга любим. Но сейчас мне хочется хоть немного пожить для себя. Более того, я **сильно сомневаюсь**, что, когда решусь на рождение ребёнка, я заведу двух или трёх. Один ребёнок – максимум!

УРОК 16

Задания:

- Объясните значение выделенных слов в тексте.

- Ответьте на вопросы.
1. Почему тёща упрекает Олега и его жену?
2. Сколько детей, по мнению Олега, должно быть в семье?
3. Сколько детей, по мнению Степана, должно быть в каждой семье?
4. Почему, по мнению Степана, сейчас дети так эгоистичны?
5. Чем Александр недоволен?
6. Сколько детей, по мнению Татьяны, должно быть в семье?
7. Почему Мария не хочет рожать ещё одного ребёнка?
8. Довольна ли Светлана своей жизнью в многодетной семье?
9. Сколько детей хочет родить Светлана?

- Подготовьтесь к дискуссии на тему:
1. Один ребёнок в семье – это плохо.
2. Один ребёнок в семье непременно вырастет эгоистом.

Наши издания | РОССИЙСКАЯ ГАЗЕТА | РГ-НЕДЕЛЯ | РОДИНА | ТЕМАТИЧЕСКИЕ ПРИЛОЖЕНИЯ | СОЮЗ | RBTH | БИБЛИОТЕЧКА

 Где в Москве можно нестандартно избавиться от стресса Почему в России стали популярны советские автомобили

ЦСКА и "Ростов" узнали соперников по Лиге чемпионов

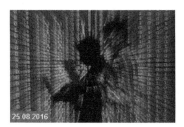

Хранить в цифре

Бумажные свидетельства о регистрации и справки заменят на электронные реестры. От

Орден за медаль

Российские спортсмены достойно выступили на Олимпиаде в Рио, заявил Владимир Путин

УРОК 17

I. Новости прошлой недели.
II. Прочитайте следующие тексты и выполните задания.

ТЕКСТ 1

Совместная трапеза как важный элемент человеческой жизни

После того, как мама умерла, а брат уехал учиться в Новую Зеландию, в нашей столовой как будто что-то переменилось – это сразу же бросилось в глаза. Я и мой отец стали питаться **порознь**. Каждый из нас стал обедать отдельно в компании своих друзей, поедать бутерброды, **уткнувшись** в монитор своего компьютера, поглощать пищу, одиноко сидя перед экраном телевизора. Бывало, что мы по нескольку дней кряду друг друга почти не видели. И вот как-то за несколько недель до моего отъезда в университет отец спустился в прихожую, подошел ко мне и сказал: "Знаешь, по-моему, нам надо бы есть вместе. И неважно, сколько будет человек за столом – пусть только мы вдвоем. Твоя мама очень бы этого хотела".

Готовили мы не так чтобы идеально – обычные блюда, без изысков（讲究）. Конечно, мы оба тосковали по маме и скучали по брату. Но, я специально выделил время на то, чтобы побыть в компании моего отца, и в этом было что-то особенное. С ним можно было поговорить, обменяться мнениями о событиях за день – на меня это действовало **исцеляюще**. Мы говорили о самых обычных вещах – о бейсболе и телепередачах. Подчас делились воспоминаниями и рассуждали о более серьезных темах – о политике, смерти, потерях. Для совместной **трапезы** и надо-то чуть-чуть – найти окно в плотном графике и выделить на нее каких-нибудь 45 минут в день. Минуты нашего застолья оказались для меня одними из самых счастливых.

К сожалению, американские семьи редко собираются вместе за обеденным столом. Факты красноречивы: средний американец один раз из пяти ест прямо в своем автомобиле; каждый четвертый американец, по крайней мере, раз в день питается **фастфудом**; большинство американских семей, по их словам, собираются все вместе за одним столом менее пяти раз за неделю. Жаль, что так много жителей нашей страны упускают те редкие минуты, когда можно пообщаться с членами семьи; важность такого общения трудно переоценить. Если люди питаются в одиночестве, каждый сам по себе, то это приводит к негативным последствиям как на соматическом（肉体的）, так и на психологическом уровне.

В свежем отчете, подготовленном Организацией экономического сотрудничества и развития (ОЭСР) на основании данных, охватывающих почти три четверти стран мира, говорится следующее: школьники, которые игнорируют домашние застолья, значительно чаще прогуливают школьные занятия. Согласно исследованию, проводившемуся в течение двух недель в соответствии с Международной программой по оценке образовательных достижений учащихся (в исследовании принимали участие 15-летние школьники из стран, членов ОЭСР), во всем мире средний уровень прогулов учеников составил около 15%; при этом, у школьников, которые питаются отдельно от остальных членов семьи, этот показатель составил почти 30%.

В одном из исследований, обнародованных на Европейском Конгрессе по борьбе с ожирением (он прошел в Болгарии в мае нынешнего года), говорилось следующее: дети, которые, по крайней мере, дважды в неделю питаются отдельно от родителей, на 40% более склонны к полноте по сравнению с остальными детьми. И напротив, как сообщается в исследовании, проведенном Национальным центром по проблемам наркомании и токсикомании при Колумбийском университете, у детей, участвующих в семейных завтраках, обедах и ужинах пять и более раз в неделю, наблюдается меньше проблем с наркотиками и алкоголем; такие дети едят более здоровую пищу, лучше учатся и поддерживают более доверительные отношения со своими родителями, нежели те, кто нечасто появляется за общим семейным столом.

Негативные последствия, связанные с тем, что люди принимают пищу **порознь**, возникают, главным образом, по двум причинам. Во-первых, когда мы питаемся вне дома, особенно в недорогой закусочной быстрого питания или берем еду на вынос (а именно так питаются большинство детей за пределами дома), то мы, как правило, употребляем не совсем здоровые продукты. Как заметил Майкл Поллан (Michael Pollan) в своей новой книге "Кушать подано", блюда, съедаемые вне дома, как правило, менее полезны, нежели домашняя еда, поскольку в них более высокое содержание жира, поваренной соли. К тому же, они высококалорийны.

Есть еще одна причина: если человек ест в одиночку, то это ведет к его **отчужденности**. Обеденный стол может выступить в качестве объединителя, центра семьи как мини-сообщества. Участие в совместном застолье дает возможность встретиться и поговорить с родственниками, сделать перерыв в работе и перевести дух.

Задания:

- Определите значение выделенных слов без словаря, затем проверьте себя по словарю. Скажите, что помогло вам догадаться о значении этих слов.

- Выразите согласие или несогласие со следующими суждениями по прочитанному тексту.
1. Среди детей, питающихся вместе с родителями, больше толстяков.
2. Среди детей, питающихся в одиночестве, больше наркоманов.
3. Домашняя еда более полезна.

- Ответьте на следующие вопросы.
1. Чем вредно питаться в одиночестве?
2. Каков уровень прогулов школьников, питающихся в одиночестве?
3. В чём состоят плохие последствия отдельной трапезы?

- Разделите текст на смысловые части, сформулируйте главную мысль каждой части.

ТЕКСТ 2

Русские и водка

Для того чтобы понять, насколько крепко водка влилась в российскую культуру, достаточно лишь взглянуть на этимологию（词源学）этого слова. Водка является уменьшительной формой слова voda – по-русски обозначающей воду. Средний русский человек выпивает около 18 литров чистого алкоголя в год, как правило, он пьет водку. Изготовленная из крахмала（淀粉）, она не имеет настоящего вкуса, в ней отсутствуют ароматы напитка. Фактически ее употребляют только для того, чтобы напиться. Содержание алкоголя в ней варьируется（变形，变体）от 40% до 55%, водку употребляют залпом обычно днем или вечером после соленой закуски: рыбы, огурцов, холодца（肉冻）или квашеной капусты. После закуски следует еще один стакан, затем еще закуска, но уже больше, чем в первый раз. Стаканы водки чередуются с едой до тех пор, пока русская зима станет казаться менее холодной. Еда кстати тут является всего лишь дополнительным элементом.

В истоках возникновения водки теперь непросто разобраться. Принято считать, что в Россию ее завезли генуэзские купцы в 14 веке, которые приехали в Москву для встречи с князем Дмитрием Ивановичем. Некоторое время в 15 веке водку производили монахи Кремлевского Чудова монастыря. Иван Грозный подавал водку своим опричникам（禁卫军）– особым охранным войскам, которые приводили в исполнение его жестокие приказы. Были созданы специальные питейные заведения – кабаки（酒馆）, в которых подавали водку и другие виды алкоголя（еды там не было）. К 1648 году русские довольно сильно пристрастились к употреблению этого напитка, что около трети мужского населения страны задолжало кабакам, принадлежавшим государству. Когда начались взимания долгов, то крестьяне стали изготовлять и распространять водку в домашних условиях.

Петр Великий, который, по слухам был способен выпить в день половину галлона（2 л.）водки, решил поставить точку на домашнем изготовлении алкоголя. Он создал лицензии на водку, которые позволяли ею торговать. Екатерина Великая позволила заниматься изготовлением и продажей водки только дворянам. Это позволило повысить качество напитка и пополнить царскую казну（国库）. К 1860 году, более 40% доходов правительство получало от водки. Процесс ее производства во многом усовершенствовался（водка теперь фильтровалась с помощью древесного угля, а иногда в нее добавлялись ароматизаторы）. Все это привело к росту потребления напитка. И уже к 1913 году водку делали в каждом десятом доме в стране. Размеры пьянства достигли таких масштабов, что в 1914 году царь Николай II предпринял радикальные шаги – он объявил производство алкоголя незаконным.

В этот год русские войска изъяли у магазинов лицензии на алкоголь и конфисковали（没收，充公）более 140 миллионов галлонов（530 миллионов литров）водки. Сомневаясь в том, как лучше распорядиться таким большим количеством алкоголя, правительство отдало водку ученым, которые использовали ее в своих экспериментах – один из них привел к созданию нового вида синтетической резины. Запрет оставался в силе в течение всей революции 1917 года и последующей Гражданской войны. После прихода к власти большевики для восполнения своих денежных ресурсов решили пересмотреть ситуацию с водкой; и к 1925 году она снова вернулась на прилавки. Во Второй Мировой войне каждый русский солдат на передовой получал ежедневную порцию водки в стакане. К 1950 годам ситуация с алкоголем в России окончательно достигла своего дна. В 1958 году коммунистическая молодежная организация Комсомольская Правда пожаловалась на то, что члены национальной футбольной команды были настолько пьяны, что не смогли забить гол с расстояния в 5 ярдов（码）.

Потребление алкоголя увеличилось после падения Советского Союза в 1991 году. Несмотря на то, что Борис Ельцин сам был поклонником водки, он отменил государственную монополию на нее и установил законы, призванные контролировать качество алкогольной продукции. Он запретил киоски, торгующие алкоголем на улице – принуждая торговцев построить вместо них небольшие магазины, размером с телефонную будку. Ельцин также поднял цену на водку, что привело только к увеличению производства самогона на черном рынке.

Сегодня ежегодное потребление алкоголя в России выше, чем в любой другой стране мира. Причиной низкой продолжительности жизни российских мужчин – около 60 лет во многом является алкоголизм.

Задания:

- Ответьте на следующие вопросы.
1. Из чего изготовлена водка?
2. Как русские пьют водку? Опишите, пожалуйста.
3. Когда водка появилась в России?
4. Изготовляли ли водку дома при Петре Первом?
5. Как относились к производству водки в царской России?
6. Как развивалась ситуация с водкой в СССР?
7. Каково ежегодное потребление водки в России?
8. Любил ли Борис Ельцин водку?
9. В чём заключается одна из причин смерти российских мужчин?

- Используя полученную информацию, расскажите о развитии русской водки.

УРОК 18

I. Новости прошлой недели.
II. Прочитайте следующие тексты и выполните задания.

ТЕКСТ 1

Традиции китайской кухни

Китайская кухня имеет самую древнюю историю и богатые традиции. Как и медицина, культура и все сферы жизни в Китае, она неразрывно связана с древней китайской философией. Еще во втором тысячелетии до нашей эры мудрец И Инь создал теорию "гармонизации питания". А Конфуций обучал приемам кулинарного искусства в VI-V веках до н.э. И сегодня в провинции Шаньдун его рецепты составляют основу конфуцианской кухни.

Разнообразие географических и климатических условий привело к возникновению многочисленных местных кухонь: Пекинская, Шанхайская, Сычуаньская и Хунаньская (южная кухня с очень острыми и экзотичными блюдами), Харбинская (очень близка к русской: черный хлеб, лососевая (鲑鱼的) икра, балык (干咸鱼脊肉) из красной рыбы), Шаньдунская, Кантонская, Ханчжоуская, Хэнаньская, Хуайянская, Фуцзяньская, Хуэйчжоуская, кухни Нинбо, Уси и другие.

Китайскую кухню отличает и огромное разнообразие блюд. С одной стороны многочисленные войны и природные бедствия на протяжении истории, а с другой – стремление знати украшать свои столы разнообразными экзотическими блюдами, способствовали тому, что сегодня в этой кухне используется практически все, что дает природа, в том числе такая экзотика для нашего стола, как плавники (鱼翅) акулы (鲨鱼), морские черепахи, вяленые (风干的) медузы (海蜇), ласточкины гнезда, трепанги, змеи, лягушки, семена лотоса и многое другое. Китайская кухня насчитывает многие тысячи блюд.

Существуют три уровня китайской кулинарии: повседневная, праздничная и парадная. В повседневной кухне блюда очень доступные. Китайцы едят три раза в день. Завтрак очень ранний и легкий. В полдень во время обеда популярны блюда из риса, муки, с овощами (особенно бобовыми), зеленью и разнообразными приправами. Праздничные блюда составляют меню большинства ресторанов. Эти блюда для европейца не привычны и очень разнообразны. Но высшие достижения китайские повара (которыми могут быть только мужчины) демонстрируют в парадной "мандаринской" кухне, которую можно отведать на официальных приемах или в ресторанах высшей категории. Сбалансированность продуктов с овощами, приправами, специями создает неповторимый вкус, аромат и цвет. Гармоничное единство этих трех элементов всегда было в основе китайского кулинарного искусства.

"Еда как идеология"

Мясо может быть только дополнением к блюду, а не его основой. Оно может придавать вкус и аромат овощному блюду. В рационе на долю животных белков приходится не более 20 %. А основным источником белка являются арахис, горох（豌豆）, маш（绿豆）, соя и другие бобовые, содержащие и много сложных углеводов.

Основа питания – овощи и фрукты, что обеспечивает большой объем клетчатки. Вкусовым ощущениям в китайской кухне придается особое значение. Для их усиления используются разнообразные специи и пряности, практически не содержащие жира.

Сочетание вкусов Ян（"теплые" продукты, им свойственны преимущественно теплые цвета）и Инь（"холодные" продукты, преимущественно холодных цветов）делает блюдо сбалансированным и практически без жира.

От еды ничто не должно отвлекать. Согласно китайской кухне пища должна быть не только вкусна и полезна, но и услаждать взор и согревать душу. А наслаждаться вкусом и ароматом пищи невозможно, если есть на ходу или перед телевизором.

Китайские кухня и медицина неразрывно связаны и являются продолжением друг друга. Стремление человека к пище естественно, поэтому не может считаться грехом, а пища должна быть естественной и здоровой. Все продукты должны быть натуральными и минимально обработанными, чтобы передавать нам содержащуюся в них жизненную энергию ци. Но практически все, кроме фруктов, подвергают тепловой обработке, не употребляя продукты в сыром виде. Обжариваются даже огурцы.

Еду готовят очень быстро и с минимальным количеством жира. На пару（добавив в кипящую воду пряности）, на гриле（烤）, очень быстро варят или обжаривают на прокаленной（烧红的）большой сковороде（煎锅）мелко нарезанные овощи в течение нескольких минут. При этом продукты сохраняют вкус, форму, питательные вещества и витамины.

Задания:

- Ответьте на следующие вопросы по прочитанному тексту.
1. Каковы отношения между китайской кухней и философией?
2. Почему в Китае существуют местные кухни?
3. Что привело к разнообразию блюд в Китае?
4. Как разделяются уровни китайской кулинарии?
5. Чем отличается китайское кулинарное искусство?
6. Какую роль играет мясо в китайской кухне?
7. Что составляет основу китайской кухни?
8. Каким требованиям должны отвечать блюда в Китае?
9. Каковы отношения между кухней и медициной в Китае?
10. Как в целом автор оценивает китайскую кухню?

ТЕКСТ 2

Деловой Совет Шанхайской организации сотрудничества – это генератор идей, инициатив и профессиональных проектов
(Интервью у главы Делового совета Шанхайской организации сотрудничества)

Какие задачи Вам представляются основными в деятельности Делового Совета ШОС?

– Без всякого сомнения, при отсутствии экономической составляющей деятельность ШОС была бы малоэффективной. Создание Делового Совета обусловлено необходимостью координировать усилия стран-участниц ШОС в области экономического сотрудничества, совершенствования законодательно-правовой базы. Для этих целей нужен единый рабочий орган.

На основе предложений Делового Совета будут приниматься решения в Совете глав правительств ШОС, это будет способствовать экономическим интеграционным процессам в рамках всей организации.

В моем понимании, главные ориентиры для Делового Совета – это содействие инвестициям, содействие поиску эффективных, взаимовыгодных, современных проектов и опора на современно мыслящих, профессиональных людей.

Если деятельность Совета поставить на накатанные (夯平的) рельсы, то, уверен, его работа будет способствовать привлечению средств негосударственного сектора, и это ускорит реализацию программы торгово-экономического сотрудничества ШОС.

Поэтому на сегодняшний момент главная задача – перевести деятельность организации в практическую плоскость: есть хорошая китайская поговорка: "**Нам не надо рисовать лепешки, чтобы утолить голод, нужно их печь**".

Какие перспективы для российского бизнеса открывает сотрудничество в рамках Делового Совета ШОС?

– У российского бизнеса, конечно, есть интересы в Китае, есть интересы в Казахстане, в какой-то степени, хотя и меньше, мы сегодня работаем с Узбекистаном.

Нельзя забывать, что нынешняя система наших отношений наработана еще в советское время. Сейчас формируются новые субрынки, в том числе и в сфере энергосбыта, в сфере углеводородного сырья, и формируются они не на пустом месте.

Важно, что конкурентная среда, характеризующая деловые отношения, не опрокинула (推翻) принципов взаимовыгодного сотрудничества. Эти принципы сейчас задает ШОС как организация будущего весомого влияния в регионе, а, возможно, и глобального влияния – внимание к ШОС повышается сейчас во всем мире – и на американском континенте, и в Европе.

Деловой Совет ШОС – это еще и инструмент для развития инвестиций, в том числе и в российскую экономику.

Работа Совета предполагает создание алгоритма (严格的规定) прихода на рынок в чужую страну, что невозможно без учета специфики, правил, законодательства. И в этом плане я как человек, представляющий парламентскую структуру, должен показывать и доказывать, что Россия сегодня совершенствует законодательство, что является одной из ключевых задач реального успеха, реального развития социально-экономических реформ.

Ведь инвестор идет туда, где он видит стабильное, понятное ему законодательство, к тем людям, которым он доверяет. Деловой Совет – это инструмент развития, укрепления взаимного доверия – доверия как системы отношения и как экономической категории.

У нас есть следующая философия становления национальной части проекта: главное, что мы не подменяем (越权代行) ни министерства, ни ведомства наших стран и не мешаем работать правительствам.

Деловой Совет – это генератор идей и инициатив, профессиональных проектов, реализация которых ложится в общее русло отношений.

Как осуществляется взаимодействие участников Делового Совета ШОС по созданию конкретного содержания экономического сотрудничества?

– Премьер-министры стран-участниц ШОС наметили 127 пунктов, в соответствии с которыми сейчас планируется развивать сотрудничество. Проекты в системе двусторонних и многосторонних отношений будут развиваться усилиями, в том числе и национального бизнеса, экспертов высокого класса. И это будут не проекты ради проектов, их реализацию почувствуют экономики стран-участниц Делового Совета, почувствуют люди.

Государства-члены ШОС, в частности, планируют сосредоточить основные усилия на обеспечении условий для свободного движения товаров, капиталов, услуг и технологий, на формировании необходимой совместной нормативно-правовой базы и гармонизации соответствующих законодательств, на сотрудничестве в области освоения нефтегазовых месторождений, строительства нефте- и газопроводов, развития нефтехимической промышленности, гидроэнергетики, разработки полезных ископаемых.

У государств, участвующих в работе Совета, очень разные экономики, очень разные потенциалы. Конечно, потенциал Киргизии, которая сегодня переживает сложное время, и потенциал нашего быстро и бурно развивающегося соседа Китая – разный. Но при этом, хочу отметить, никто не имеет права доминировать (占优势, 居高临下) или давить на других, пытаться голосовать двумя руками, не учитывая мнение других сторон – это очень важно.

Если говорить о системе сотрудничества, понятно, что в Деловом Совете надо научиться сочетать национальные интересы с наднациональными, интересы национального бизнеса и интересы совместных проектов.

Нет сомнений, что если мы договариваемся работать в долгосрочной перспективе, то сиюминутная выгода все равно останется в проигрыше по отношению к глобальным проектам в условиях формирования единого делового будущего, единого делового пространства.

Еще Конфуций призывал, **добиваясь успеха, видеть будущее.** Строительство будущего – есть тот самый путь, без которого никакого успеха быть не может. А путь, как говорят китайцы – это великий менеджер, поэтому, вставая на этот путь, сегодня мы должны научиться слушать друг друга и быть партнерами.

Задания:

- Найдите в тексте места, где говорится о "главных задачах" в деятельности Делового совета.

- Ответьте на вопросы по прочитанному тексту.
1. Какую роль играет экономическое сотрудничество в деятельности ШОС?
2. Как интервьюируемый оценивает ШОС?
3. Как интервьюируемый оценивает Деловой Совет ШОС?
4. Как, по мнению интервьюируемого, идёт работа в области законодательства России?
5. Куда, по мнению интервьюируемого, вкладывают свои деньги предприниматели?
6. Какие перспективы для российского бизнеса открывает сотрудничество в рамках Делового Совета ШОС?
7. Как осуществляется взаимодействие участников Делового Совета ШОС по созданию конкретного содержания экономического сотрудничества?
8. Как, по мнению интервьюируемого, надо действовать государствам-членам ШОС в рамках ШОС?

- Объясните, каков смысл следующих высказываний в тексте.
1. Нам не надо рисовать лепёшки, чтобы утолить голод, нужно их печь.
2. Добиваясь успеха, надо видеть будущее.

俄语报刊阅读教学实践
（下）

УРОК 19

I. Новости прошлой недели.
II. Прочитайте следующие тексты и выполните задания.

ТЕКСТ 1

Джеки Чан: "Отец чуть не продал меня"

В реальной жизни Джеки совсем не отличается от тех персонажей, которых играет в кино. Он атлетически (大力士般地) сложен, уверен в себе и производит впечатление очень доброжелательного человека.

– *Вы ведь начали сниматься еще ребенком, не так ли?*

– Да, когда я впервые попал на съемочную площадку, мне было всего 8 лет. Фундамент моей карьеры (事业, 功名) закладывался во время десятилетнего обучения в Китайской драматической академии. Там я изучал актерское мастерство, музыку, танцы, пантомиму (哑剧), акробатику (技巧运动) и различные виды боевых искусств. Все ученики академии должны были просыпаться в 5 часов утра и заниматься до позднего вечера. Я закончил учебу в 1971-м и в том же году был принят на работу в качестве пожарника и актера на гонконгскую киностудию "Шо Бразерс".

– *В США вы добились популярности лишь в середине 90-х...*

– Да, это произошло в 1996 году, когда на американские экраны вышел фильм "Разборка в Бронксе". В первые дни проката (影片发行, 出租) эта картина собрала 10 миллионов долларов, что сразу же почти вдвое окупило ее бюджет. Но я снимался в голливудских фильмах еще в 80-х годах, правда, тогда был очень разочарован тем обстоятельством, что мне приходится играть не те роли, которые хочется. Поэтому я вернулся в Гонконг и начал снимать приключенческие (情节惊险的) фильмы с элементами комедии. По прошествии определенного времени Голливуд вновь вспомнил обо мне, но уже теперь-то я могу выбирать роли и играть только интересных мне персонажей! К примеру, водителя такси, которого я сыграл в одном из моих новых фильмов "Смокинг".

– *А в какой одежде вы себя чувствуете комфортно?*

– После съемок этого фильма – только в смокинге! (Смеется.) Компания "Армани" предоставила их около сотни, причем цена каждого была около 3 тысяч долларов. Я там и дрался в смокинге, и катался по земле в смокинге, и падал в кучу песка в смокинге... А вообще я люблю носить свитера и джинсы, а также рубашки и пиджаки, сшитые в традиционном китайском стиле.

– *В фильмах большинства голливудских киногероев всегда много стрельбы, крови и насилия. Почему вы идете другим путем?*

– Потому что я очень миролюбивый человек. Но если говорить серьезно, то в начале моей карьеры я тоже участвовал в жестких фильмах. Но, общаясь со зрителями, часто слышал, что многие хотели бы пойти на мои картины с детьми, но не могут, так как там есть кровавые сцены. Я начал задумываться о той ответственности, которую несу перед моими зрителями. В результате, начиная с картины "Пьяный мастер", юмор и комедийные ситуации стали вытеснять насилие. И я очень рад этому.

– *А ваш сын не думает пойти по стопам отца и стать актером?*

– Нет, он хочет стать музыкантом. Ему недавно исполнилось 19 лет, и сейчас он записывает свой первый альбом в Тайване. Честное слово, я и учил его драться, и брал на съемочную площадку, но ему это неинтересно. И где, спрашивается, мои гены?（Смеется.）

– *Расскажите о ваших родителях.*

– Когда я появился на свет, мои родители были очень бедны. Отцу нечем было заплатить врачу, который принимал роды у моей мамы. Ему даже пришлось предложить меня в качестве оплаты, но, в конце концов, он смог получить несколько сотен долларов взаймы у друзей. Позднее родители нашли работу во французском посольстве в Гонконге. Отец работал поваром, а мама – горничной（女仆，女服务员）. Несколько лет спустя родители переехали в Австралию, где и живут уже 41 год. Я стараюсь их навещать почаще и всегда первым делом спрашиваю у отца: "Ну что, ты не жалеешь, что не продал меня тогда?"（Смеется.）

– *При большой занятости остается ли у вас время на занятия спортом?*

– Конечно, тренировки – неотъемлемая часть моей жизни! Каждое утро начинаю с выполнения упражнений. Растягиваюсь, затем гантели（哑铃）, после чего перехожу к отработке ударов. К счастью, мне не нужно ни с кем драться в полный контакт, поэтому тренировки проходят в щадящем режиме. Главное – не только регулярно заниматься спортом и правильно питаться, но также не иметь вредных привычек. Я, например, не только сам не курю, но и членам съемочной группы не разрешаю! И последний совет, но очень важный – верьте в себя и сохраняйте позитивный настрой!

Задания:

• Ответьте на следующие вопросы.
1. Что вы знаете о Джеки Чане?
2. Нравятся ли вам его фильмы? Почему?
3. Как Джеки Чан учился раньше?
4. Сниматься в голливудских фильмах – это мечта разных актёров, но почему Джеки Чан вернулся оттуда в Гонконг?
5. Почему в фильмах Джеки Чана мало стрельбы, крови и насилия?
6. Часто ли занимается спортом Джеки Чан?
7. Какие советы он дал нам в жизни?

ТЕКСТ 2

"Заболела? Не беда – съешь лягушку из пруда"（Часть I）
Китайская медицина использует те же рецепты, что и 5000 лет назад

– И давно у вас кашель, дорогой мой?

– С тех пор как в ваш город приехал, доктор. В Москве холодно тогда было, а здесь сразу жара и плюс тридцать – перемена климата, я так думаю.

Сочувственно кивая, врач нащупал тонкими пальцами пульс на моей руке, послушал его минут десять в шести разных местах и попросил показать язык. Определять состояние здоровья человека по пульсу и цвету языка в этой стране научились пять тысяч лет назад.

– Ничего страшного, – произнёс старик в белом халате. – Через три дня всё пройдёт. Сейчас я вам дам веточки корицы (桂皮), сушёные листья хризантемы (菊), чуть-чуть имбиря (姜). Кунжутные семечки (芝麻籽) тоже подойдут. Придёте домой, бросайте всё это в кастрюлю и варите, пока не превратится в густой суп. Потом принимайте три раза в сутки по полстаканчика. Хорошо бы медвежьей желчью пару деньков горло растирать, но она в последнее время ужасно **подорожала**, **не подступишься**. Знаете, а давайте я на всякий случай ещё настой из древесной лягушки пропишу, он вам точно **иммунитет** восстановит.

– Доктор, какие лягушки, какие медведи? О чём вы? Может, мне "Колдрекса" (可立治, 感冒药) выпить?

– "Колдрекс"? – несказанно удивился врач. – Простите... а что это такое?

"У нас лечат человека, а не его болезнь"

...Считается, что начало традиционной китайской медицине положил так называемый "Жёлтый император" (правивший почти столетие – с 2696 по 2598 г. до н.э.), который со своим главным министром Чи Паем составил книгу "Главные вопросы внутреннего врачевания", где привёл рецепты лекарств, основанных на травах, а также разработал систему иглоукалывания. Трудно поверить, но по столь древним рецептам в китайских клиниках до сих пор выдают сушёные корешки и травы. Сельские врачи (прозванные "босоногими докторами"), работающие в деревнях Китая, как правило, приходят на осмотр больного с сундуком различных трав, порошков и мазей (软膏). А в центре Пекина аптеки бойко торгуют вялеными (风干的) летучими мышами (суп из которых предотвращает выпадение волос и повышает зрение) вместе с толчёными (捣碎的) паучьими (蜘蛛的) лапами.

– Казалось бы, приход в Китай современной медицины должен был уничтожить все эти непонятные суеверия (迷信), – говорит Эрвин Ломест, работник британской клиники ST в Шанхае. – Однако оказалось, что это бесполезно, люди больше доверяют терапии (疗法, 治疗), разработанной пять тысяч лет назад, нежели новым лекарствам. Более того, я вынужден признать, что китайцам куда удачнее удаётся лечить грипп или аллергию (过敏) с помощью средств из трав и животных, нежели нашими препаратами. Травными отварами успешно излечиваются как хронические заболевания вроде гастрита (胃炎), так и боли в сердце. И если в городе можно заставить человека выпить антибиотик (抗生素), то в деревне это тяжело – жители боятся таблеток, называя их "дьявольской химией".

Есть поговорка, что китайцы едят всё, что летает, плавает и бегает. Так вот, с лечением – то же самое: местные доктора чего только не используют. Китайская медицина едва не **угробила** диких медведей – их желчь используется в двадцати видах мазей: и от простуды, и при астме (哮喘), и даже во время лечения рака. Власти придумали, как разрешить проблему: завели особые фермы, где медведей стали разводить для нужд пациентов. А вот морским конькам (海马) так не повезло – их ловят тысячами (порошком из толчёного конька посыпают варикозные (静脉曲张的) язвы, а в отваре рекомендуют держать ноги), и теперь этих существ почти не найдёшь. Рог оленя используется для укрепления иммунитета и мужской силы, а смесью из жира, яда и желчи кобры (眼镜蛇) лечат ревматизм (风湿). Трав продаётся столько видов, что запомнить их физически невозможно.

– В Китае считается, что человек подобен Вселенной, – объясняет Ван Юань, хозяин клиники "Тянь Гун" в городе Чэнду. – Всё тёмное в нём принадлежит к женской части природы – инь, а светлое, обеспечивающее функционирование организма, к мужской части – ян. Поэтому принято лечить самого человека, а не его болезнь в отдельности. Специфика китайской медицины – предотвращение заболеваний, пока они ещё не появились: каждый китаец с детства привык постоянно принимать нужные для здоровья травы. Болезнь – это нарушение равновесия в организме, которое происходит из-за смены времён года (так называемых "шести погодных аномалий <异常, 反常>") или если человек часто нервничает. Существует семь вредных для здоровья эмоций – тревога, боязнь, удивление, злость, печаль, скука... и даже радость! То есть не болеть может лишь полный флегматик (慢性子人). Животные используются для создания лекарств потому, что каждое существо предназначено для лечения болезней природой. Вы будете смеяться, но в тех же лягушках масса витаминов. Внутренние части костей медведя дают жизненную энергию и долголетие, поскольку медведь – "энергетическое создание". Точно так же созданы и растения – если листья в форме сердца, то они помогают сердцу.

Сломанную ногу греют бамбуком

В отличие от нашей китайская медицина специализируется на лечении отдельного пациента. Если к доктору придут два человека с гриппом, то каждому будут назначены совершенно разные отвары и мази в зависимости от персонального состояния его инь и ян, возраста, а иногда даже цвета глаз. В крупных больницах (например, в Шанхае) существуют два отделения: для тех, кто хочет лечиться современными методами, и для тех, кто предпочитает травы и мази из животных. Выглядит забавно, когда один и тот же человек сперва ложится в "современную" часть на удаление аппендицита (阑尾), а потом просит перевести его в "китайскую", чтобы с помощью травяных настоев быстрее оправиться от последствий операции. Впрочем, в Китае аппендицит является редкостью – большинство жителей страны употребляет особые травы, чтобы предотвратить его появление. Когда крестьянин в деревне ломает ногу, его везут не в больницу, а... в местный монастырь, где монахи наложат шину (夹板), а также проведут сложные прогревания с помощью бамбуковых чашечек: в результате, как это ни странно, кость срастается быстрее. Боль снимается иглоукалыванием (заставляющим неметь<麻木>нервные окончания<神经末梢>), которого существуют десятки видов. Раньше этот вид восточной терапии считался в Европе экзотическим шарлатанством (骗人的勾当), а не так давно Международная организация здравоохранения признала, что с помощью иглоукалывания "лечится больше сорока заболеваний".

– Люди любят таинственное, поэтому популярность китайской медицины во всём мире повышается, особенно если учесть, что она использует исключительно натуральные компоненты, – считает врач Эрвин Ломест. – Но не стоит забывать, что это всё-таки рассчитано на китайцев, для которых постоянное поглощение трав – обычная практика. У европейцев, случается, бывают и аллергия (过敏), и отравления. В отношении иглоукалывания – очень полезно, но в других случаях если и прибегать к китайской методике, то осторожно. Одно могу сказать точно: китайская медицина действительно помогает европейцам при радиации (放射, 辐射).

...Ранним утром в китайских городах можно увидеть сотни людей, прямо на улице занимающихся дыхательной гимнастикой – цигун, а также выполняющих физические упражнения в стиле ушу. Может быть, именно из-за тщательного отношения к своему здоровью продолжительность жизни в Китае – одна из самых высоких в мире: 74 года для мужчин и 76 лет для женщин. Чтобы справиться с моим кашлем, китайский врач сам сделал мне "суп" из трав, и я честно пил его каждый день. Не сказать, чтобы было ужасно, но и **вкуснятиной** это не назовёшь. Через три дня я действительно выздоровел. Впрочем, точно так же я бы оклемался (复原，康复), если бы пил привычный "Колдрекс" или вообще ничего не делал – простуда же была лёгкая. Поэтому лечиться нам китайскими методами или нет, я определённого совета дать не могу. Всё-таки варить морских коньков, искать нужные травы высоко в горах и вырезать желчь из медведей сможет далеко не каждый.

Задания:

- Догадайтесь о значении выделенных слов по их словообразованию или на основе контекста.

- Согласны ли вы со следующими высказываниями, или, скажем, утверждениями, бегло прочитав текст?
1. Автор считает, что китайцам всегда помогают новые современные препараты в лечении гриппа.
2. Современная европейская медицина уничтожила китайскую медицину.
3. Автор пишет, что жители в китайской деревне очень любят новые современные лекарства.
4. В Китае врач прописывает больным один и тот же рецепт.
5. В Китае европейская медицина и китайская медицина играют свою роль в лечении болезней по-своему.
6. Автор считает, китайская медицина часто хорошо помогает всем европейцам.
7. Автор считает, что ему помогла именно китайская медицина.
8. Автор считает, что китайская медицина помогает только китайцам.

- Ответьте на следующие вопросы по прочитанному тексту.
1. Какова история китайской медицины?
2. Как китайские врачи определяют причину болезней?
3. Кто основал китайскую медицину?
4. Чем помогает настой из вяленых летучих мышей?
5. В чём заключается специфика китайской медицины?
6. Что, по китайской медицине, вызывает болезнь?
7. Какие эмоции вредны?
8. Почему, по мнению автора, китайцы редко заболевают аппендицитом?
9. Как раньше европейцы относились к иглоукалыванию?
10. Как сейчас европейцы относятся к иглоукалыванию?
11. Как, по мнению автора, китайцы относятся к своему здоровью?

УРОК 20

I. Новости прошлой недели.
II. Прочитайте следующие тексты и выполните задания.

ТЕКСТ 1

Влияние музыки на человека

Все мы прекрасно знаем о том, что музыка способна поднять настроение, разбудить или наоборот усыпить. Учёные доказали, что влияние музыки на человека намного больше, чем мы могли бы себе представить.

Наверное, у каждого из нас есть любимые музыкальные композиции для прослушивания в разные периоды жизни, под разное настроение. **Восприятие различных стилей музыки у каждого своё: кто-то любит засыпать под классику, а для кого-то необходимо услышать аккорды тяжёлого рока, чтобы проснуться.** Тем не менее, наукой были установлены определённые закономерности влияния различной музыки на психическое и физическое состояние человека.

Различные стили музыки способны оказывать различное воздействие на эмоциональное и даже физическое здоровье человека. Влияние музыки на человека обусловлено прежде всего его психоэмоциональным состоянием. **Если музыка гармонирует с этим состоянием, то она способна оказать положительное влияние. Если же гармонии нет, то влияние музыки на человека будет крайне негативным.**

Кроме того, фактором восприятия музыки является также и национально-культурная принадлежность. Например, европеец не всегда будет чувствовать себя комфортно, слушая восточные мотивы, а длительное воздействие подобной музыки может вызвать у него сильное психическое расстройство. В то время как жителям Азии вряд ли придётся по душе западная музыка.

И всё же благотворное влияние музыки на человека уже доказано. Специалисты утверждают, что имеет значение не только стиль музыки, ритм и тональность, а и то, на каком музыкальном инструменте было исполнено произведение. Звучание каждого музыкального инструмента оказывает влияние на определённую систему организма человека.

Так, игра на фортепиано помогает гармонизировать психику, нормализует работу почек и мочевого пузыря, очищает щитовидную железу. Звуки органа стимулируют мозговую деятельность, способствуют нормализации энергетических потоков в позвоночнике.

Струнные инструменты: гитара, арфа, скрипка, виолончель – нормализуют работу сердечно-сосудистой системы. Кроме того, звучание этой группы инструментов вызывает у человека сострадание, готовность к самопожертвованию.

Духовые инструменты способствуют работе дыхательной системы, очищают лёгкие и бронхи, благотворно влияют на кровообращение.

Ударные инструменты, в свою очередь, помогают восстановить ритм сердца, лечат печень и кровеносную систему.

Любая музыка снимает мышечное напряжение и повышает подвижность. Способствует более чёткому и конкретному восприятию информации.

Изучая влияние музыки на человека, учёные установили чудодейственный эффект многих классических произведений. Особенно огромное количество разговоров ведётся вокруг творений таких гениев, как Моцарт, Вивальди, Григ, Бетховен, Шуберт, Шуман, Чайковский и Дебюсси. Считается, что музыка Моцарта активизирует мозговую деятельность и способствует быстрому усваиванию информации. Снять головную боль помогут "Фиделио" Бетховена, Полонез Огинского и "Венгерская рапсодия（狂想曲）" Листа. Лучшим лекарством от бессонницы можно считать пьесы Чайковского, Грига и Сибелиуса. Регулярное прослушивание произведений из цикла "Времена года" Вивальди улучшает память.

Кроме того, классическая музыка – лучшее лекарство при ревматизме. Проведя ряд экспериментов, учёные доказали, что больные, которые слушали музыку, выздоравливали в два раза быстрее, чем те, кто классику не слушал.

Положительное влияние музыки на человека оказывают и народные композиции. Этническая музыка помогает расслабиться и успокоиться. Возвращая человека к его историческим корням, народная музыка способствует открытию энергетических центров и нормализации жизненных потоков, очищает пространство от негативного воздействия, насыщает энергией биополе человека.

Чтобы определить, какое влияние оказывает музыка именно на вас, попробуйте во время прослушивания разных стилей музыки прислушаться к себе, понять, какие ощущения и эмоции вызывает у вас данное музыкальное произведение.

Задания:

- Выберите правильный ответ.
1. Какое из следующих высказываний не соответствует содержанию текста?
    - [A] Музыка всегда оказывает положительное воздействие на человека.
    - [B] Много факторов определяет, какое влияние оказывает музыка на человека.
    - [C] Каждый из нас обычно в разный период жизни и под разное настроение выбирает разные музыкальные композиции для прослушивания.
    - [D] Музыка иногда помогает человеку в лечении некоторых болезней.
2. Какую функцию имеет звучание струнных инструментов?
    - [A] Гармонизировать психику.
    - [B] Нормализировать работу почек и мочевого пузыря.
    - [C] Очищать щитовидную железу.
    - [D] Нормализировать работу сердечно-сосудистой системы.

3. Какая группа инструментов способствует работе дыхательной системы ?
[A] Фортепиано.
[B] Струнные инструменты.
[C] Духовые инструменты.
[D] Ударные инструменты.

- Переведите следующие словосочетания на китайский язык.
поднять настроение, оказать воздействие на эмоциональное здоровье человека, национально-культурная принадлежность, кровеносная система, дыхательная система, сердечно-сосудистая система, психическое расстройство, энергетические потоки, струнные инструменты, духовые инструменты, ударные инструменты, готовность к самопожертвованию, снимать напряжение

- Переведите подчеркнутые в тексте предложения на китайский язык.

- Запомните данные слова, обозначающие органы человека.
почка, мочевой пузырь, щитовидная железа, позвоночник, бронхи

ТЕКСТ 2

Во многих странах мира время приема пищи – дело святое. К примеру, во Франции, где совсем не возбраняется (禁止) перекусить в одиночестве, не принято есть быстро, а на человека, с аппетитом поглощающего салат на станции метро, прохожие будут смотреть с презрением. К тому же, обеденный перерыв во Франции длится, по крайней мере, один час. Во многих мексиканских городах, местные жители стараются выбраться в парки и на городские площади, чтобы поесть вместе с семьей и друзьями. И в Камбодже деревенские жители тоже стремятся разделить свой обед вместе с друзьями и близкими, для чего расстилают пестрые циновки (席子) и расставляют на них принесенную с собой еду.

В своей книге "Откушаем с друзьями" (Eating Together) Элис Джульер (Alice Julier) утверждает, что ужин в компании близких людей может сильно повлиять на отношения между людьми, он стирает границы между людьми, поскольку участники застолья, как правило, не склонны делать различия между представителями разных рас, разного пола и социального происхождения, а это вряд ли возможно в другой обстановке.

Но были времена, когда даже американцы очень ценили хорошее общество за семейным столом и ели степенно. В 1950 году Элизабет Дэвид (Elizabeth David), в те времена всеми признанная очаровательная проповедница (宣扬者；传教士) американской кухни опубликовала "Книгу средиземноморской кухни". Вкусная пища, по ее мнению, это пища простая. По мнению Элизабета Дэвида, хорошее блюдо рождается отнюдь не в умах изобретательных и **ультрамодных** рестораторов, а самое изысканное кушанье – то, которое делишь с приятными тебе людьми. В одном особенно ярком отрывке Дэвид пишет: "В тени лимонных деревьев отломив хлебный ломоть, окропив（往……上滴……）его достойным восхищения ароматным оливковым маслом и осушив стакан терпкого белого вина с острова Капри, я вдруг вспоминаю высказывание английского писателя Нормана Дугласа: мы всегда должны благодарить тех, кто нам помог лучше понимать действительность".

Формула физического и психического благополучия, предложенная Элизабетом Дэвидом, незамысловата（简单的，不费神的）: ешь пищу простую и не в одиночестве.

Однако эта простота практически недоступна для средней американской семьи, которая в наше время столько же денег тратит на фастфуд, столько и на продукты из магазинов. Возможно, корень этой проблемы у нас лежит в ошибочных традиционных предпочтениях.

В Америке тебя будут считать снобом（假绅士）, если ты регулярно выделяешь время лишь на то, чтобы хорошо покушать в кругу семьи. Похоже, ту семью за обеденным столом, которая изображена на известном полотне Нормана Роквелла, в наши дни, скорее всего, отнесли бы не к среднему классу, а к людям из высшего общества, поскольку не многие семьи сегодня могут себе позволить, чтобы один из супругов не работал и занимался приготовлением для всей семьи какого-нибудь жаркого, **приправленного** жареным картофелем. У большинства родителей вообще нет времени, чтобы готовить дома; многие у нас вообще не умеют готовить; даже сама мысль о том, что надо тратить лишние деньги и время на покупку каких-то продуктов в супермаркете, вместо того, чтобы купить готовую еду в китайском ресторане, кажется фантастичной, излишней и слегка вычурной（别具一格的）. Все хотят сэкономить время и деньги. Понимаю. Именно по этой причине небольшие магазинчики сразу же сворачивают свой бизнес после того, как в городе появляется сеть Walmart; но в данном случае страдают не владельцы магазинов, а именно потребители, приобретающие нездоровые пищевые **полуфабрикаты**.

Как же надо правильно питаться, чтобы не только **насытить** организм, но и получить положительный эмоциональный заряд?

Возможно для того, чтобы "питаться разумно", человеку не обойтись без хорошей компании и здоровой пищи. И даже обычный фастфуд вполне можно вытерпеть, как сказали бы психологи, если разделить его с семьей, соседями и друзьями.

Человек готов потратить свое время на самые разные вещи, если поймет зачем. (У нас зачастую вообще не хватает сил, чтобы утром добраться до спортзала, однако мы всегда найдем время на поход в кинотеатр после работы.) Если застолье не превратится в формальное мероприятие, а поможет снять стресс и даст возможность пообщаться с семьей, то, возможно, наши дети, воспитанные в такой обстановке, вдруг продемонстрируют успехи в учебе, не будут полнеть и станут поменьше баловаться наркотиками и алкоголем. Может быть, они смогут также наладить отношения с родителями и сверстниками.

... Вечером накануне моего отъезда, мы вместе с отцом заглянули в наш любимый ресторанчик сычуаньской кухни, в котором я всегда по традиции заказывал себе китайское блюдо "юсан-кежи" (баклажаны со вкусом рыбы), а отец – "блэк-дэйт чикен". Моему отцу 60 лет, он бесчисленное число раз бывал в этом ресторане, но все же так и не научился правильно пользоваться палочками для еды. "давай помогу" – предложил я отцу, и после некоторых возражений, он согласился. "Смотри, эту держишь крепко, а этой **подцепляешь** кусочки еды", – сказал я, и, зажав палочки пальцами левой руки, показал, как надо есть. Официант принес еще одну миску (盆) риса, на которой отец мог потренироваться. Он кивнул. "По-моему, у меня получилось", – сказал он, ловко держа палочки для еды своими пальцами. "У каждой из них своя роль. Чтобы не **выронить** кусочки еды, они должны действовать сообща. Так ведь?", – улыбнулся я. "Точно".

Задания:

- Определите значение выделенных слов по их словообразованию.

- Выберите правильный вариант ответа по содержанию прочитанного текста.
  В какой стране люди не любят питаться вместе?
  [A] В США.
  [B] В Камбодже.
  [C] В Мексике.

- Ответьте на следующие вопросы.
1. Как надо озаглавить данный текст?
2. Чем полезен совместный приём пищи?
3. Где встречается вкусное блюдо?
4. Любит ли автор текста китайскую кухню?
5. Как автор текста оценивает полуфабрикаты?
6. Почему средний класс в Америке не предпочитает питаться совместно?
7. Чем полезно совместное застолье для детей?
8. Для чего автор текста вместе с отцом ужинал в китайском ресторанчике?

УРОК 21

I. Новости прошлой недели.
II. Прочитайте следующие тексты и выполните задания.

ТЕКСТ 1

Курс на реформы и открытость позволил Китаю добиться огромных успехов, привлекших внимание всего мира. Однако развитие страны по-прежнему отличается несбалансированностью. Особенно ярко видны диспропорции (比例失调) между развитием восточных и западных регионов Китая. Инициатива "один пояс и один путь" как раз увязана с китайской стратегией регионального развития. Она станет стимулом для развития Центрального и Западного Китая, для создания новой обстановки всесторонней внешней открытости. Хотя региональное сотрудничество в Азии находится на подъеме, данное сотрудничество ярко проявляется в неравномерности развития, отсутствии тесных связей между различными субрегионами Азии. Инициатива "один пояс и один путь" как раз направлена на установление связей между такими субрегионами, как Центральная Азия, Южная Азия, Юго-Восточная и Западная Азия, что будет способствовать взаимовыгодному обмену и дополнению преимуществ, позволит наладить и совершенствовать цепочки поставок, производства и ценообразования в рамках всего Азиатского региона. В конечном счете, общеазиатское и евроазиатское региональное сотрудничество поднимутся на новый уровень.

Цель инициативы "один пояс и один путь" заключается в том, чтобы, мобилизовав имеющиеся ресурсы сотрудничества, используя инновационные формы, укрепить практическое сотрудничество с государствами на всем пространстве вдоль "одного пояса и одного пути", постепенно переходя к масштабному региональному сотрудничеству. Речь идет о том, чтобы конвертировать (转变, 变更) преимущества политического взаимодействия, географической близости, экономической взаимодополняемости и культурных контактов этих государств в преимущества практического сотрудничества и устойчивого роста, чтобы сделать экономические связи государств Евразии более тесными, их взаимное сотрудничество более глубоким, а пространство развития более широким. В конечном итоге речь идет о собственном развитии Китая, а также о совместном развитии и процветании Китая и государств, расположенных вдоль "одного пояса и одного пути".

Россия – это держава, которая пересекает Евразийский континент. Она имела традиционно важное значение для Евразии и особенно для региона Центральной Азии. Россия – добрый сосед, большой друг и надежный партнер Китая. Россия – это крупная морская держава и держава с большим влиянием в Азиатско-Тихоокеанском регионе. Россия, бесспорно, является ключевой страной в деле совместного строительства "одного пояса и одного пути". Высокий уровень политического взаимопонимания, высокая эффективность практического сотрудничества и высокое качество стратегических проектов между Китаем и Россией заложили прочную основу для сотрудничества обеих стран в рамках инициативы "один пояс и один путь".

Политическое согласование. Лидеры наших стран много раз встречались на полях двусторонних и многосторонних форумов, активно и глубоко обсуждали продвижение строительства "одного пояса и одного пути", важное общее понимание о нем было четко вписано в "Совместное заявление Китайской Народной Республики и Российской Федерации о новом этапе всеобъемлющего партнерства и стратегического взаимодействия". Поэтому стороны будут продолжать углублять сотрудничество между органами двух стран.

Единая инфраструктурная сеть. Строительная работа по сооружению железнодорожного мостового перехода в районе пункта пропуска Нижнеленинское - Тунцзян уже успешно началась. Стороны намерены ускорить работу по совместному строительству моста через реку Амур (Хэйлунцзян) в районе городов Благовещенск - Хэйхэ, продолжить проработку проекта создания Евразийского высокоскоростного коридора Россия (Москва) -Китай (Пекин) и обеспечить всестороннее взаимодействие по первоочередной реализации проекта высокоскоростной железной дороги Москва-Казань.

Свободные торговые связи. Стороны намерены довести двусторонний товарооборот до $200 млрд в 2020 году, заключить соглашение о сотрудничестве по экономическому поясу Шелкового пути, начать строительство газопровода в Китай по восточному маршруту и подписать соглашение о западном маршруте газопровода, а также ускорить ход совместной работы над созданием широкофюзеляжного (宽体的) пассажирского самолета, запустить стратегическое сотрудничество в освоении Дальнего Востока, активизировать региональное и пограничное сотрудничество.

Валютно-финансовая интеграция. Как одна из платформ валютно-финансовой интеграции Азиатский банк инфраструктурных инвестиций уже начал свою строительную работу, а российская сторона выразила свое желание вступить в данный банк как основатель. В прошлом году было подписано "Соглашение о валютных свопах (互换货币) между Центральным банком Российской Федерации и Народным банком Китая", чтобы расширять масштабы использования национальных валют в двусторонней торговле, в сфере прямых инвестиций и кредитования.

Объединение народов. Стороны были сосредоточены на реализации Плана действий по развитию российско-китайского взаимодействия в гуманитарной сфере, успешно провели крупномасштабные проекты, подобные проектам национальных Годов, Годов национальных языков, Годов туризма, и успешно проводят перекрестные годы дружественных молодежных обменов, поддерживают создание российско-китайского университета в Китае, продолжают проводить такие мероприятия культурной направленности, как фестивали культуры России и Китая, фестивали российского и китайского кино, а также развивают "красный" туризм и военно-исторические маршруты, посвященные юбилею Победы во Второй мировой войне.

Кроме того, мы должны использовать этот шанс, чтобы соединить инициативу "один пояс и один путь" со строительством коридора через Евразию, укрепить сотрудничество с Евразийским экономическим союзом, что придаст новое содержание китайско-российским отношениям объемлющего стратегического взаимодействия и партнерства, откроет более широкое пространство китайско-российскому практическому сотрудничеству, придаст новый импульс всеобщему развитию Евразии и ее реконструкции.

УРОК 21

Задания:

- Ответьте на вопросы.
1. О чём рассказывается в данном тексте?
2. Какую роль будет играть инициатива "один пояс и один путь" в Китае?
3. Какую роль будет играть инициатива "один пояс и один путь" в азиатском регионе?
4. В чём заключается цель инициативы "один пояс и один путь"?
5. Как автор оценивает состояние развития отношений между Китаем и Россией?

- Найдите в тексте переводы следующих словосочетаний.
政策沟通，互惠交流，优势互补，经济互补，战略协作，欧亚高速运输走廊，亚洲基础设施投资银行，中俄人文合作行动计划，国家年，语言年，旅游年，青年友好交流年，欧亚经济联盟，中俄文化节

ТЕКСТ 2

Нелегальная миграция в РФ

Россия занимает второе место в мире по числу мигрантов. В последние годы число мигрантов в России увеличилось почти на 40 процентов. По данным ФМС России, в 2012 году в страну въехали 15,9 млн иностранцев, из них на миграционный учёт встали 6,48 млн человек; за девять месяцев 2013 года – 14,63 млн иностранцев, на учёт встали 5,50 млн. Сейчас в РФ находятся 11,3 млн иностранных граждан и лиц без гражданства, из них незаконных мигрантов – 3,6 млн человек.

В 2012 году за нарушения миграционного законодательства ФМС РФ наложила более 6 млрд рублей штрафов. Привлечены（被追究……）к административной ответственности более 2 млн 520 тыс. иностранных граждан.

Москва является лидером среди российских регионов по количеству мигрантов. Кроме того, на столицу приходится четверть всех выдворенных из страны нелегалов. По данным УФМС по Москве, в настоящее время в городе насчитывается порядка 800 тыс. трудовых мигрантов. Среди них больше всего граждан Узбекистана (18 процентов), Киргизии (15,3 процента) и Таджикистана (14 процентов). По сведениям независимых экспертов, на начало 2013 года в столичном регионе находятся от 5 до 7 млн нелегалов. За 7 месяцев текущего года на миграционный учёт были поставлены более 1 млн иностранных граждан.

За первое полугодие 2013 года в Москве почти 60 тыс. иностранцев были привлечены к ответственности за нарушение миграционного законодательства, составлено 44 тыс. протоколов, наложены штрафы на сумму 800 млн рублей. Столичная полиция выявила свыше 300 фактов организации незаконной миграции. В частности, установлены более 2 тыс. так называемых "резиновых" квартир, в которых были зарегистрированы 273 тыс. иностранцев. По данным фактам возбуждено 94 уголовных дела. Также заведено 189 уголовных дел по организации незаконной миграции на различных объектах（стройки, рынки и др）.

За первое полугодие 2013 года иностранными гражданами совершен 41 процент преступлений в столице. При этом число тяжких и особо тяжких преступлений выросло почти на 60 процентов. На 20 процентов возросло число убийств и на 37 процентов – случаи умышленного причинения тяжкого вреда здоровью. Наиболее криминогенными зонами в городе являются рынки – за последние два года было закрыто 30 торговых площадок.

С начала 2013 года более 13,5 тыс. нелегальных мигрантов, проживавших на территории Москвы, выдворены из России за различные правонарушения.

В целом, из России в прошлом году были выдворены（迫使迁出）и депортированы（被驱逐出境）35134 иностранца, с начала 2013 года – 1105 мигрантов. На выдворение нелегалов из федерального бюджета в 2012 году было потрачено около 100 млн рублей.

За последние годы участились случаи выдворения мигрантов, из них наиболее масштабные произошли в 2006, 2009 и 2013 годах.

В сентябре – октябре 2006 года с российской территории в принудительном порядке за нарушение миграционного режима были выдворены 2380 грузинских граждан. Еще около двух тысяч выехали самостоятельно. На тот момент в России находилось примерно 400 тыс. грузинских граждан, и только 1 процент из них имели официальные разрешения на работу.

В июле 2009 года с территории России на родину были отправлены более 400 граждан Китая и Вьетнама, работавших на закрывшемся столичном Черкизовском рынке. Мигранты, жившие и работавшие в Москве нелегально, были выдворены из страны. Гражданам Китая и Вьетнама, работавшим легально, был сокращен срок пребывания.

В августе 2013 года в ходе мероприятий по декриминализации столицы были депортированы порядка 400 человек. Борьба с незаконной миграцией ужесточилась после событий на столичном Матвеевском рынке, когда в результате конфликта выходцев из южных регионов сотрудник полиции попал в реанимацию（复苏）. Московские полицейские выявили 47 преступлений и направили в суд 21 уголовное дело. Были проверены свыше 4,5 тыс. мигрантов, из них более 1430 человек привлечены к административной ответственности за нарушение миграционного законодательства.

Задания:

- Переведите следующие словосочетания на китайский язык.
  встать на миграционный учет, административная ответственность, организация незаконной миграции, случаи умышленного причинения тяжкого вреда здоровью, наиболее криминогенные зоны, выдворение нелегалов, в принудительном порядке, официальные разрешения на работу, мероприятия по декриминализации столицы

- Сформулируйте основную тему данного текста.

УРОК 21

- Найдите в тексте ответы на следующие вопросы.
1. Какова в России ситуация с нелегальной миграцией?
2. Из каких стран больше всего нелегально приезжают в Россию?
3. Чем, главным образом, занимаются нелегалы на территории России?
4. Какие негативные социальные последствия влечёт за собой незаконная миграция?
5. Как вы понимаете "резиновые квартиры" ?
6. Что вы посоветуете, как надо бороться с нелегальной миграцией?
7. Существует ли, на ваш взгляд, в Китае проблема с нелегальными иммигрантами?

- Запомните следующие сокращения.
  ФМС – Федеральная миграционная служба
  УФМС – Управление федеральной миграционной службы

УРОК 22

I. Новости прошлой недели.
II. Прочитайте следующие тексты и выполните задания.

ТЕКСТ 1

Повлияет ли BRICS на мировой порядок?

Придет день, рано или поздно, когда страны БРИКС будут иметь существенную власть над миром, в котором они живут.

Не вызывает сомнений тот факт, что экономической мощи не всегда достаточно, чтобы стать сверхдержавой. Япония, например, известна как мощнейшая экономика на мировой арене. Раньше она считалась вторым по величине производителем с экономической точки зрения, если судить по ВВП после США. Теперь она занимает четвёртое место после Европейского Союза. Тем не менее, это политический карлик (矮人). Вряд ли она имеет большой вес в мировых делах. Другими словами, Япония весьма ограничено касается западной политической линии, именно потому, что она по-прежнему сдерживается договорами Второй мировой войны и условиями капитуляции (投降), установленными после того, как она проиграла войну против Америки и ее союзников.

То же самое относится к Германии, которая, хотя раньше была на третьем месте по объему ВВП, но политически она неполноценна. Она гораздо менее эффективна на мировой политической арене, чем Англия и Франция по той же причине. Добавьте к этому тот факт, что Англия и Франция являются ядерными державами и постоянными членами Совета Безопасности Организации Объединенных Наций.

Тем не менее, мировой порядок уже не контролируется договорами времен Второй мировой войны. Это, правда, что США и их союзникам удалось сохранить двух экономических гигантов, Японию и Германию, на относительном удалении как политически, так и в военном отношении, но они едва ли могут контролировать новые экономические державы.

Это правда, что США и Европа по-прежнему управляют мировой политикой, в том числе Советом Безопасности ООН, но они стали перед лицом новых и быстро растущих экономических держав, таких как Китай, который ранее вел себя весьма сдержанно на мировой арене, поскольку не был достаточно силен экономически. Тем не менее, в последние несколько лет Китай постепенно начал показывать свою политическую силу, поскольку его экономические успехи впечатляют. Он имеет самые высокие темпы роста экономики, показав несколько лет назад 13% роста; в то время как США и ЕС не удалось добраться до показателя в 2,5 %. С недавнего времени Китай стал второй экономикой после США. Добавьте к этому тот факт, что Китай подготовил все к тому, чтобы быть, к концу десятилетия, мировым лидером в экономическом плане. К тому времени, даже английский язык, который доминировал в прошлом веке, будет терять свое влияние, поскольку он будет заменен на китайский язык, как язык № 1 в мире.

Неудивительно, что Китай уже начал шантажировать (威胁) американцев в экономическом и финансовом плане.

Россия, в свою очередь, делает чертовски много шума на мировой политической арене. Она вдруг стала главным игроком в переговорах по сирийскому кризису. Москва прилагает все усилия, чтобы вернуться в мировую политику, используя в полной мере свой статус. Следует также отметить тот факт, что Россия является огромной ядерной державой и крупным производителем вооружений. Даже экономически, русские делают значительные успехи. Ей предсказано занять место, которое занимают традиционные мировые экономические державы, такие как Япония и Германия, чтобы стать одним из самых мощных в экономическом плане государств в мире.

Не менее перспективными являются те страны, которые раньше пренебрежительно (轻蔑地) называли странами "третьего мира". Довольно удивительно узнать, например, что Бразилия, которая была известна своей бедностью и социальной обездоленностью (一贫如洗), заменит Британию, которая является номером шесть по экономическому могуществу в мире. То, что делает Бразилию еще более мощной – это то, что она стала крупным производителем оружия.

Другая бедная страна Индия, которая раньше описывалась как драгоценный камень в короне Британской империи, начала конкурировать в экономическом плане и очень сильно. Ожидается, что к концу десятилетия, Индия заменит Францию на позиции пятой самой мощной экономики в мире, по данным Международного валютного фонда. Индия также известна как ядерная держава.

Короче говоря, в прошлом году, баланс склонился в пользу развивающихся экономик – Бразилии, России, Индии, Китая и Южной Африки (или в пользу стран БРИКС), которые сейчас составляют около 40 процентов населения мира и примерно такое же соотношение денежных резервов. Совокупный ВВП БРИКС составляет около 14 трлн. долларов.

И то, что делает группу БРИКС еще более перспективным сообществом является тем, что Китай и Индия, например, имеют доступ к большим ресурсам сырья, материальным, энергетическим и сельскохозяйственным ресурсам России, Бразилии и Южной Африки. В свою очередь они предлагают более дешевые китайские товары.

Однако, политическая координация (协调) могла быть самой существенной особенностью БРИКС, так как страны оказывают существенное давление на мировой порядок в пользу нового многополярного мирового порядка. Это правда, чтобы они не говорили, рано или поздно они придут к состоянию, когда их интересы станут более тесно переплетенными.

В то же время, Бразилия, Индия и Южная Африка ищут постоянного членства в Совете Безопасности ООН.

Нет сомнений в том, что если бы не БРИКС, в частности, Россия и Китай, Запад был бы более агрессивным в решении сирийского кризиса. Китай и Россия использовали право вето дважды в течение нескольких недель, чтобы предотвратить принятие резолюции-наказания по Сирии. Очевидно, что это может занять долгое время, прежде чем БРИКС станет реальным конкурентом западному блоку, но придет день, рано или поздно, когда эта группа будет иметь существенный вес в мире, в частности в том, как этот мир управляется и контролируется.

Задания:

- Найдите в тексте ответы на следующие вопросы.
1. Почему Япония не занимает важное место в мировых делах?
2. Почему Германия гораздо менее эффективна на мировой политической арене, чем Англия и Франция?
3. Могут ли США и их союзники контролировать новые экономические державы?
4. Как автор текста оценивает развитие экономики в Китае?
5. Какой язык, по мнению автора, будет языком № 1 в мире?
6. Как автор оценивает развитие экономики в России?
7. Какое место в мировой экономике занимает Бразилия?
8. Какое место будет занимать Индия к 2020 году?
9. Какую роль играют страны БРИКС в новом мировом порядке?
10. Как Китай и Россия отнеслись к резолюции-наказанию по Сирии?

- Охарактеризуйте отношение автора к влиянию стран БРИКС и подтвердите свои выводы примерами из текста.

ТЕКСТ 2

"Заболела? Не беда – съешь лягушку из пруда" (Часть II)

Традиционная китайская медицина – лечение скорпионами (蝎子). Китайцы умудряются лечиться за обедом или даже в космосе

В стране трудно отыскать минерал, растение или вещество животного происхождения, которые не применялись бы в качестве лекарственного средства.

– Рог носорога (犀牛) не желаете? – человек с небритым лицом воровато огляделся вокруг. – Самый настоящий, только что из Африки. Только для вас, сэр, всего 5000 долларов.

В доказательство своих слов торговец показал из-под полы (悄悄地) загадочный свёрток.

– Не нужно? Подождите, у меня есть и другие вещи. Печень тигра, порошок из его усов, свежая желчь панды из Сычуани. Если захотите, будете здоровы всю жизнь.

Разумеется, сомнительные типы, крутящиеся возле аптек в Пекине и Шанхае, торгуют исключительно подделками. Запрещённые (и поэтому самые дорогие) средства китайской медицины продают лишь доверенным клиентам, их не предложат человеку на улице.

Блюда с перцем способствуют долголетию

Конечно, сейчас операция никого не напугает, разве что в сельской местности. Но вообще в Китае с древних времён принято верить: человеческий организм – что-то вроде радиоприёмника: в нём существует двенадцать каналов (в каждом из них по

30 ключевых точек), и именно через них пульсируют временные волны двенадцати месяцев. Человек рождается на свет, и, пока он взрослеет, равновесие тьмы и света, тепла и холода, пустоты и полноты в его теле становится всё более неустойчивым – нарушается ритм потребления еды и питья, движения и покоя, появляются болезни. Задача доктора – попытаться восстановить утраченное равновесие. Поэтому, согласно мнению сторонников китайской медицины, вторгаться в тело со скальпелем (手术刀) – как впускать слона в посудную лавку. Хотя, с моей точки зрения, во многих случаях хирургическую операцию никакой тигриный отвар (汁) не заменит.

В Китае трудно отыскать минерал, растение или вещество животного происхождения, которые не применялись бы в качестве лекарственного средства. У меня после посещения аптек и клиник с копчёными (熏制的) змеями, сушёными черепахами, нарезанными рогами оленя и штабелями (堆, 垛) разнообразных трав сложилось впечатление: то, что жители Китая видят вокруг, они и считают лекарством. Европейцу тяжело понять подобные вещи, но китайцы умудряются лечиться даже во время обычного обеда или ужина. Например, популярный в китайских ресторанах по всему миру супчик из акульих плавников сами граждане Поднебесной потребляют не абы как (随便怎样), а с целью привести в порядок печень, почки и сердце. Мидий (壳菜, 贻贝) и устриц китайцы съедают, чтобы нормализовать кровяное давление, а десертом (甜食) из ласточкиных гнёзд очищают кровь. Покойный вождь страны Мао Цзэдун высказывался, что дожить до 80-летнего возраста ему помогло ежедневное поедание острых блюд с красным перцем, которые "способствуют долголетию и горячат кровь, делая её молодой": будучи стариком, Мао запросто переплывал реку Янцзы. Существуют даже горькие на вкус плоды, которые предписано вкушать специально для того, чтобы "успокоить нервы". Кстати, в отличие от сдержанных японцев китайцы – шумный народ, орут друг на друга по поводу и без, не стесняясь посторонних. Любая мелкая стычка на улице перерастает в скандал вселенского (全世界的) масштаба: китайская медицина считает, что сдерживать гнев вредно – из-за этого, мол, возникают проблемы с желчным пузырём.

"Чёрные" клиники омолаживают эмбрионами (胎盘)?

Жареная саранча (蝗虫) – источник натуральных белков. Когда-то необыкновенно популярный у нас во время перестройки корень женьшеня до сих пор очень почитается в Китае, как, впрочем, и всегда. Считается, что корень помогает сердцу, лечит язву желудка, на годы укрепляет иммунитет, из-за чего этот женьшень, продающийся в массе видов – сушёном, варёном и **заспиртованном**, – стоит бешеных денег. Чем старше корень, тем полезнее (ему может быть и 40 лет), чем меньше, тем дороже: которые размером с фалангу (指骨) пальца, так те вообще на вес золота. Грандиозную рекламу женьшень получил, когда первый китайский астронавт Ян Ливэй после полёта в космос прошёл курс лечения традиционной медициной. Доктора решили, что травы с корешками быстрее устранят последствия космической радиации и у них гораздо меньше побочных эффектов. Теперь товарищ Ян женьшень даже в космос собирается брать, дабы укреплять здоровье на орбите, – продавцы лекарств на него молятся.

...Чрезмерное увлечение всем натуральным не могло не способствовать появлению обширного "чёрного рынка". На нём, как уже говорилось вначале, вниманию состоятельных покупателей предлагаются лекарственные средства, за продажу каждого из которых можно **схлопотать** лет десять тюрьмы, а то и расстрел. Обратите внимание: в мире не проходит и дня, чтобы не появилось сообщение – там-то и там-то (от Европы до Африки) задержана партия нелегальных препаратов из тигра, леопарда или слона, окольными путями (拐弯抹角地) направлявшаяся в Китай. Россия тоже внесла свою лепту: от нас китайские "чёрные дилеры" сотнями (!) килограммов везут в Поднебесную... древесных лягушек, которых сушат и потом изготавливают из них средство, разжижающее кровь.

Методика китайского традиционного лечения сложилась в период постоянных войн, длившихся столетия, когда царили тяжёлые эпидемии (疫病) и голод. Именно поэтому люди пытались находить лекарственные средства в том, что было доступно. Бедные собирали горные травы, изобретали дыхательную гимнастику цигун, а богатые заказывали препараты из тигров и носорогов. С тех пор мало что изменилось.

Споры по китайской медицине ведутся и в Европе, и в Америке. И её методы, и компоненты, и способы очень экзотичны. Современная медицинская система в Китае получила распространение только ближе к концу XX века – до этого люди укрепляли здоровье с помощью рецептов, появившихся 5000 лет назад. Однако население страны не только не вымерло, но и увеличилось – будь здоров! И если кто спросит, помогает ли традиционная китайская медицина самим китайцам, отвечу – да, ещё как помогает. А вот поможет ли нам... Точно не знаю. Спросите через пять тысяч лет.

Задания:

- Догадайтесь о значении выделенных слов в тексте.

- Найдите ответы на следующие вопросы в прочитанном тексте.
1. Почему автор считает, что у торговцев на улице только подделки?
2. Как китайцы воспринимают свой организм?
3. В чём состоит задача китайских врачей?
4. Чем помогают акульи плавники?
5. Как председатель Мао относился к перцу?
6. Какую болезнь, по китайской медицине, вызывает сдерживание гнева?
7. Когда русские начали любить женьшень?
8. Как надо определять качество женьшеня?
9. Куда, по мнению автора, идут партии незаконных препаратов из животных?
10. Как сейчас в мире, по мнению автора, относятся к китайской медицине?

УРОК 23

КОНТРОЛЬНАЯ РАБОТА

Прочитайте следующие тексты и выполните задания.

ТЕКСТ 1

Весть о том, что американское посольство препятствует выезду российских студентов на летние работы в США, пришла в "Известия" от совершенно разных, не знающих друг друга людей. Первыми были студенты МГУ, рассказавшие, что пришлось пережить каждому второму из них, общаясь с чиновниками визового отдела посольства США в Москве. Второй стороной стала фирма, организующая выезд наших ребят в Америку по культурному обмену.

Суть проблемы – недоверие американцев к иностранцам. В результате каждый третий российский студент, обратившийся в посольство, не смог вовремя получить или получить вообще визу в США.

Студент журфака МГУ Андрей Кравченко – опытный путешественник. В этом году он собирался в Америку третий раз – работать по линии студенческой программы Work & Travel, активистом которой он является. В прошлом году в рамках этой программы в Америке трудились пять тысяч наших студентов, в этом году их должно было быть в два раза больше. Но – не судьба. Многие из тех, кто должен был приступить к работе в США с середины июля, все еще сидят в Москве: консульство до сих пор проверяет их документы.

– Очень активно участвовали в нашей программе ребята из регионов, – рассказывает Андрей, – из Казани, Уфы, Тольятти, Нижнего Новгорода. Вы представляете, что такое для них – поехать работать в Америку! Это не только посмотреть другую страну, но и привезти домой заработанные собственными руками деньги. В прошлом году один парень, который работал на стройке, установил личный рекорд. За летнюю смену он заработал 18 тысяч долларов.

Но радужные студенческие мечты о честно заработанных карманных деньгах **разбились** о жестокую реальность. С апреля американское посольство выдало визы минимальному количеству студентов, объясняя затягивание выдачи виз событиями 11 сентября 2001 года: мол, надо укреплять бдительность, ведь террористы, виновные в той трагедии, как раз и прибыли в США в основном по студенческим визам. Не будем говорить о финансовых потерях самих студентов, которые, заплатив американцам по 100 долларов визового сбора, потратились на билеты в Москву, но пока не добились ясности – стоит ли все же ждать визы или собираться домой. Между тем, если участники программы не получат визы до 16 июля, им откажут в приготовленном для них рабочем месте в США: работодатели не будут ждать прибытия именно российского работника и легко заменят его другим.

– Раньше процент отказа в визах был минимальным, – продолжает Андрей. – Перед тем как отправиться за океан, ребята проходят жесткий отбор. Сначала мы договариваемся с работодателем, а потом проходим через "сито" российских фирм, занимающихся отправкой студентов за границу. Например, в прошлом году в визе отказали менее чем 1 проценту из обратившихся, с этим годом не сравнить.

Почему проблемы возникли в этом году? Дело в том, что после 11 сентября 2001 года Соединенные Штаты стали по вполне понятным причинам повышать требования к иностранным студентам. Была создана специальная служба SEVIS по проверке виз участников студенческих обменов. Эта структура контролирует пребывание и перемещения иностранных студентов в США, а также следит за соблюдением всех норм при их допуске в страну и присваивает каждому приехавшему специальный номер. Судя по всему, "затор" произошел именно по вине SEVIS, а не по линии консульства США в Москве.

– Андрей, а, может, американцы боятся, что многие студенты, оказавшись в Америке, не захотят вернуться назад, а США лишние эмигранты ни к чему...

– Об этом американские чиновники могут не беспокоиться. В прошлом году мы провели среди наших студентов серьезное социологическое исследование. На вопрос: "Гордитесь ли вы своей страной?" – 79 процентов ребят дали положительный ответ. Мы однозначно отвечаем на вопрос: "Зачем вы едете работать в США?" – чтобы совершенствовать иностранный язык, получить опыт работы по специальности, приобрести навыки делового общения. В **противовес** распространенному мнению, что подобные выезды – **преддверие** "утечки мозгов", скажу: лишь 8,1 процента ответили, что собираются в будущем уехать за границу.

Надо отдать должное терпению российских фирм, которые занимаются отправкой студентов в США. Несколько недель они сохраняли молчание, боясь испортить отношения с американским посольством. Но сейчас перевешивает（占上风）досада за – мягко скажем – не очень честное отношение к нашим ребятам со стороны американцев.

Задания:

1. Найдите переводы следующих словосочетаний в прочитанном тексте.（2 балла）
   [A] 文化交流   [B] 拒签

2. Определите значение следующих слов в прочитанном тексте.（5 баллов）
   [A] разбиться –   [B] затор –
   [C] сито –   [D] противовес –
   [E] преддверие –

- Выберите правильный ответ.（6 баллов）

3. Как называется данный текст?
   [A] Открытие Америки.
   [B] Закрытие Америки.
   [C] Любовь к Америке.
   [D] Ненависть к Америке.

4. Что не является причиной выезда русских студентов в Америку?

   [A] Посмотреть Америку.
   [B] Поработать в Америке.
   [C] Совершенствовать английский язык.
   [D] Покинуть Россию и не вернуться назад.

5. Что не является причиной повышения Америкой требований к иностранным студентам?

   [A] Недоверие американцев к иностранцам.
   [B] У студентов-иностранцев опыт работы по специальности не богатый.
   [C] События 11 сентября 2001 г.
   [D] Безопасность в Америке.

6. Выразите согласие (√) или несогласие (X) со следующими высказываниями по прочитанному тексту. (5 баллов)

   [A] 8,1 процента из русских студентов, желающих учиться в Америке, собираются покинуть Россию и больше не возвращаться.
   [B] Отказ русским студентам в визах никак не влияет на работу фирмы, организующей выезд русских студентов в Америку.
   [C] Большинство студентов, желающих летом поработать в Америке, не любят Россию.
   [D] Автор считает, что консульство США в Москве виновато в отказе русским студентам в визах.
   [E] Автор не согласен с распространённым мнением, что выезды русских студентов – это преддверие "утечки мозгов".

ТЕКСТ 2

Необычный процесс состоялся недавно в суде берлинского района Тиргартен. Некий водитель, **мимоходом** оскорбил полицейского, показав ему из окна машины простой жест: большой и указательный пальцы руки, сомкнутые (合上) колечком. В разных культурах этот жест толкуется по-разному – от восхищения (как "о'кей") до серьезного оскорбления (мол, ты – абсолютный ноль). Но немецкий полицейский обиделся и подал в суд. Судья, основательно изучив соответствующую литературу и **расспросив** психологов, пришел к выводу, что в Германии приняты оба значения этого сигнала, а как его понимать – ваше личное дело. Водитель был оправдан.

А вообще знаку "колечко" не меньше 2500 лет. Он встречается еще на древнегреческих вазах. У греков он тоже имел двойное значение, но оба смысла были положительные. Во-первых, это был символ любви, изображение целующихся губ. Во-вторых – похвала оратору за точное высказывание или тонкий афоризм. Оскорбительные толкования появились много позже.

Но некоторые жесты считаются оскорбительными с давних времен. Мать, объясняющая ребенку, что неприлично указывать пальцем на людей, вряд ли знает, что по кодексу (法典) Хаммурапи (1750 год до н.э.) за это полагался штраф. Тыканье

（指）пальцем в Древнем Вавилоне воспринималось как символический намек на убийство человека копьем（矛）или стрелой. Видимо, отсюда же и наше неприятие этого жеста.

Специалисты подсчитали, что комбинациями поз, выражений лица, движениями рук и пальцев человек может передать в общей сложности около 700 тысяч разных сигналов. Это гораздо больше, чем словарный запас любого языка.

Рассказывают, что король Фердинанд Неаполитанский, в 1821 году свергнутый （被推翻的）заговорщиками（搞阴谋的人）, но затем вернувшийся в родной город, пытался обратиться с балкона к народу, собравшемуся перед дворцом. Но из-за шума толпы он сам себя не слышал, поэтому перешел на язык жестов. В довольно длинном выступлении король высказал упреки своему народу, пригрозил（威胁）организаторам переворота, даровал прощение случайно замешанным（与阴谋有牵连的人）в нем, раздал щедрые обещания своим сторонникам – и все это без единого слова. Земляки отлично поняли его.

Мы поднимаем руку с двумя растопыренными（大大张开）пальцами в виде латинской буквы "V". Обычно этот знак толкуют как знак победы – от первой буквы английского слова "victory". Но есть и другая гипотеза. Во время Столетней войны воюющие стороны нередко **обрубали** у пленных два пальца на правой руке, те пальцы, которыми натягивают тетиву（弦）лука. А непойманные лучники насмешливо показывали врагам два пальца: мол, мы-то можем стрелять!

Прочтение одних и тех же жестов у разных народов может быть принципиально различным. Так, болгары кивают, говоря "нет", и качают головой из стороны в сторону, соглашаясь. Так же поступают живущие поблизости греки. Но древние греки кивали утвердительно, а в качестве отрицательного ответа вздергивали голову слегка вверх. Отрицательный жест у современных неаполитанцев（那不勒斯人）– также вздернутая вверх голова, но при этом еще надо неодобрительно оттопырить（噘起）нижнюю губу.

Древние египтяне и древние китайцы, говоря "нет", оборонительным жестом выставляли вперед ладони. Кулак с оттопыренным（突起, 伸出）вверх большим пальцем в Европе – знак высшего одобрения, но в мусульманских странах этот жест считается неприличным. Вращательные движения выставленным вверх большим пальцем означает в Саудовской Аравии "катись отсюда". Если мы выставляем два указательных пальца и трем（揉搓）их один о другой, это означает: эти два человека – хорошо спевшаяся（合唱得和谐一致的）парочка. А вот в Японии этот жест означает, что вы столкнулись с неразрешимой проблемой и рассказываете о ней собеседнику.

Европейцы, прощаясь, машут ладонью, поднимая ее вверх и шевеля пальцами. Американец воспримет этот жест как призыв "иди сюда". Прощаясь, американцы держат ладонь горизонтально, лишь слегка ее приподнимая, как будто похлопывают кого-то по голове или по плечу. Русские при прощании обычно машут рукой не вперед-назад, а из стороны в сторону.

Наверное, неудивительно, что первым исследователем языка жестов был итальянец. Археолог Андреа де Йорио служил около двухсот лет назад куратором（监督人）неаполитанских музеев. Сопровождая экскурсии туристов, он обратил внимание на два обстоятельства. Во-первых, оказалось, что многие жесты современников совпадают с изображенными на древних мозаиках, фресках, скульптурах и вазах. Во-вторых, он стал замечать различия в **жестикуляции** гостей из разных стран. Из этих наблюдений родилась книга, которую он выпустил в 1832 году, – первое этнографическое исследование жестов.

Задания:

7. Определите значение следующих слов в прочитанном тексте. (5 баллов)
   [A] мимоходом –   [B] колечко –
   [C] расспросить –   [D] обрубать –
   [E] жестикуляция –

• Выберите правильный ответ. (4 балла)
8. Как называется данный текст?
   [A] Язык жестов богаче речи.
   [B] Речь богаче языка жестов.
   [C] Язык жестов в Китае.
   [D] Значение языка жестов в русском языке.
9. Почему судья считал, что водитель не виноват?
   [A] Потому что в данном случае водитель не нарушил правила движения.
   [B] Потому что водитель в тот момент сидел в своей машине, хотя он показал такой жест.
   [C] Потому что судья считал, что в тот момент полицейский не уважал водителя.
   [D] Потому что судья считал, что жест "о' кей" многозначный, и понимать его надо по-разному.
10. Определите, правильны ли следующие высказывания. (5 баллов)
    [A] Сейчас в Греции жест "о' кей" не имеет оскорбительного значения.
    [B] Тыканье пальцем в России считается оскорбительным.
    [C] В своём выступлении король употреблял смешанный язык, т.е. язык жестов и речь.
    [D] В древности у пленных часто обрубали два пальца, потому что жест, которой показывается этими двумя пальцами руки, обозначает победу.
    [E] Сегодня греки качают головой из стороны в сторону, говоря "Да".

• Ответьте на следующие вопросы. (6 баллов)
11. Какой жест у нас в Китае обозначает высокое одобрение?
12. При помощи какого жеста вы объясняете японцу, что у вас неразрешенная проблема?
13. Как русские машут рукой при прощании?

ТЕКСТ 3

Люди спят примерно треть своей жизни. Многие видят сны. Многие видят сны ежедневно, вернее, еженощно. Многие видят несколько снов за ночь. Но лишь некоторые утром могут вспомнить свой сон. Что означают **сновидения**? О чем они говорят?

На сон влияют события прошедшего дня, какие-то факты из памяти и внешние раздражители (刺激物). Например, при повышенной температуре воздуха может сниться пляж или ад (地狱, 苦难), при пониженной – купание в море или полет в космос. Оптимальной считается температура 20℃. Ниже – можно, выше – не рекомендуется, т.к. при более высокой температуре обменные процессы ускоряются, что не способствует отдыху.

В психологии принято относить сны к области бессознательного, области скрытых желаний, влечений, страхов и тревог. Трактовать сны пытались с древних времен. Считалось, что во сне человек имеет возможность **контактировать** с загробным миром, с душами умерших. И действительно, часто люди во сне разговаривают с умершими близкими. Но как психотерапевтический прием **трактовку** сновидений развил Фрейд (弗洛伊德), рассматривая сны, как подавленные влечения.

Можно выделить несколько видов сновидений:

– Сны – подавленные влечения. Это как раз то, о чем пишет Фрейд.

– Сны, исполняющие желания. Сны – подавленные влечения можно отнести к разновидности этой группы. Например, женщине, не имеющей детей, могут сниться дети, коляски, детские игрушки. Ребенку может присниться мороженое или кукла, игрушка, о которой он мечтает. Приятно, когда сны – желания сбываются. Но исполнить детский сон гораздо легче, чем взрослый.

– Кошмарные, страшные сны. Их видят и дети, и взрослые. Когда ребенку снится Баба Яга, обычно, это связывают с негативным образом матери. Впечатлительным детям часто снятся персонажи **ужастиков** или рассказанных на ночь детских историй.

– Сны, связанные с незавершенными отношениями. Внутренние конфликты, противоречия, незавершенные отношения с кем-то обычно проявляются во сне – и это естественно, так как во сне мозг продолжает решать проблему, головоломку, с которой он столкнулся. Если Вы не умеете отдыхать, **разгружать** себя от серьезных проблем, то рискуете заработать бессонницу. Есть поговорка "утро вечера мудренее". Оставьте свои проблемы на следующий день и, чтобы хорошо спать, не перегружайте себя физически или умственно за три часа до сна. Небольшая прогулка, теплая ванна, приятная музыка, и так далее будут способствовать хорошему сну.

Сонники и другие книги по толкованию снов редко дают правильную **трактовку** сна, которая должна быть подобрана не по книге, а строго индивидуально. Сны – это метафоры, и всегда имеют множество значений.

Обычно, когда психолог трактует тот или иной сон, он предлагает вам несколько трактовок, и вы можете сами выбрать ту, которая совпадает с вашими внутренними ощущениями. К сожалению, сны быстро забываются. Но их можно записывать. Особенно те, которые вы сильно эмоционально переживаете, от которых у вас остаются сильные чувства, когда вы просыпаетесь. Нужно запомнить или записать те чувства, которые вызвал сон, так как это очень важно при его трактовке. Самому трактовать сны сложно, сонники вряд ли подскажут вам правильный ответ.

Сновидения являются бессознательным отражением действительности. Будущее они, конечно же, не предсказывают, но указывают на слабые места, проблемы, на которые нужно в первую очередь обратить внимание.

Задания:

14. Определите значение следующих слов в прочитанном тексте. (6 баллов)

[A] сновидение –   [B] контактировать –
[C] ужастик –   [D] разгружать –
[E] сонники –   [F] трактовка –

15. Выразите согласие(√)или несогласие(X)по прочитанному тексту.(6 баллов)

[A] Автор считает, что при повышенной температуре мы чаще видим сны.

[B] В тексте слово "контактировать" значит "заключить контракт с кем-либо".

[C] Автор считает, что исполнить взрослый сон гораздо труднее, чем детский.

[D] Чтобы дети не видели ужасных снов, лучше не рассказывать им страшные сказки перед сном.

[E] Автор считает, что надо верить сонникам и книгам по толкованию снов.

[F] Автор считает, что человек может управлять своим сном.

- Выберите один из четырёх вариантов. (6 баллов)

16. О чём говорится в данном тексте?
    [A] О Фрейде.   [B] О психологе.
    [C] О температуре в комнате. [D] О наших снах.

17. В тексте слово "разгружать" значит:
    [A] нагружать.   [B] загружать.
    [C] погружать.   [D] сгружать.

18. Какой вариант из следующих не подходит по мнению автора?
    [A] Чтобы хорошо спать, надо отложить свои проблемы на завтра.
    [B] Чтобы хорошо спать, надо немного погулять перед сном.
    [C] Чтобы хорошо спать, надо принять ванну перед сном.
    [D] Чтобы хорошо спать, надо переедать перед сном.

ТЕКСТ 4

Что должен знать турист при прохождении таможенного контроля

Все товары, перевозимые через границу, подлежат таможенному контролю. Однако некоторые надо декларировать, а другие нет. Что же такое красный и зеленый коридор в аэропорту? В международных аэропортах любой страны действует система красных и зеленых коридоров, регулирующая ввоз и вывоз товаров. Как она работает и какие вещи туристам обязательно нужно задекларировать?

Некоторые россияне убеждены, что в зеленом коридоре не действует таможенный контроль, однако, это совсем не так. Как рассказал "Российской газете" замначальника таможни Шереметьево Юрий Старовойтов, именно в "зеленом" работают самые опытные сотрудники, которые безошибочно вычисляют туристов, везущих ограниченные или запрещенные товары без письменного декларирования и оплаты пошлин（关税）.

Чтобы не попасть в неприятную ситуацию, путешественнику настоятельно рекомендуется изучить список запрещенных товаров, а также все нормы и правила по ввозу/вывозу.

Прежде всего отметим, что все товары, перемещаемые через границу, подлежат таможенному контролю. Однако некоторые надо декларировать, а другие нет. Если в вашем багаже или ручной клади（小件行李，随身行李）нет товаров подлежащих декларации, то смело следуйте через зеленый коридор. Если есть или вы не уверены – то через красный. Здесь важно учитывать, что пересечение линии границы зеленого коридора с юридической точки зрения приравнивается（认为等同）к устному заявлению об отсутствии у вас товаров, которые подлежат декларированию. Между тем вас в любой момент может остановить сотрудник таможни и попросить показать вещи. Если он найдет что-то подлежащее учету, то это автоматически будет считаться нарушением закона. В лучшем случае удастся обойтись штрафом, в худшем – станете фигурантом уголовного дела.

В первую очередь таможенники обращают внимание на рейсы и направления. Например, некоторые пассажиры, прибывающие из Доминиканской Республики или стран Латинской Америки, привозят чай и конфеты с добавлением экстракта（提取物，萃取物）коки（кокаин）. "Если там эти товары не запрещены к распространению, то в странах Таможенного союза задерживаются и конфискуются（被没收）как наркотические средства. И на удивление россиян, возбуждаются уголовные дела", – подчеркнул Старовойтов.

Какие же товары НЕ подлежат декларированию

– наличные и/или дорожные чеки на общую сумму не более 10 тысяч долларов;

– товары для личного пользования, суммарная стоимость которых не больше 10 тысяч евро（не долларов）, а вес не превышает 50 килограммов – данное требование касается только воздушного транспорта. При перемещении через границу по суше или воде стоимость товаров не должна превышать 1500 евро;

– алкогольная продукция объемом до трех литров на каждого пассажира старше 18 лет;

– табачная продукция до 200 сигарет или до 50 сигар, или до 250 грамм табака на каждого пассажира старше 18 лет. Ввоз табачной продукции свыше данного ограничения запрещен;

– товары, которые были ранее вывезены и ввозятся обратно в неизменном виде.

Какие товары подлежат ОБЯЗАТЕЛЬНОМУ декларированию?

– наличные денежные средства и/или дорожные чеки в общей сумме, превышающей 10 тысяч долларов;

– векселя（期票，票据）, банковские чеки, ценные бумаги;

– товары для личного пользования, стоимость которых более 10 тысяч евро, и/или вес которых более 50 килограммов – пошлина 30 процентов от таможенной стоимости;

Условно говоря, если вы приобрели в Швейцарии бриллиантовые（钻石的）часы стоимостью в 10500 евро, то на границе вы должны пройти через красный коридор и задекларировать их, уплатив дополнительно 3150 евро;

– алкогольная продукция объемом от трех до пяти литров – по 10 евро за каждый литр превышения. Ввоз алкоголя свыше пяти литров запрещен;

– культурные ценности;

Современные (созданные в течение последних 50 лет) сувенирные изделия, предметы культурного назначения серийного и массового производства(деревянные ложки, матрешки и так далее) к этому пункту не относятся;

– государственные награды;

– служебное и гражданское оружие, патроны, составные части патронов;

– наркотические и психотропные лекарства (обязательно наличие рецепта от врача) , а также ядовитые вещества;

– высокочастотные устройства и/или радиоэлектронные средства гражданского назначения. Полный список данных устройств можно найти на сайте Федеральной таможенной службы;

– товары, полученные в наследство, при условии документального подтверждения факта наследования;

– неделимые товары весом более 35 килограммов.

В некоторых аэропортах на территории Евросоюза действует система тройного коридора: зеленый, красный и синий. Последний из них предназначен только для граждан ЕС.

Задания:

19. Дайте реферативное изложение текста. (4 балла)

- Ответьте на следующие вопросы по прочитанному тексту. (12 баллов)
20. Какие товары подлежат таможенному контролю?
21. Кому рекомендуется пройти через зелёный коридор?
22. Что вас ждёт, если у вас найдётся что-то подлежащее учёту?
23. Можно ли ввозить чай и конфеты с добавлением экстракта коки в Россию?
24. Какие товары не подлежат декларированию?
25. Какой коридор предназначен только для граждан ЕС?

ТЕКСТ 5

Очень часто обыкновенная лень портит нам всю жизнь. Мешает зарабатывать деньги, общаться с людьми и даже любить! Специалисты считают, что лень – это психологическая проблема: человек просто-напросто не находит в себе сил, чтобы совершить необходимые действия, или же ему настолько неприятно заниматься чем-либо, что он откладывает это до последнего момента. Поэтому сначала нужно понять причину вашей лени.

– Лень бывает разных видов, – пояснил "Правде.Ру" психолог Якоб Павловский. – Чтобы с ней бороться, нужно знать, с какой именно разновидностью вы имеете дело.

1. Лень активная. Вам нужно писать курсовую, а вместо этого вы вдруг вспоминаете, что нужно бежать в магазин, беретесь за уборку, готовите какое-нибудь экзотическое блюдо или часами **треплетесь** по телефону со знакомыми. В итоге работу откладываете на самый последний момент, когда промедление уже смерти подобно. Мало того что приходится трудиться в авральном（紧急的）режиме, так еще и велика вероятность того, что впопыхах（急忙地）наделаете ошибок.

Скорее всего, дело, которым необходимо заняться, вам на данный момент просто неинтересно. Вот и включается своеобразный защитный механизм. Или же вас пугает объем предполагаемой работы. Либо вы не уверены в себе и опасаетесь, что не справитесь.

Как бороться с активной ленью? Спросите себя, почему вы хотите выполнить эту работу? Скажем, чтобы получить хорошую оценку. Теперь определитесь, в какой именно срок вы намерены приступить к работе, где вы будете ее выполнять, и разработайте план действий. Попробуйте четко представить себе, с чего начнете, что придется сделать в процессе работы. Лучше всего составить расписание с привязкой ко времени.

Теперь немного **помедитируем**. Сядьте удобнее, закройте глаза и мысленно представьте себе, как вы совершаете все необходимые действия и что получаете в итоге. Скажем, помечтайте о том, что вы купите на повышенную стипендию. **Чем глубже вам удастся сосредоточиться на этих мыслях, тем скорее захочется приступить к работе.**

2. Лень профессиональная. Эта разновидность встречается только у тех, кто вынужден регулярно ходить на службу. Симптомы определяются безошибочно: в воскресенье вечером вам становится дурно при одной только мысли о том, что завтра на работу: у вас заболевают разом голова, желудок и уши, и вы уже раздумываете о том, не пойти ли к врачу и не попросить ли больничный лист...

Но наутро все же **пересиливаете** себя и отправляетесь на работу. **Свои служебные функции вы выполняете машинально, как робот, а в голове крутится мысль: скорей бы закончился рабочий день.**

Если раньше подобного не бывало, то причина, возможно, в обычной усталости. Скажем, вы давно без отпуска, да и в выходные не удавалось как следует отдохнуть и **расслабиться**. А организм-то не железный.

Если отдохнуть от работы нет возможности, то остается только пересмотреть свое отношение к ней. Вспомните о том, что профессиональные успехи обеспечат признание со стороны значимых для вас людей. Можете тайно устроить соревнование с коллегами: а кто лучше? Можно представить себя актером, **вживающимся** в образ человека той или иной профессии. Прием довольно эффективен.

3. Лень абсолютная. Вы полностью потеряли интерес к жизни. Если что-то и делаете, то через силу или под давлением окружающих. Вам не хочется ни выполнять домашние дела, ни **развлекаться** с друзьями. Все кажется бессмысленным.

Хуже всего, если под видимой ленью скрывается депрессия（抑郁）, вызванная серьезной душевной травмой. Тогда вас спасет только обращение к специалисту. В остальных же случаях поможет следующий психологический прием.

Возьмите лист бумаги и напишите вверху: "Мои жизненные цели". Перечислите их как можно быстрее, почти не раздумывая, пусть даже написанное потом покажется вам **абсурдным**.

Теперь возьмите еще один лист. На нем запишите ответ на вопрос: "Как бы я хотел провести следующие три или пять лет?" На раздумья – не более пяти минут!

На третьем листе вы должны записать ответ на самый трудный вопрос: "Если бы я знал, что через полгода умру, то как бы провел эти месяцы?" Отвечая на него, вы непременно поймете, чего хотите на самом деле.

В каждом из трех списков выделите три главных пункта. Выпишите их в столбик (竖行) на четвертом листе и еще раз выберите из этих девяти три самых главных. Лучше всего провести этот ритуал несколько раз в течение двух недель.

Задания:

26. Озаглавьте прочитанный текст. (2 балла)
27. Определите значение выделенных слов в прочитанном тексте. (6 баллов)
    [A] трепаться –
    [B] помедитировать –
    [C] пересиливать –
    [D] расслабиться –
    [E] вживающийся –
    [F] абсурдный –

- Ответьте на следующие вопросы. (12 баллов)
28. Вредна ли лень, по мнению автора, для любви?
29. На какие виды делит автор лень?
30. Как, по мнению автора, можно победить активную лень?
31. Была ли профессиональная лень у вас или у ваших товарищей?
32. Кто, по мнению автора, поможет в лечении депрессии?
33. Как, по мнению автора, надо бороться с профессиональной ленью?
34. Переведите предложения в прочитанном тексте на китайский язык. (8 баллов)
    [A] Чем глубже вам удастся сосредоточиться на этих мыслях, тем скорее захочется приступить к работе.
    [B] Свои служебные функции вы выполняете машинально, как робот, а в голове крутится мысль: скорей бы закончился рабочий день.

УРОК 24

I. Новости прошлой недели.
II. Прочитайте следующие тексты и выполните задания.

ТЕКСТ 1

Лучший учитель России – Евгений Славгордский:
Уступив ученику, я всегда выигрываю

В субботу, 2 октября, мы напечатали интервью с Евгением Игоревичем о его работе в посёлковой школе, о зарплате и взглядах на жизнь. Многие учителя, звонившие нам после этой публикации, просили: расскажите подробнее о методике преподавания молодого **словесника**. Рассказываем!

– Давайте сначала вернёмся на три года назад. В школу приехал молоденький 22-летний учитель. Обычно **новичков** ученики прощупывают (考验). Вам удалось избежать этого?

– Задание детей и состоит в том, чтобы проверять учителей. Дети выясняют, как он или она отреагируют на их вызов. Вызов всегда есть, но я бы не сказал, что он злой. Это вызов доброжелательный, иронический, лёгкий. И если учитель неверно на него отреагирует, вот тогда возникает злость и даже, может быть, какое-то отвращение (厌恶). А если учитель выйдет из этого положения достойно, так же иронически и так же с улыбкой, это и будет первой ступенькой к сближению.

У меня на первом уроке ученики сидят, открыв рот. Никто никаких вопросов не задаёт, все слушают.

– Почему?

– Потом что я, приходя на первый урок, выдаю всё, что только могу. Потому что я очень волнуюсь. А в этом состоянии из меня, наверное, энергии в три раза больше выходит.

– Что же вы выдаёте?

– Нормальный классический урок. Но я готовлюсь к нему специально, серьёзно, и я вкладываю в этот урок гораздо больше, чем во все остальные. Это диалог, общение, но по плану урока. Мне нужно, чтобы мы сразу навели друг к другу мосты. Мне всегда нравится первый урок. Чувствуется, когда ребятам интересно. Мне главное – первый урок провести, а всё остальное – это уже вопрос техники.

– Не проверяли так: кнопки на стул?

– Нет, этого не было.

– А какие-то напряжённые отношения с учениками были?

– Были с некоторыми. Но если возникает конфликт, я обязательно иду навстречу. Учитель всегда должен так поступать, даже если конфликт неразрешим, даже если ученик тебя на дух не переносит. Ты не должен наращивать злобу, пускай он злится, а я буду продолжать учить. И пытаться найти ту точку, которая будет интересна ему.

– А какие могут быть конфликты? Плохо учится, хамит (蛮横无理), лодырничает

（游手好闲）？

— Плохо учится – это не конфликт, это нормально. А конфликт – это когда ученик демонстрирует пренебрежение（蔑视）, когда он делает так, чтобы учитель вышел из себя. Конфликты всегда связаны с проблемами межличностного общения. Причем у учителя есть свой плюс – он всегда может смириться, и при этом он никогда не может проиграть, даже если смирится. Если учитель смирится, не будет гневаться или злобно полемизировать（辩论）, а улыбнется и скажет нечто доброе, он выиграет в глазах остальных детей в классе, а тот, кто хамит, становится **агрессором**.

Вот такое у меня правило – никогда не отвечать злом на зло. Хотя, честно, я иногда срываюсь（失去控制）.

— Каким образом? Вот у меня был учитель, который мелом кидался...

— Я могу в ответ на грубость сказать грубость, упрекнуть, **сыронизировать**.

— А с кем сложнее: со старшеклассниками или с младшими?

— Мне – со старшеклассниками. С ними можно говорить более серьезно. А труднее всего со средним звеном, с подростками. У них больше эмоций.

— У вас собственные педагогические приемы?

— Самый главный – это диалог. Весь учебный материал можно втянуть в диалог. А больше всего я люблю "формулу улыбчивого общения" – когда я могу свести ситуацию к той, которая вызовет улыбку.

Я слишком логический человек. Я больше учу думать, хотя задача у меня, конечно, универсальная: затронуть и ум, и сердце. Но лучше у меня получается интеллектуальная сфера（知识氛围）. Мои ребята великолепно умеют полемизировать, **аргументировать** свою точку зрения.

— А в чем ваша задача как учителя – чтобы ребята знали назубок（背过）орфограммы（正字）? Или с удовольствием читали классику?

— У нас есть задание, которое называется "свободное письмо". Тут не имеет никакого значения, как ученик пишет, какие мысли выражает. Он может даже нарисовать какую-нибудь картинку. "Свободное письмо" формирует способность говорить свободно. А сочинения я всегда оцениваю по содержанию. Знаете, чего я больше всего не люблю? Неискренности. Если я получил пусть маленькое сочинение, но искреннее – это будет оценено достойным образом. А если ученик пытается выдать мысли учителя за свои, рассчитывая на пятерку, – это уже совершенно другое. Я буду всматриваться в структуру сочинения.

— Старшеклассники обычно читают детективы, **фантастику**（если, конечно, вообще читают). А в школе в это время их "пичкают（填鸭式地向……灌输知识）" классикой. Что вы делаете, чтобы ребята читали такую литературу?

— Нужно, чтобы литература перестала быть для них классикой – в том жутком（可怕的）представлении о классике, которое сейчас существует. У нас слово "классика" ассоциируется с чем-то настолько ветхим（过时的）и застарелым... Вот я люблю модную музыку, а ты любишь классику, какой-то ты вообще не современный, с тросточкой（手杖）тебе надо ходить и в шляпе. А это совершенно неверно, потому что классика это вечно актуальная вещь.

Я увидел по телевизору, что на обломках（废墟）**спортзала** в Беслане нашли учебник, развернутый на "Кавказском пленнике", прихожу в класс и говорю: "Вы не читали 'Кавказского пленника' Толстого?" И рассказываю этот случай. Почему в этой страшной ситуации человеку еще нужно было читать, с какой стати（从何说起）, как вы думаете, читал он "Кавказского пленника"? Я говорю: "Кто хочет прочитать, пожалуйста, поднимите руки". Несколько человек поднимают и рассказывают мне на следующем уроке аналогии с современностью.

Когда я могу применить литературное произведение для своей жизни, что-то из него почерпнуть（获得）– только в этом случае можно привить интерес к классической литературе.

– А столичные школьники чем-то отличаются от ваших учеников в поселке Крылове?

– Дети везде одинаковые – интересные, умные. Москвичи из класса, где я вел урок, мне так здорово дали определение, каков он – мудрый человек... Они уловили суть: мудрость, по их мнению, – это соединение теории и практики в нечто одно, мудрость – это умение жить полной жизнью. А это всего-то 7-й класс! У меня классное руководство в 7-м.

– Классное руководство еще?! Ходите в походы?

– Конечно. Обычно в конце четверти – День здоровья. Слава Богу, природа у нас позволяет. За околицу（栅栏）вышел – вот уже и дикая природа.

Задания:

- Определите значение выделенных слов в прочитанном тексте.

- Ответьте на следующие вопросы по прочитанному тексту.
1. Как Евгений оценивает вызов своих учеников?
2. Почему Евгений считает, что успешно пройти первые испытания и проверки учеников очень важно?
3. Известно, что провести первый урок очень трудно. А как у Евгения обстояло дело с первым уроком?
4. Как, по мнению Евгения, надо поступать учителю в конфликтной ситуации в классе?
5. Что, по мнению Евгения, представляет собой настоящие конфликты в классе?
6. Знаете ли вы педагогические приёмы Евгения?
7. Чем отличается "свободное письмо"?
8. Чего больше всего не любит Евгений в учениках?
9. Как Евгений относится к классике?
10. Кто, по мнению Евгения, является умным человеком?

ТЕКСТ 2

Китайская кухня: и рыба, и мясо – но попробуй и угадай, что рыба, а что мясо!

Китайская кухня известна во всем мире. Для нее характерно богатство ассортимента（品种，种类）и высокое мастерство поваров. Обязательные требования – тщательный подбор исходных продуктов, их сочетаемость, тонкая обработка и владение искусством регулирования силы огня при приготовлении блюд.

Один китайский философ как-то сказал: "Китайская кухня имеет ту же значимость в мире вкусовых ощущений, что и европейская музыка в мире звуков". Мало кто знает, что, например, национальное итальянское блюдо равиоли – китайского происхождения. Его привез в Европу знаменитый путешественник XIII столетия Марко Поло.

Для иностранных туристов отличительная особенность принятия пищи у китайцев – употребление палочек для еды. Пользоваться ими удобно, поскольку компоненты（成素，成分）китайских блюд всегда нарезаны мелкими кусочками. В стране считается неприличным разрезать пищу ножом на тарелке. Китайское кулинарное искусство начинается с приправ, которые должны подчеркнуть лучшие вкусовые качества блюда и **отбить нежелательные запахи**. Наиболее употребительны **соевые приправы**, подаваемые практически ко всем блюдам. Соя имеет сильный **привкус**, а потому применение соли в китайской кухне ограничено. Зато китайские повара очень любят имбирь, и даже варят из него варенье или едят в засахаренном виде. Вместо сливочного масла в Китае обычно используют смалец（炼成的脂油）или масло земляных орехов. Китайцы очень любят соединять, казалось бы, несовместимые вещи. К примеру, они могут сварить бульон из говядины, птицы или рыбы одновременно и добавить туда изюм（葡萄干）. Или приготовить свинину с ароматом рыбы – по-китайски – юйсян жоу сы.

В Китае считают, что пища должна не только наполнять желудок, но и оказывать лечебное действие на организм. Поэтому в любом китайском застолье соблюдается определенный баланс компонентов в выборе блюд. Китайская кухня не так однородна, как может показаться с первого взгляда. В разных регионах готовят по-разному и совершенно разные кушанья.

Кухня провинции Гуаньдун отличается большим разнообразием и изысканностью（讲究）. Блюда гуаньдунской кухни славятся ароматом и свежестью продуктов, преимущественно приобретаемых в день приготовления – непосредственно перед подачей на стол.

Готовятся блюда с небольшим количеством масла и острых приправ. Фирменное блюдо дим сум внешне напоминает пельмени с разными начинками. Наиболее известны солянка и суп из змеи, обжаренные креветки, блюда из "восьми драгоценностей", грибы под устричным соусом, жареный поросенок（乳猪）с хрустящей корочкой（皮）. Гуаньдунская кухня распространена во всей Юго-Восточной Азии и, пожалуй, является самой популярной в мире.

В шаньдунской кухне преобладают блюда с высоким содержанием белка и калорий. Здесь важное место занимают супы и блюда из **морепродуктов**. Одним из наиболее почитаемых продуктов является трепанг（海参）. В Special Flour Restaurant, наиболее известном ресторане шаньдунской кухни в Пекине, расположенном на седьмом этаже отеля "Бейцзин", можно попробовать яйца черепахи, мясо краба（蟹）с акульими плавниками, молочный суп с орехами и многое другое. Провинция Сычуань знаменита равиоли – хунтун, как их называют в Китае. При приготовлении этого блюда имеет значение даже температура воздуха. Один из лучших ресторанов сычуаньской кухни в Пекине – Sichuan Restaurant – часто посещают руководители КНР.

В Пекине отдают предпочтение блюдам, в которых продукты сохраняют свой натуральный вкус. К примеру, чунь янь джу, блюдо из баранины, приготавливаемое в бронзовом горшке, внутри которого разведен огонь. Каждый гость сам готовит себе блюдо из многочисленных компонентов（коричневое масло, красный соус из перца, лук и др.）, подаваемых официантом. В кипящую воду кладут капустные шницели, шпинат, зеленый горошек（豌豆）и макароны（空心粉）. Кусочки мяса опускают на несколько секунд в горячий бульон, затем обмакивают（浸，蘸）в соус, чтобы остудить （冷却）, и съедают. На весь мир известна знаменитая "Пекинская утка". Самый известный в Китае ресторан пекинской утки – "Цяньмэн Цюань цзюйде Каоядянь". В его меню более трехсот наименований блюд из утки, причем посетителям предоставляется возможность лично наблюдать за процессом приготовления. Ресторан одновременно может обслужить до тысячи посетителей.

В Шанхае, провинциях Цзянсу и Чженцзян распространена яньчжоуская кухня. Свежесть – отличительная черта блюд этой кухни, особенно рыбных. Большое значение придается натуральным вкусовым ощущениям. Готовятся блюда на пару и медленном огне.

"Фирменные блюда" – паровая свинина в листьях лотоса, утка, начиненная （用……做馅）специями, мясные котлеты （肉饼） "голова льва". Еще великий Конфуций – первейший знаток политической, экономической и семейной жизни всех времен и народов – указывал 25 веков назад на условность понятия "китайская кухня". Слишком большой всегда была эта удивительная страна, слишком различны вкусы ее жителей.

Во всем мире за китайскую чаще всего принимают сычуаньскую кухню, которая славится, в частности, своей остротой. Из основных региональных кулинарных традиций наиболее известны еще шаньдуньская (Конфуций, кстати, оттуда родом) и гуандуньская, хотя настоящие патриоты китайской кухни с ходу назовут еще с десяток направлений и школ.

И все-таки при всем региональном многообразии есть некоторое единство в безбрежном мире китайской кухни.

Для китайской кухни характерно большое число компонентов практически для любого блюда, что позволяет очень тонко и точно влиять на конечный результат. Особенно важен для каждого рецепта набор специй, которые должны применяться в определенном порядке. Нарушение этой последовательности, не говоря уже о пропорциях, меняет вкус блюда.

Примечательна также гармоничная комбинация несовместимых для простецкого европейского менталитета исходных компонентов, вкусов и ароматов. Европейскому повару, привыкшему к стереотипному （一成不变的）сочетанию продуктов и предсказуемому их вкусу, никогда не пришло бы в голову состряпать （做饭）кисло-сладкое мясо или такие же огурцы – а ведь это признанные хиты китайской кухни. Иностранцев забавляют （使感到可笑）терминологические ребусы （谜）китайского меню, подмена ожидаемого результата – например, "свинина с ароматом рыбы", "говядина с фруктовым вкусом". Между тем все эти штучки – вовсе не залихватское （豪放的）трюкачество （技艺）, а следование традициям: правильно приготовленная рыба не может иметь вкуса рыбы, иначе непонятно, зачем с ней, собственно, что-то делали.

Для правильной китайской кухни характерны чрезвычайно тщательно подобранные **ингредиенты**. Дело даже не в том, что все исходные продукты должны быть высококачественными – это само собой. Китайцы требуют от сырья очень конкретных качеств. Скажем, курица для некоторых блюд должна быть определенного возраста – не старше, но и не моложе. Учитываются даже особенности воды, используемой на кухне – ее жесткость, кислотность и прочие физико-химические характеристики.

Вообще правильная китайская пища должна быть не только вкусной, но и полезной, а иногда и лечебной. Многие южнокитайские блюда всерьез рассматриваются как сильные **афродизиаки**, улучшающие настроение и мужчинам, и женщинам.

Повседневное потребление пищи для китайца является отчасти мировоззренческим, философским актом, воплощая отношение и к природе, и к другим людям. Уважительное, вдумчивое отношение к поданному блюду есть уважение к самому себе. При этом гармонии с окружающим миром способствует и радостно-сказочный интерьер（内装饰）（обитые шелком стены, разноцветные фонарики, ласково щурятся цветастые бумажные драконы）, и искусный повар, выкладывающий на тарелке чисто дизайнерские композиции, да и сама фарфоровая посуда в традиционной бело-синей цветовой гамме（разных размеров пиалушки（茶碗）с тончайшими рисунками – всякие там мостики, пагоды и джонки（帆船）, маленькие изогнутые（弯曲的）суповые ложки с плоским донышком）.

Задания:

- Определите значение выделенных слов по прочитанному тексту.

- Ответьте на вопросы по прочитанному тексту.
1. Чем отличается китайская кухня?
2. Какие требования вы знаете при приготовлении блюд в Китае?
3. Почему в Китае повара ограниченно применяют соль?
4. Чем отличается шаньдунская кухня?
5. Чем отличается гуандунская кухня?
6. Найдите абзац "в Пекине отдают…" и скажите, о какой кухне рассказывает нам здесь автор?
7. Чем отличается янчжоузская кухня?
8. Чем отличается сычуаньская кухня?

УРОК 25

I. Новости прошлой недели.
II. Прочитайте следующие тексты и выполните задания.

ТЕКСТ 1

Служебные романы неизбежны. С этим надо смириться

Исследования показывают, что компании создают "идеальную среду" для роста числа служебных романов.

Работодатели создают проблемы и ухудшают производительность труда, отказываясь признавать, что сотрудники влюбляются или их охватывает страсть, когда они находятся на работе, утверждают исследователи.

Вместо того чтобы запрещать служебные романы, компании должны оказывать сотрудникам помощь и поддержку во время романа и, что гораздо важнее, после **разрыва**.

Шанталь Готье, психолог из Вестминстерского университета Лондона, провела одно из первых в Британии исследований явления, которое она называет "феноменом служебных романов".

Эта проблема в Британии мало изучена, хотя компания Peninsula, специализирующаяся на трудовом праве, установила, что у 79% из ее 1274 сотрудников есть опыт служебных романов.

Готье **интервьюировала** представителей разных профессий, включая инвестиционных банкиров, стюардесс и работников сектора информационных технологий, у которых были романы с коллегами. Хотя работники утверждали, что романы не отражались на продуктивности их труда, они признавали, что качество работы ухудшалось после разрыва.

Среди участников исследования был университетский преподаватель, который завел роман со студенткой. Бросив его, она **пригрозила**, что расскажет об их отношениях. Преподаватель не захотел рисковать и ушел с работы по собственному желанию.

У стюардессы и **стюарда** начались отношения, когда их стали назначать на одни и те же рейсы, но они расстались по взаимному согласию и никому не рассказывали о романе.

У танцовщицы стриптиза начался роман с менеджером, но когда роман кончился, владелец клуба **уволил** ее.

Когда сотрудница фирмы, набиравшей сотрудников для сектора информационных технологий, влюбилась в своего женатого босса, после разрыва он против ее желания перевел ее в другой отдел.

У сотрудницы лондонского отеля был роман с менеджером, и она **забеременела**, но после разрыва **сделала аборт**.

Готье заявила: "Интересно то, что хотя все пары **распались**, никто не сожалел о романах. Многие говорили, что вновь заведут роман, если представится такая возможность.

Хотя некоторые участники исследования состояли в браке, они не испытывали чувства вины, и это свидетельствует о том, что люди будут заводить романы вне зависимости от того, что предпринимают компании.

Проблема в том, что после разрыва этим людям зачастую приходится работать вместе и видеться ежедневно. Это может вызвать проблемы, особенно если они не получают помощи и поддержки со стороны работодателей".

Она добавила: "Организации уже не могут **игнорировать** феномен служебных романов. Они несут ответственность за создание идеальной площадки для сближения.

Мы имеем дело с культурой, где продолжительность рабочего дня увеличилась и появилось больше работающих женщин. При этом компании склонны брать на работу похожих людей, вписывающихся в их организацию. В результате создается атмосфера, в которой люди неизбежно испытывают влечение друг к другу, что благоприятно для возникновения служебных романов".

Хотя у многих американских фирм есть письменные инструкции（指令，指南）, запрещающие сотрудникам заводить отношения, Готье полагает, что такой запрет лишь загоняет проблему вглубь и снижает продуктивность труда влюбленных пар.

"Мы должны изменить культуру и признать существование романов, и разработать меры по поддержке людей, особенно после разрыва", – заявила она.

Готье, которая сама пережила увольнение（解雇）после служебного романа, планирует провести масштабное исследование британских компаний и их сотрудников, чтобы оценить реальное количество романов на рабочем месте.

Задания:

- Объясните, как вы понимаете значение выделенных слов в тексте.

- Дайте краткие ответы в устной форме на следующие вопросы.
1. Как Шанталь Готье относится к явлению служебных романов?
2. Что надо делать работодателям, по мнению Шанталь Готье, если в их компаниях существуют служебные романы?
3. Чем вредны запрещающие меры в компаниях, по мнению Готье?

- Выберите утверждения, которые вы считаете правильными по смыслу прочитанного текста.
1. Служебные романы ухудшают производительность труда.
2. Производительность труда снижается после разрыва между влюблёнными в компаниях.
3. Все служебные романы плохо кончились.
4. Мероприятия, которые предпринимают компании, очень эффективны для ликвидирования явления служебных романов в компаниях.
5. Все участники служебных романов сожалели об их романах.

- Обсудите на занятиях, почему служебные романы очень полезны/вредны для работы.

ТЕКСТ 2

О чём люди думают и почему говорят перед смертью странные слова?

Многие в течение жизни задумываются – как это будет, каким я буду в этот момент... А предугадать не дано никому. Впрочем, способны же гениальные люди на чудесные прозрения（远见）. Периодическая таблица элементов привиделась Менделееву во сне. Технологические фантазии Жюля Верна воплотились в жизнь спустя десятки лет. А многие гениальные русские писатели не просто предчувствовали, но в своих произведениях даже угадывали атмосферу и обстоятельства своей кончины.

Кто что сказал уходя

– Шотландский историк Томас Карлейль, умирая, спокойно сказал: "Так вот она какая, эта смерть!".

– Композитор Эдвард Григ: "Ну что ж, если это неизбежно...".

– Отец диалектики Фридрих Гегель и перед лицом смерти остался верен принципам противоположности, на которых основана вся его философия: "Только один человек меня понял на протяжении всей моей жизни, – прошептал он, но, помолчав, добавил: – А в сущности, и он меня не понимал!".

– Королева Мария Антуанетта перед казнью была совершенно спокойна. Всходя на эшафот（断头台）, она оступилась и наступила палачу на ногу: "Простите, пожалуйста, месье, я это сделала случайно...".

– Римский император и тиран（暴君）Нерон перед смертью вскричал: "Какой великий артист умирает!".

– Вацлав Нижинский, Анатоль Франс, Гарибальди, Байрон перед смертью прошептали одно и то же слово: "Мама!".

– Когда умирал прусский король Фридрих I, священник у его одра（卧榻）читал молитвы. На словах "нагим я пришел в этот мир и нагим уйду" Фридрих оттолкнул его рукой и воскликнул: "Не смейте хоронить меня нагим, не в парадной（阅兵的）форме!".

– Умирая, Бальзак вспоминал одного из персонажей своих рассказов, опытного врача Бианшона: "Он бы меня спас...".

– В последний момент перед смертью великий Леонардо да Винчи воскликнул: "Я оскорбил Бога и людей! Мои произведения не достигли той высоты, к которой я стремился!".

– Автор известного высказывания "мысль изреченная（说出的）есть ложь" Федор Тютчев перед смертью сказал: "Какая мука, что не можешь найти слово, чтобы передать мысль".

– Михаил Романов перед казнью отдал палачам свои сапоги – "Пользуйтесь, ребята, все-таки царские".

– Шпионка-танцовщица Мата Хари послала целящимся в нее солдатам воздушный поцелуй: "Я готова, мальчики".

– Больная Анна Ахматова после укола камфоры（樟脑）: "Все-таки мне очень плохо!".

– Один из братьев-кинематографистов, 92-летний О. Люмьер: "Моя пленка кончается".

– Ибсен, пролежав несколько лет в параличе（瘫痪）, привстав, сказал: "Напротив!" – и умер.

– Надежда Мандельштам – своей сиделке（助理护士）: "Да ты не бойся".

– Последние слова Эйнштейна остались неизвестны, потому что сиделка не понимала по-немецки.

Писатели знают заранее, как это будет?

Иван Сергеевич Тургенев умер 22 августа 1883 года в возрасте 65 лет в местечке Буживаль под Парижем. Последние слова его были странными: "Прощайте, мои милые, мои белесоватые...".

Вокруг постели умирающего не стояли убитые горем родные: несмотря на несколько пережитых романов, писатель так никогда и не женился, проведя жизнь в двусмысленной роли верного друга семейства Полины Виардо. Смерть Тургенева, всю жизнь, по собственному признанию, "ютившегося（居住）на краешке чужого гнезда", в чем-то походила на смерть его знаменитого героя – Евгения Базарова. Обоих в мир иной провожала горячо любимая и никогда полностью не принадлежавшая женщина.

Федор Михайлович Достоевский проснулся на рассвете 28 января 1881 года с ясным осознанием того, что сегодня – последний день его жизни. Он молча дождался, пока проснется жена. Анна Григорьевна не поверила словам мужа, ведь накануне ему было лучше. Но Достоевский настоял, чтобы привели священника, причастился（领圣餐）, исповедался（忏悔）и вскоре умер.

Когда умирал старец Зосима, один из ключевых персонажей романа "Братья Карамазовы", друзья его были поражены этим, потому что "убеждены были даже, что в здоровье его произошло заметное улучшение". Старец почувствовал приближение смерти и смиренно встретил ее: "Он склонился лицом ниц（俯首）к земле... и, как бы в радостном восторге, целуя землю и молясь, тихо и радостно отдал душу Богу".

Антон Павлович Чехов умер в ночь на 2 июля 1904 года в гостиничном номере в немецком курортном городке Баденвейлер. Немецкий врач решил, что смерть уже стоит за его плечами. По древней немецкой врачебной традиции доктор, поставивший своему коллеге смертельный диагноз, угощает умирающего шампанским... Антон Павлович сказал по-немецки: "Я умираю" – и выпил до дна бокал шампанского.

Жена писателя, Ольга Леонардовна, напишет потом, что "страшную тишину" той ночи, когда умер Чехов, нарушала только "огромных размеров черная ночная бабочка, которая мучительно билась о горящие ночные лампочки и моталась（晃动）по комнате".

Вот и его герой, купец Лопахин, купивший вишневый сад и собравшийся срубить（砍）его под корень, предлагал Раневской, для которой потеря родового гнезда равнозначна（意义相同的）духовной смерти, отметить покупку бокалом шампанского. А в финале пьесы, перед занавесом, в тишине слышно, "как далеко в саду топором стучат по дереву".

Лев Николаевич Толстой последние дни своей жизни провел на захолустной（偏僻的）железно-дорожной станции Астапово. В 83 года граф решил порвать с упорядоченным, благополучным существованием в Ясной Поляне. В сопровождении дочери и домашнего доктора он уехал инкогнито（匿名地）, в вагоне третьего класса. В пути простудился, началось воспаление легких.

Последние слова Толстого, сказанные им утром 7 ноября 1910 года уже в забытьи（失去知觉）, были: "Люблю истину"（по другой версии, он сказал – "Не понимаю"）.

В "Смерти Ивана Ильича" измученный（痛苦到极点的）болью и страхом чиновник на смертном одре（在弥留之际）признается, что всё в его жизни было "не то". Что ж "то"? – спросил он себя и вдруг затих. Смирившись с неизбежностью смерти, Иван Ильич вдруг обнаружил, что "страха никакого не было, потому что и смерти не было. Вместо смерти был свет".

Геннадий Порошенко, доктор биологических наук: "Наши души остаются в ноосфере（智力圈）".

Комментарий заведующего научно-организационным отделом Института общей реаниматологии（复苏学）РАМН:

Я думаю, что какая-то духовная частица человека остается жить и после смерти. Говорят, что душа умершего человека попадает в ад или рай в зависимости от его образа жизни на земле.

Я не очень понимаю, что такое "рай" и чем он отличается от "ада". Как я понимаю, православная церковь считает, что ад – это лишение присутствия Бога, в то время как в раю он всегда рядом.

В этом вопросе ближе всех к истине оказался, наверное, Вернадский. Кстати, его теория ноосферы（智力圈）привиделась ему в бреду（说胡话）, когда он болел в Ялте сыпным тифом（斑疹伤寒）. По его мысли, нематериальная составляющая человека после физической смерти вливается в некоторую ноосферу. Каким-то образом ноосфера сказывается и на живущих людях. Я не могу сказать, что наше мышление рождается в нас самих, что-то привносится извне...

Трудно говорить о том, насколько писатели, скажем, предчувствовали обстоятельства своей смерти. Но... Когда я заканчивал пятый курс мединститута, со мной произошло несчастье. Я получил серьезную черепно-мозговую травму. 21 день был без сознания. После выздоровления я вдруг обнаружил, что приобрел необычные способности: мог угадывать чужие мысли и предсказывать какие-то события. Правда, длилось это недолго – около года. Затем эти способности исчезли. Зато здоровая раскованность（轻松，无拘无束）, появившаяся во мне после этой травмы, осталась со мной.

Нечто "материальное", в моем случае физическая травма, может повлиять на "идеальное" – способности, характер. Но и "идеальное", в свою очередь, влияет на "материальное". Существует целый ряд духовных практик, таких, как йога（瑜伽）, с помощью которых можно сознанием изменить что-то в организме, к примеру уменьшить рубцы（伤疤）на коже... Но что происходит с сознанием перед смертью, боюсь, останется тайной надолго...

Задания:

- Соедините линией соответствующие информации.

Д. И. Менделеев	отец диалектики
Жюль Верн	русская поэтесса
Фридрих Гегель	итальянский живописец
Бальзак	открыватель периодической таблицы элементов
Леонардо да Винчи	писатель, создатель жанра научной фантастики
Анна Ахматова	французский писатель
Эйнштейн	создатель теории относительности

- Опираясь на содержание текста, отметьте "Да" или "Нет".
  [A] Иван Сергеевич Тургенев прожил 65 лет, перед смертью говорил странные слова.
  [B] Смерть Ивана Сергеевича Тургенева была немножко похожа на смерть его знаменитого героя – Евгения Базарова: обоих в мир иной провожала жена.
  [C] В последние минуты жизни Федор Михайлович Достоевский почувствовал приближение смерти.
  [D] По древней русской врачебной традиции принято угощать умирающего шампанским.
  [E] Лев Николаевич Толстой скончался на железнодорожной станции Астапово от воспаления легких.
  [F] Душа человека, по Вернадскому, бессмертна.

УРОК 26

I. Новости прошлой недели.
II. Прочитайте следующие тексты и выполните задания.

ТЕКСТ 1

Нужна ли ложь в отношениях?

Это только в сказках у влюблённых друг от друга нет никаких секретов. А в реальной жизни всё намного сложнее. Иногда правда может разрушить даже самые крепкие отношения. И поэтому ради сохранения счастья многие люди обращаются к спасительной лжи. Другие же не приемлют обмана и считают, что лишь полное доверие и отсутствие секретов – залог настоящей, искренней любви. Так кто же прав?

Его мнение

Анатолий, 35 лет, строитель:

– Правда – это, конечно, хорошо, только не любую правду можно открыть любимому человеку. Всем известно, что мужчины по своей природе моногамными (一夫一妻制的) быть не могут. Им всё время нужны новые партнёрши, разнообразный сексуальный опыт. Я – не исключение из правил. Изменяю своей жене редко, но всё же это случается. При этом я люблю её одну и бросать не собираюсь, у нас замечательная, крепкая семья, а связи на стороне – ничего серьёзного. Но супруге это не объяснишь. Разрушать свой брак из-за **мимолётной** интрижки (男女私情) – верх глупости. Поэтому я всеми силами стараюсь сделать так, чтобы жена никогда не узнала правды. Причём, первая причина того, что я скрываю свои походы "налево", вовсе не боязнь ссор и конфликтов, я просто стараюсь уберечь свою жену от негативных эмоций. Я всегда очень аккуратен, и у неё ни разу не было повода сомневаться во мне.

Андрей, 27 лет, повар:

– Мне кажется, редкие человеческие отношения обходятся без лжи. Любимому человеку время от времени приходится лгать. Например, на вопрос девушки, не **располнела** ли она, вне зависимости от правды всегда нужно отвечать: "Конечно, нет, милая". Просто потому, что иногда правдивый ответ может обидеть или ранить. И в других подобных мелочах ложь просто необходима. Я, например, скрываю от жены реальный размер своей зарплаты. Не сомневаюсь, что все женатые мужчины поступают именно так: преуменьшают свой доход и делают так называемые заначки (小金库). Причин этому множество: во-первых, супруга не станет увеличивать свои потребности до нереальных размеров, во-вторых, всегда необходимы лишние деньги на **непредвиденные** расходы – посиделки с друзьями, новые колёса для любимой машины и прочее, а в-третьих, иногда жене хочется сделать дорогой подарок, на который без её ведома денег из семейного бюджета взять не получится.

Евгений, 33 года, аналитик:

– Не может быть никакой лжи во благо между двумя любящими людьми.

Ложь в любви – это зло, которое не спасает, а разрушает! Всё тайное становится явным, и пойманный однажды на лжи человек больше никогда не вызовет доверия. Нет такой вещи, которую не смогла бы понять или принять любимая женщина, если, конечно, она действительно любимая и любящая. Что бы ни случилось, какой проступок ты бы ни совершил, ты обязан рассказать правду своей половинке. **Близкий человек – он на то и близкий человек, чтобы делиться с ним всеми своими радостями и огорчениями.** Если же по какой-то причине твоя любимая не может понять и простить тебя, то ваши отношения не так хороши, как вам казалось раньше. Значит, нет между вами той поддержки, того искреннего чувства, которое способно на милосердие и прощение. Тогда и подавно ничего скрывать не стоит. Если правда способна разрушить отношения, значит, за эти отношения держаться не стоит, как и не стоит пытаться спасти их с помощью лжи.

Её мнение

Ирина, 25 лет, менеджер:

– Я считаю, что любимому человеку всегда нужно стараться говорить правду. Ложь между близкими людьми недопустима. Но есть такие невинные мелочи, которые иногда стоит утаить. Например, счета. Мой муж до сих пор не может понять, что нижнее бельё, косметика и всякие разные женские **безделушки** стоят намного дороже, чем ему хотелось бы. А во многих покупках он просто не видит смысла и совершенно не понимает, зачем мне уже третий по счёту **купальник** и пятая сумочка. Наверное, если рассматривать вопрос с практической точки зрения, он прав, но мне, как и любой женщине, хочется баловать себя, любимую. Поэтому, чтобы лишний раз избежать споров и пререканий（拌嘴）, я скрываю от мужа реальную стоимость покупок. Также иногда я скрываю от мужа свой реальный досуг. Он достаточно ревнивый человек и поэтому очень болезненно относится к моим контактам с посторонними мужчинами, даже если они – мои давнишние друзья. Чтобы муж не нервничал, мне иногда приходится лгать, что я провела вечер с подругами, когда на самом деле встречалась с институтскими приятелями. А в остальном между нами нет секретов.

Светлана, 37 лет, учительница музыки:

– Человек всегда лжёт ради своих корыстных（自私的）интересов и порой не понимает, что его ложь способна не только причинить боль другому, но и сломать ему жизнь. Так случилось со мной. Я живу в Москве, мой бывший любовник живёт в Питере. Те несколько лет, что мы провели вместе, он скрывал, что у него есть другая семья: жена и дети, с которыми он не собирался расставаться. Долгое время он **вешал мне лапшу на уши**. Говорил, что не может переехать ко мне, потому что в Питере у него важный бизнес, который невозможно оставить, что ему удобнее **метаться** между двумя городами, что вот-вот, уже совсем скоро, все закончится и мы будем жить вместе, поженимся, заведём детей… Когда обман раскрылся, я не знала, как жить дальше. Если бы он сказал правду в самом начале отношений, я бы не строила долгоиграющих планов, а то и вовсе отказалась бы от этой связи. Но все зашло слишком далеко: я сильно привязалась к нему, полюбила по-настоящему. А ему просто было удобно со мной: вместо неуютной гостиницы – квартира, горячий ужин и женщина, которая ждёт его всегда. После этого я разучилась（不再会）верить людям, мне тяжело начинать отношения с мужчинами. Теперь я уверена в одном: ложь и любовь несовместимы.

Елена, 43 года, инженер:

– Не сомневаюсь, что половина респондентов（被调查者）ответила на этот вопрос приблизительно так: "Любовь выше лжи! Ложь – это зло". Отчасти они правы, но только отчасти. Задумайтесь, а всегда ли нам нужна эта правда, всегда ли мы хотим узнать что-то нелицеприятное（公正的）, что-то мерзкое（卑鄙的）или даже пугающее о своей дражайшей второй половине, которая всегда для нас самая лучшая, прекрасная и идеальная. Ведь правда может шокировать（冒犯）. Как говорится, меньше знаешь – крепче спишь. Ложь не только возможна, иногда она нужна. Ведь очень часто мы врём не для того, чтобы скрыть, а для того, чтобы не травмировать（刺伤）любимого, жалеем его чувства и нервы.

Задания:

- Определите значение подчеркнутых слов на основе контекста или по их словообразованию.

- Найдите в тексте ответы на следующие вопросы.
1. Как Анатолий относится ко лжи в отношениях?
2. Есть ли у Анатолия любовница?
3. Как вы оцениваете поступок Анатолия?
4. Как Андрей относится ко лжи в отношениях?
5. Как Евгений относится ко лжи в отношениях?
6. Как Ирина относится ко лжи в отношениях?
7. Как вы относитесь к тайной встрече вашей (будущей) половины с её (его) бывшим другом (подругой)?
8. Как Светлана относится ко лжи в отношениях?
9. Как вы оцениваете поступок любовника Светланы?
10. Как Елена относится ко лжи в отношениях?

- Переведите подчеркнутые предложения в прочитанном тексте.

- Проведите дискуссию на следующие темы и выскажите свою точку зрения.
1. Отсутствие секретов – залог настоящей, искренней любви.
2. Ложь в отношениях не только возможна, но иногда и нужна.

ТЕКСТ 2

Как вырастить своего ребёнка гением?

После 30 лет исследований ученые пришли к выводу, что гениями не порождаются, а становятся.

Мозг – это мышца, которую надо тренировать

Мечта любого образованного человека – иметь фотографическую память, которая позволяет мгновенно находить информацию, заложенную в мозге. Например, каждую страницу прочитанной книги люди с такой памятью могут просматривать, как кадр на экране. И хотя большинство людей не обладает этой способностью, есть доказательства, что любой человек, в любом возрасте может разработать в себе это свойство. Потому что мозг подобен мышцам, а потому его можно тренировать с помощью специальных упражнений, увеличивая его размер и силу. К этому неожиданному выводу после 30 лет исследований пришла доктор М. Даймонд – профессор анатомии（解剖学）из университета Калифорнии в Беркли. И хотя большинство исследований проводилось на крысах, результаты могут быть применимы и к людям.

Все дело в разном функционировании правого и левого **полушарий** мозга. Левое – сознательное и логическое – усваивает информацию медленно и создает ее «копию», в то время как правое – подсознательное и интуитивное（直觉的）– впитывает информацию мгновенно. К шести годам у ребенка левое полушарие начинает доминировать（占优势）, но до этого момента есть возможность интенсивно развивать его правое полушарие. Для этого, например, требуется быстро показывать ребенку очень большие карточки со словами, цифрами, знаками и пр.

Даже крысы поумнели

Окружающая среда тоже вносит свою лепту в воспитание гения. Например, в экспериментах с крысами, некоторых из них помещали в клетки с большим количеством игрушек, лабиринтов（迷宫）и десятком крыс для компании. Эту среду называют «обогащенной», в ней животные стремились усовершенствовать и разнообразить свою деятельность в присутствии своих сородичей（同族）. И у них по сравнению с теми крысами, которые одиноко жили в пустых клетках, резко увеличились размеры коры головного мозга и соответственно умственные способности.

Но до какой степени можно натренировать мозг? В поисках ответов на эти вопросы ученые пришли к мысли, что гениями становятся, а не рождаются. Исследования одаренных（有才能的）людей показывают, что их выдающиеся способности и **озарения** вызваны не столько врожденным талантом, сколько экстраординарным（非凡的）упорством и практикой. Даймонд приводит пример с молодым человеком, который мог запомнить до 80 комбинации（组合）цифр, посмотрев на них всего один раз. Его способности действительно замечательны, но развил он их в течение двух лет в результате участия в психологическом эксперименте, во время которого он тратил, по часу в день, запоминая списки с колонками хаотичных（无序的）цифр. Так что фраза о том, что "успех – это 99% труд и 1% удачи", гораздо более справедлива, чем думали раньше.

Двухлетние вундеркинды

Глен Доман – один из всемирно известных специалистов по детскому развитию, считает, что каждый ребенок – потенциальный гений. Поводом для таких утверждений служат его многолетние исследования. В 1995 году в Филадельфии он создал Институт достижений человеческого потенциала. Чудеса в его клинике происходят ежедневно. Слепые, глухие, немые и даже с заболеваниями мозга дети начинают видеть, слышать и говорить, занимаясь по составленным Доманом программам. Сегодня Г. Доман занялся здоровыми детьми в возрасте от 3 до 10 лет. Доман полагает, что новорожденные дети имеют потенциал гения, и если с ними правильно обращаться, то способности любого ребенка могут перекрыть гениальность Леонардо да Винчи и Эйнштейна, вместе взятых. Его исследования доказывают, что лучший возраст обучения и развития – до 6 лет. В год ребенок учится быстрее, чем в два, в два года

– быстрее, чем в три, и так далее по убывающей（减少）. В институте Домана 2- и 3-летние дети свободно читают, решают математические задачи.

Ключ гениальности – в мозгу аутистов

6-летний Джеймс может сказать, сколько времени с точностью до секунды, не глядя на часы. 5-летняя Дженни может назвать размер предмета с точностью до миллиметра, только взглянув на него. А 15-летний Кристофер владеет 24 языками, причем один из них – это его собственное изобретение. Вы удивлены? И удивитесь еще больше, когда узнаете, что эти дети с необычными способностями страдают **аутизмом**（аутизм – психическое расстройство, чаще наблюдающееся при шизофрении ＜精神分裂＞）.

На испытаниях аутисты показывают очень низкий уровень IQ（коэффициент умственных способностей）, имеют трудности в общении с другими людьми, но необъяснимо талантливы в области музыки, математики, рисования. Примерно один из 10 аутистов имеет какой-либо выдающийся талант. И приемлемого научного объяснения этому сверхъестественному феномену не существует до сих пор. Последняя гипотеза（假说）предполагает, что такими необычными свойствами человеческого мозга может обладать каждый человек и технология достижения этого уровня довольно проста.

Все новорожденные имеют потенциал гения – его нужно только развить.

Задания:

- Определите значение выделенных слов в тексте.

- Ответьте на следующие вопросы по прочитанному тексту.
  1. Чем отличается правое полушарие мозга от левого?
  2. Как по-вашему, чем мыслит художник? Чем мыслят учёные?
  3. Какую роль играет окружающая среда в воспитании гения?
  4. Как вы понимаете фразу "успех – это 99% труд и 1% гения"?
  5. Почему Глен Доман считает, что каждый ребёнок – потенциальный гений?
  6. Что надо делать, чтобы у детей развились свои таланты?
  7. Что значит "IQ"?

УРОК 27

I. Новости прошлой недели.
II. Прочитайте следующие тексты и выполните задания.

ТЕКСТ 1

Технологии, разработанные для космических путешествий, долгое время были наградой для стран, отправляющих на орбиту людей и механизмы.

Два новых аппарата, разработанных при помощи НАСА и Европейского космического агентства (ЕКА), нашли применение в земных больницах, где врачи используют их для вылавливания (捕获) вредных микробов и исследований черепа (颅骨) пациента.

В Европе российские очистители воздуха, построенные для космической станции "Мир" и позднее установленные на международной космической станции (МКС), установлены в больницах, чтобы защитить сотрудников и пациентов от носящихся в воздухе спор (孢子), бактерий и вирусов. Система, названная Immunair, создает "чистое пространство", которое можно разворачивать вокруг детей, чтобы защитить их от инфекций и биологических агентов (物质) – оспы (天花) и сибирской язвы (炭疽).

"Я считаю, что это окажет огромное влияние на медицину, – заявил Пьер Бриссо, глава программы ЕКА по передаче технологий. – Прибор снижает содержание бактерий в окружающей среде на 99,9%".

Тем временем в Калифорнии инженеры НАСА работают бок о бок с нейрохирургами (神经外科医生), превращая инфракрасную видеокамеру, которая обычно используется для изучения Земли, в сканер для поиска опухолей (肿瘤) мозга.

"Прибор очень похож на инфракрасный микроскоп, – пояснил Сарат Гунапала, инженер НАСА, возглавляющий работу. – И он абсолютно безвреден".

Легкое дыхание

Портативный очиститель воздуха Immunair, разработанный французской компанией AirInSpace, является модификацией прибора Plasmer, созданного российскими инженерами для защиты воздуха, вдыхаемого космонавтами на станции "Мир", от биологического загрязнения.

Очиститель Plasmer пропускает зараженный воздух через сильные электрические поля и емкости холодной плазмы (等离子体), убивающие бактерии, плесень (霉), грибки (真菌) и другие микроорганизмы. Стационарные версии прибора были изобретены в 1990-е годы и установлены на станции "Мир" в 1997 году и на борту российского модуля МКС "Звезда" в апреле 2001 года.

"Мы знали, что технология может уничтожать микробы", – заявил в телефонном интервью главный менеджер AirInSpace Лоран Фуллана.

В лабораторных условиях система успешно обнаруживала в воздухе заменители сибирской язвы и оспы и очистила комнату, наполненную спорами грибков за несколько минут, добавил он. При помощи ЕКА, предоставившей маркетинговые исследования, финансирование и промышленную поддержку, AirInSpace создала портативный Immunair, который можно складывать и возить по больничным коридорам, как школьную доску, а затем разворачивать вокруг кровати пациента.

На сегодняшний день портативные системы Immunair есть в пяти французских больницах, которые используют их в палатах скорой помощи и для защиты детей, страдающий лейкемией（白血病）и перенесших пересадку костного мозга от инфекций, опасных для их ослабленной иммунной системы.

Сканеры мозга

Пока европейские исследователи борются с носящимися в воздухе частицами, американские инженеры и нейрохирурги надеются, что инфракрасная камера поможет более точно проводить хирургические процедуры, изолируя（隔离）опухоли от окружающей их мозговой ткани.

Опухоли мозга немного горячее, чем соседние ткани, так как в них другой уровень метаболизма（新陈代谢）, говорится в исследовании, проведенном под руководством Бабека Катеба на медицинском факультете Университета южной Калифорнии.

Следя за разницей температур, хирурги смогут определить точные границы опухолевых клеток и здоровой мозговой ткани. Используя инфракрасный фотодетектор（光电探测器）, камера JPL сможет уловить самые незначительные колебания температуры, сказал Гунапала. Мощность блока формирования изображения достаточна, чтобы обеспечить разрешение с точностью до двух клеток, добавил он.

По словам исследователей, их конечная цель – соединить инфракрасные камеры с микроскопами, которые сегодня используют хирурги, что позволит врачам переключаться с одного прибора на другой во время операции, следя за ее ходом.

Кроме инфракрасной камеры, исследователи используют возможности ультрафиолетовых（紫外线的）камер, сканирующих опухоли на волнах другой длины.

Приземление космических технологий

Фуллана заявил, что система Immunair является лишь одним примером того, как космические исследования могут приносить практическую пользу и, возможно, спасать жизни на Земле.

"Масса областей может извлечь из них выгоду". Он добавил, что европейские автомобильная и пищевая отрасли заинтересованы международной космической программой. "Но проблема цены-эффективности всегда сохраняется".

Например, лазеры, применяемые в глазной хирургии ЛАЗИК, являются продуктом программы по созданию лазерных радаров, помогающих космическим кораблям встречаться на орбите. Система мониторинга личного состояния здоровья MedStar, разработанная для наблюдений за космонавтами на космической станции, применяется с пациентами, страдающими хроническими заболеваниями.

"Я считаю, что дисциплина, находящаяся на границе инженерии и нейрофизиологии, является ключом к нашему успеху", – заявил Катеб. Он добавил, что надеется на продолжение сотрудничества на национальном уровне. "Вместе медики и космические инженеры могут достичь невероятных результатов".

Задания:

- Ответьте на следующие вопросы по прочитанному тексту.
1. Как надо озаглавить данный текст?
2. Чем полезен космические очистители на станции "Мир"?
3. Чем полезна космическая инфракрасная видеокамера в больнице?
4. Нашли ли своё применение космические очистители на Земле?
5. Как инфракрасная камера помогает хирургам в операциях?
6. Какие ещё космические технологии могут найти своё применение на Земле?

ТЕКСТ 2

Российско-китайское взаимодействие является стабилизирующим фактором в современных международных отношениях

Регулярная встреча глав правительств России и Китая проходит в условиях динамично развивающихся отношений между нашими государствами во всех сферах – политической, торгово-экономической, военной, научно-технической и других областях.

Механизм регулярных встреч премьеров двух стран был создан в 1996 году для координации ширящегося российско-китайского взаимодействия. Сегодня этот механизм включает в себя ряд межправительственных комиссий и подкомиссий: по торгово-экономическому сотрудничеству, научно-техническому сотрудничеству, энергетике, ядерной технике, транспорту, космосу, межбанковскому взаимодействию, связи и информационным технологиям, образованию, культуре, здравоохранению, спорту, туризму. Это позволяет своевременно и эффективно намечать направления движения вперед по каждой из указанных сфер сотрудничества, **нащупывать** пути решения возникающих вопросов.

Наши страны – крупнейшие мировые державы с большим международным авторитетом и влиянием, у нас общая граница протяженностью более 4 тысяч километров, наши народы связывают исторически отношения дружбы и сотрудничества. Благодаря политической прозорливости руководства двух государств, всестороннему учету исторических уроков, сегодня наши связи обрели новый облик. Их основные принципы закреплены в Договоре о добрососедстве, дружбе и сотрудничестве от 16 июля 2001 года – это отношения партнерского стратегического взаимодействия. Они характеризуются постоянными контактами и консультациями на высшем и высоком уровнях, крепнущим взаимным доверием, согласованными действиями по целому ряду международных проблем, быстрым развитием межгосударственного сотрудничества.

Взаимодействие на мировой арене основано на совпадении или близости концептуальных подходов к широкому кругу международных и региональных проблем. Среди них важное место занимает формирование справедливого мирового порядка.

Российско-китайское взаимодействие в международных делах является **стабили-**

зирующим фактором в современной мировой политике. Отмечу, в частности, согласованность действий России и Китая по таким острым темам, как ближневосточное урегулирование, ядерная проблема Корейского полуострова, иранский ядерный вопрос, реформа ООН и ряду других.

Сегодня трудно назвать хотя бы одну значимую международную проблему, по которой взгляды Москвы и Пекина существенно расходились. Причем это не результат каких-либо союзнических обязательств, а естественное следствие **созвучных взвешенных**（慎重考虑的）оценок того или иного события с точки зрения коренных долговременных интересов каждого из государств. Наше взаимодействие ни в коей мере не направлено против третьих стран, его основная цель – обеспечение международного мира и стабильности, столь необходимых для плодотворного **созидательного** строительства и процветания наших стран.

Мы тесно сотрудничаем в области борьбы с терроризмом, сепаратизмом и экстремизмом, как на двухсторонней основе, так и в рамках Шанхайской организации сотрудничества.

Все более широкие и конкретные рамки обретают наши межпарламентские контакты. Они являются важнейшим механизмом развития гуманитарных связей между нашими государствами.

Важнейшей составляющей российско-китайских отношений на современном этапе является торгово-экономическое сотрудничество. В последние годы удалось заметно нарастить его потенциал, укрепить содержательную материальную базу. Мы уверены, что в недалёком будущем Китай войдет в тройку крупнейших торговых партнеров России. К 2020 году поставлена задача довести объем торговли до уровня $ 200 млрд.

Развитие экономического сотрудничества с Китаем – одна из наиболее приоритетных наших задач.

Но структура российского экспорта в Китай имеет, к сожалению, ярко выраженный сырьевой характер. Полагаю, что Россия не может в долговременной перспективе **довольствоваться** ролью только поставщика сырья для динамично развивающейся китайской экономики. Реально имеющийся потенциал российского экспорта гораздо шире. Необходимы дополнительные совместные усилия по диверсификации（多样化）и повышению качественного уровня торговли на основе существующих возможностей в области машиностроения, новых и высоких технологий, за счет расширения сотрудничества в области экспортных кредитов, использования лизинговых（租赁的，信贷的）схем и т.д. Учитывая реалии китайского рынка и специализацию российских производителей, считаю, например, весьма перспективными поставки в КНР из России гражданской авиатехники и энергетического оборудования.

С удовлетворением отмечаю признаки постепенного переноса центра тяжести в торгово-экономическом сотрудничестве от традиционной торговли к новым, более продвинутым формам взаимодействия: совместным инвестиционным проектам, активизации связей регионов обеих стран, созданию совместных производств.

Хорошо понимаем, насколько важным является для наших китайских партнеров развитие сотрудничества с Россией в нефтегазовой сфере. В настоящее время Китай импортирует нефть из России по различным каналам, в том числе по нефтепроводу Восточная Сибирь—Тихий океан（ВСТО）, по **трубопроводу** через территорию Казахстана, морским транспортом. В последние несколько лет Россия наращивает экспорт нефти в Китай. К 2020 г. годовой объем импорта российской нефти в Китай превысит 50 млн т, тогда как в 2014 г. он был более 30 млн т.

Совершенствуются и приобретают все более реальные формы отношений в научно-технической области. Установлены прямые контакты между рядом научных учреждений наших стран, ведутся совместные разработки тем, представляющих взаимный интерес.

Все это свидетельствует, что Россия и Китай смотрят на будущее своих отношений с оптимизмом, придают ему большое значение, исходя из принципиального положения, что такое партнерство и взаимодействие осуществляется на взаимовыгодной основе, отвечая интересам народов двух великих держав.

Задания:

- Определите значение выделенных слов в прочитанном тексте.

- Укажите предложения, которые не соответствуют содержанию текста.
  - [A] Взгляды России и Китая в важных международных проблемах существенно не совпадают.
  - [B] Отношения между Россией и Китаем носят союзнический характер.
  - [C] Взаимодействие России и Китая откровенно направлено против США.
  - [D] Автор текста очень доволен структурой российского экспорта в Китай.
  - [E] Во многих сферах российско-китайское взаимодействие развивается медленно и неуспешно.

- Ответьте на следующие вопросы по прочитанному тексту.
1. В чём состоит цель создания режима регулярной встречи глав правительств России и Китая?
2. Какую роль играет ряд межправительственных комиссий и подкомиссий?
3. Как автор текста оценивает место России и Китая в современном мире?
4. Каковы отношения между Россией и Китаем, по мнению автора текста?
5. В чём состоит основа взаимодействия России и Китая в международных делах?
6. Как автор текста оценивает взаимодействие России и Китая в международных делах?
7. В чём состоит цель взаимодействия России и Китая?
8. Какую роль играет экономическое сотрудничество между Россией и Китаем в развитии их отношений?
9. Какое место занимает Китай во внешней торговле России?
10. Как, по мнению автора текста, надо повышать качество и уровень российско-китайского экономического сотрудничества?

УРОК 28

КОНТРОЛЬНАЯ РАБОТА

Прочитайте следующие тексты и выполните задания.

ТЕКСТ 1

Китайские мужья и российские жены:
созданы друг для друга

Российские женщины во многих отношениях превосходят китаянок, – утверждают китайские мужья русских жен.

"Китаянок очень балуют. Особенно если они единственные дети в семье. В Китае девочки растут как принцессы, ничего делать не умеют и не хотят, вырастают неряхами（不整洁的人）. Русские же, напротив, очень заботливые, прекрасные домохозяйки, – рассказывает Лу Юйпин（36 лет, 8 лет в браке, 2 детей）. – Моя жена каждое утро готовит мне одежду: заботится о том, чтобы все выглядело идеально, от трусов до часов. Она сама делала ремонт у нас дома: красила стены, когда я уходил на работу. А сейчас занимается строительством дома – я только даю деньги".

"Китаянки совершенно не самостоятельные. Ни одного решения сами принять не могут, чуть что – сразу звонят мужу. – Рассказывает московский переводчик Ян Гуйсянь из провинции Хунань（27 лет, женат 1,5 года）. – Русские женщины, напротив, очень независимые: они и работают, и живут своей жизнью, своими интересами... Кроме того, китаянки контролируют каждый шаг. А русские дают много свободы".

"Моя жена полностью мне доверяет. Я могу позвонить ей посреди ночи и сказать: я гуляю с друзьями, выпил, не приду домой сегодня ночью. Она не возражает", – говорит Лу Юйпин.

"Жена-иностранка – это удобно, всегда можно какие-то мелочи списать（归之于, 列入）на 'иностранность'（мол, какой с них, чужеземцев, спрос）, а какие-то вещи напротив – получить, поэтому ему кажется, что у него более широкое пространство свободы, чем у многих его знакомых", – говорит Да Юэлин（40 лет, 10 лет женат на русской, живет в Пекине）.

Российские эксперты предполагают, что мотивы китайских мужчин также не лишены прагматики.

"Заключая брак с русской женщиной, китаец получает 'в приданое' страну с более высоким уровнем жизни, большими возможностями для предпринимательства и торговли. Здесь нет политики ограничения рождаемости, зато большие возможности для развития. Это хорошая стартовая площадка для выходцев из бедных северных районов", – говорит Надежда Лебедева.

Несомненно, брак с русской женой поможет адаптироваться в стране и выучить язык.

"С первых дней знакомства жена много рассказывала о России. Благодаря ней я выучил и русский язык. Моя жена – кандидат филологических наук и юрист. Она очень любит спорить об истории и политике. А по-китайски не говорит. И мне иногда целыми днями приходилось искать в интернете материалы, готовиться, чтобы доказать свою правоту. Зато теперь я по-русски могу говорить о чем угодно", – рассказывает Московский бизнесмен из провинции Шаньдун Лу Юйпин (36 лет, женат 7 лет).

При этом Лу Юйпин не верит, что китайцы женятся на русских исключительно ради выгоды.

"Далеко не все китайцы хотят остаться в России. Напротив, большинство стремится вернуться на родину. Из всех моих сокурсников в России осталось только двое – я и мой друг. Ни один из нас не планировал остаться здесь или жениться на русской. Просто так получилось".

Китайский муж

"Русская жена – китайский муж" – именно такой тип российско-китайского брака оказывается самым распространенным.

Так, с 2005 по 2013 гг. в Приморском крае таких браков было зарегистрировано 154 (против 19 браков типа "русский муж и китайская жена"). В Москве похожая ситуация: количество китайцев, заключивших брак в 2004-2012, превышает количество китаянок почти в 2 раза: 130 и 78. Очевидно, что китайские мужья пользуются в России спросом.

По наблюдениям заведующей международной учебно-научной лабораторией социокультурных исследований Лебедевой, женами китайских мигрантов обычно становятся не молодые девушки, а женщины, повторно выходящие замуж. Имеющие опыт неудачного замужества россиянки более разборчивы, они прагматично подходят к выбору мужа – и здесь китайцы оказываются успешными кандидатами.

Это подтверждается статистикой: по данным департамента ЗАГСа (民事登记处) Приморского края, средний возраст российских женщин, вступающих в брак с китайцами, составляет 30 лет.

Лебедева связывает интерес российских женщин к китайским мужчинам с тем, что "непьющие, работящие, придерживающиеся традиционных норм морали китайцы выгодно отличаются от русских мужчин. Это и привлекает российских женщин". Психолог Анна Леонтьева объясняет это тем, что "на брачном рынке в России не очень просто".

Не стоит забывать, что у России и Китая богатая история культурного обмена. Нередки случаи, когда русские и китайцы находят друг в друге "родственные души".

"Мы с мужем прожили вместе 13 лет, и прожили счастливо. Детей у нас нет: если бы было некомфортно, давно уже развелись бы. Мы учились вместе – это многое определило, так как в студенчестве люди ещё не имеют каких-то иллюзий социального статуса и того, как надо поступать в жизни. Как ни странно, но у наших семей много общего в каких-то моментах", – рассказала Ирина (39 лет, замужем за китайцем 10 лет).

По ее мнению, национальность партнера не так сильно определяет отношения в семье: "В брак вступают с личностью, а не с представителем той или иной культуры. Всегда найдётся сосед или кто-то там ещё, который из одной 'категории' с твоим избранником, но ничего, кроме неприязни, у тебя не вызывает".

Цифры

В целом же, вопреки распространенному убеждению, российско-китайские браки – явление отнюдь не многочисленное. По статистике Управления ЗАГСа Москвы, каждый десятый брак в Москве заключается с участием иностранцев, но на граждан КНР из них приходится менее 0,3%. Так, в период 2002-2012 гг. в Москве в брак вступили 267 граждан Китая.

Похожая картина на Дальнем Востоке. По данным департамента ЗАГСа Приморского края, за указанный период было заключено 238 браков между гражданами РФ и КНР. Там российско-китайские браки составляют примерно четверть от общего числа браков с иностранцами.

Задания:

1. Выразите согласие (√) или несогласие (X) со следующими утверждениями. (6 баллов)
   - [A] Русские жены китайских мужей обычно очень ревнивые.
   - [B] Русские считают, что китайцы женятся на русских женщинах только ради выгоды.
   - [C] Большинство китайцев хотят навсегда остаться в России.
   - [D] "Русский муж – китайская жена" – самый распространённый тип русско-китайского брака.
   - [E] Отношения между мужем и женой в значительной степени зависят от национальности супругов.
   - [F] В России существует много российско-китайских браков.

- Ответьте на следующие вопросы по содержанию прочитанного текста. (12 баллов)

2. Чем интересуют русских женщин китайские мужчины?
3. Почему на брачном рынке в России не очень простая ситуация?
4. Почему русские и китайцы часто находят друг в друге "родственные души"?
5. Чем помогает китайцу брак с русской женщиной?
6. Как китайские мужья оценивают своих русских жён?
7. Как китайские мужья оценивают китайских девушек?

- Найдите переводы следующих предложений в прочитанном тексте. (8 баллов)

8. 娶俄罗斯妻子的中国男性人数要比嫁俄罗斯丈夫的中国女性人数多出近一倍。
9. 莫斯科每登记10桩婚姻，就有一桩婚姻属涉外婚姻，但同中国公民有关的跨国婚姻仅占0.3%。
10. 我们曾在一起求学，这决定了许多事情，因为在学生时代人们通常还不会考虑社会地位和如何生活这类问题。
11. 在中国，养育小女孩就像养育公主一般，她们什么都不会做，也不想做，最终长成一个邋遢鬼。

ТЕКСТ 2

Хотите все успевать? Не делайте лишнего!

Нехватка времени – проблема современного общества. Даже если мы успеваем выполнить все намеченные планы, то теряем при этом массу энергии и чувствуем себя потом плохо. Как же выбраться из этого "заколдованного（有魔法的，神奇的）круга" и перестать ощущать постоянный стресс? Очень просто, советуют эксперты – просто избегайте лишних и ненужных действий!

Составляйте ____12____ задач на день и действуйте строго по нему.

Конечно, это не значит, что вы должны жить, как робот. Но если вам предстоит действительно сложный день, лучше не отвлекаться на второстепенные действия. А список задач вам в этом поможет. Старайтесь сначала выполнять все намеченное, и лишь потом, если останется время, заняться какими-то дополнительными делами.

Говорите "нет", когда говорить "да" ____13____.

Массу времени у нас отбирают различные просьбы со стороны близких, знакомых, коллег. Если выполнение такой просьбы для вас чересчур обременительно（非常麻烦的，负担重的）, то не стоит отвечать "да" лишь по той причине, что вы не хотите обидеть человека. Скажите, что для вас сейчас заниматься этим неудобно. В каких-то случаях можно предложить перенести исполнение просьбы на другое время, когда вы станете свободнее. Так, не следует брать на себя лишние обязанности, с которыми не справляются ваши сослуживцы.

Не берите на себя слишком ____14____.

Нередко, чтобы угодить кому-то（друзьям, начальству）, мы обещаем больше, чем можем выполнить. В итоге мы делаем эти дела в ущерб своему времени и здоровью, да еще и результат может оказаться не очень хорошим. Чтобы таких ситуаций не возникало, стоит прежде чем давать обещание, взвесить свои реальные возможности. Не уверены, что справитесь – откажитесь или же перенесите сроки исполнения. Как правило, это оказывается возможным.

Хорошенько думайте, прежде чем проявить ____15____.

Как известно, инициатива наказуема. Выступив с новаторским предложением, вы рискуете тем, что именно вас назначат "смотрящим" за исполнением нового проекта. И не исключено, что потом окажется: этот проект никому не нужен. Поэтому сначала подумайте, а потом уж предлагайте!

Не ходите на ____16____, которые для вас не слишком важны.

Различные встречи, совещания, заседания, конференции требуют массы времени. Помните, что вы теряете не только время, затраченное на саму встречу, но и то, что вы затратили на дорогу туда и обратно, на подготовку к встрече. А продуктивность оказывается не слишком высока. Поэтому если ходить на мероприятие не обязательно, то лучше этого не делать. Во многих случаях ваше личное присутствие вообще не требуется, и львиную долю всех вопросов можно решать на расстоянии – по телефону или интернету. В конце концов есть такая вещь, как видеоконференции...

Убирайте отвлекающие_____17_____.

Если вам нужно выполнить серьезное задание, лучше не тратьте время на проверку личной почты, чтение рассылок и серфинг（冲浪）по социальным сетям. Если задание не требует соединения с интернетом, то лучше вообще отключиться от глобальной сети. Производительность сразу вырастет! Также не стоит во время работы, например, слушать музыку. Вы тратите энергию на усвоение информации, а музыка – это тоже информация. Поэтому ее прослушивание снижает КПД（有效系数）вашего труда. Если дело очень уж важное, целесообразно будет также отключить телефоны. Даже если вы не станете отвечать на прозвучавший некстати звонок, он вас все равно отвлечет, и снова вернуться к работе будет нелегко.

Делайте_____18_____.

Следует делать перерывы по меньшей мере каждые два часа. Дело в том, что, если вы в течение этого времени бьетесь над какой-то задачей, то к концу второго часа продуктивность вашего труда значительно падает. В результате вы не сделаете ничего особенно полезного. Поэтому как только почувствовали, что устаете – отвлекитесь хотя бы на 10-15 минут. Это поможет вам переключиться и обрести "второе дыхание".

Если не хочется ничего делать, не делайте_____19_____!

Хотя бы в течение 10-15 минут. Но помните, что в этот отрезок времени вы действительно не должны ничего делать, даже читать или смотреть телевизор... Просто сядьте и сидите. Зачем это нужно? Это метод борьбы с прокрастинацией（откладыванием на потом）: через какое-то время вас замучит совесть, и вы возьметесь за отложенные дела!

Задания:

- Вставьте пропущенное слово в заголовке каждого абзаца.（16 баллов）

  12. _____
  13. _____
  14. _____
  15. _____
  16. _____
  17. _____
  18. _____
  19. _____

20. Выразите согласие（√）или несогласие（Х）со следующими утверждениями.（5 баллов）

    [A] Автор советует нам, что не надо принимать такое поручение, какое наши товарищи не в силах выполнить.
    [B] Автор считает, что надо всегда без колебаний выступать со своей инициативой.
    [C] Автор советует нам участвовать в различных мероприятиях.
    [D] Автор считает, что работать под музыку – хорошая привычка.
    [E] Автор считает, что перерывы иногда помогают повышать эффективность труда.

ТЕКСТ 3

Считается, что продолжительность жизни у женщин больше, чем у мужчин. Но этот разрыв может сократиться за счет тенденций к эмансипации（解放）. Таковы результаты исследования, проведенного специалистами из британского Национального статистического управления（ONS）.Ученые выяснили, что предпочтение карьеры домашнему хозяйству вредит женскому здоровью.

Как показал анализ данных, собранных экспертами ONS с 1963-го по 2013 год, разница между средней продолжительностью жизни у мужчин и женщин снизилась с шести до четырех лет. И причина этого в эмансипированности прекрасного пола, полагают ученые.

Получив равные возможности с мужчиной, женщина поступает в колледж или университет, работает, пишет книги или диссертации, занимается бизнесом... Невольно она начинает перенимать мужской образ жизни. Как известно, одна из причин ранних смертей представителей сильного пола – это постоянные стрессовые ситуации, с которыми мужчина сталкивается в своей профессиональной деятельности. Невозможность достойно обеспечивать семью, неудачи в карьере, несоответствие действительности ожиданиям могут довести до гипертонии（高血压）, инфаркта（梗塞）, диабета（糖尿病）и других проблем со здоровьем... Кроме того, чтобы снять стресс, мужчина нередко обращается к спиртному и другим "допингам（兴奋剂）". То же самое происходит и с женщиной, вынужденной отдавать все силы работе и карьере.

В первой половине прошлого столетия на эмансипированных женщин смотрели как на белых ворон, и жертвовать семьей ради карьерного роста среди представительниц прекрасного пола было непопулярно. Но общество изменилось. Все меньше женщин привлекают традиционные семейные ценности, все больше отказываются посвящать жизнь мужу и детям. Если раньше нормой были статус домохозяйки либо работа, не связанная с высоким социальным или финансовым положением, то в наши дни немало особ стремятся прежде всего к профессиональной или творческой самореализации, к доминирующему статусу. А за это обязательно приходится "платить".

"В последние 50 лет наблюдается значительное увеличение числа женщин, предпочитающих трудовую деятельность домашнему хозяйству. Из-за стресса они курят и употребляют алкоголь, что приводит к изменениям в состоянии здоровья", – сказано в опубликованном отчете ONS.

Кстати, еще одно исследование, проведенное британскими социологами в национальных масштабах, показало, что среди женщин потребление алкоголя в целом снижается менее интенсивно, чем среди мужчин. То есть, если дама злоупотребляет спиртным, то отказаться от вредной привычки ей гораздо сложнее, чем представителю сильного пола. Что же касается курения, то в середине 70-х курили 50 процентов мужчин и лишь треть женщин. К 2011 году, благодаря пропаганде здорового образа жизни, число курильщиков в целом сократилось, однако количество курящих женщин увеличилось, и сейчас их столько же в процентном соотношении, сколько курящих мужчин.

Также стремление взобраться по карьерной лестнице приводит к тому, что представительницы слабого пола все чаще откладывают брак и рождение детей на потом. В среднем в западноевропейских странах женщины рожают детей в 30 лет. К тому же, с 1970 года в пять раз выросло число женщин, которые производят на свет первенцев после сорока. А это, как известно, чревато（引起）проблемами для здоровья и матерей, и детей. Да и не всегда "карьеристка（追求个人名利地位的女性）" сама занимается воспитанием ребенка. Куда чаще она предпочитает не менять привычного образа жизни, поручая свое чадо（孩子）заботам бабушек или нянь.

"Таковы непреднамеренные（无意的）последствия экономического давления правительства на женщин, которых заставляют работать на протяжении всей жизни", – резюмирует одна из авторов исследования Патриция Морган. Того же мнения придерживается Лаура Перринс из общества Mothers at Home.

Найти решение этой проблемы не так-то просто, как кажется на первый взгляд. Даже если власти начнут поощрять неработающих матерей семейств, выплачивать им значительные пособия и давать прочие льготы, захотят ли женщины, уже успевшие ощутить "вкус свободы", пожертвовать карьерой ради семьи? Не факт…

Задания:

- Выберите правильный вариант ответа. (4 балла)

21. О чём идёт речь в данном тексте?
    [A] О сокращении продолжительности жизни мужчин.
    [B] О постоянных стрессовых ситуациях, с которыми мужчины сталкиваются.
    [C] О различных проблемах для здоровья мужчин.
    [D] О сокращении жизни карьеристки.

22. Как автор данного текста оценивает поведение карьеристки?
    [A] Он оценивает положительно.
    [B] Он оценивает высоко.
    [C] Он оценивает противоречиво.
    [D] Он оценивает отрицательно.

- Ответьте на следующие вопросы по содержанию прочитанного текста. (14 баллов)

23. В чём состоит причина смерти мужчин?
24. Нравится ли вам образ жизни "карьеристки"? Почему?
25. Почему женщины курят и пьют?
26. Легко ли женщинам избавиться от вредных привычек?
27. В чём заключается причина отложения брака и позднего рождения ребенка?
28. Вредно ли позднее рождение ребёнка для здоровья женщин?
29. Легко ли правительству решить проблему "карьеристки"?

ТЕКСТ 4

Говоря о российском пиве в Китае, нельзя не вспомнить, что первая китайская пивоварня была основана в Харбине ещё в 1900 году именно русскими купцами. Выйдя на рынок Китая в 2004 году, "Балтика" до сих пор остается единственным российским пивом в Китае. "В Китае мы представлены в сегменте импортного пива, то есть качественного знаменитого продукта, завоевавшего свой 'домашний рынок' и стоящего того, чтобы везти его с другого конца света. Наша основная цель на рынке Китая – значительное увеличение узнаваемости бренда 'Балтика'. В дополнение к высокому качеству самой продукции мы постоянно работаем над увеличением ее конкурентоспособности, в результате нам удается выходить в торговые сети и рестораны, ориентированные на самые широкие слои населения Китая," – говорит Олег Алехин, руководитель представительства пивоваренной компании "Балтика" в Китае.

Потребители пива "Балтика" в Китае – люди старше 30 лет с доходом выше среднего уровня. Основные объемы продаж приходятся на провинции Хэйлунцзян и Шаньдун, продукция продвигается практически по всей территории КНР. Основными конкурентными преимуществами продукции "Балтика" являются высокое качество продукции, широкий ассортимент, разнообразие видов упаковки и конкурентная цена. В Китай экспортируется вся линейка "Балтики" – 8 сортов (восемь в Китае счастливая цифра, мы предлагаем пиво на любой вкус от безалкогольного до крепкого) – это популярные во всем мире классические лагеры (陈贮啤酒), и сорта европейской специфики – чёрное пиво и пшеничное нефильтрованное пиво.

Российская "Балтика" – активный участник китайских пивных фестивалей. В 2008 году пиво компании было впервые представлено на Харбинском пивном фестивале и первом в Китае зимнем пивном фестивале, прошедшем в декабре - январе на острове Хайнань. Уже четвертый год подряд компания принимает участие в международном Даляньском пивном фестивале, где пиво из России пользуется неизменным успехом у китайских любителей пенного напитка. Так, в этом году в шатре компании гостям предлагали все сорта линейки бренда "Балтика", а к российскому пиву подавали традиционные китайские закуски – морепродукты, шашлычки из баранины, вареную кукурузу.

Если завоевать предпочтения потребителя сложно, то организовать продажи импортной продукции повседневного спроса в Китае еще сложнее. Требования с китайской стороны, предъявляемые к импортируемым пищевым товарам, постепенно возрастают. "Балтике" удается успешно им отвечать. Как отмечают в компании, таможенные пошлины Китая весьма благоприятны, а растущие санитарно-гигиенические требования совершенно справедливы и лишь не допускают недобросовестных производителей или торговых посредников. Многое в работе импортера в Китае зависит от его личных отношений с дистрибуторами (经销商) или торговыми сетями.

"Китайскую модель ведения бизнеса следует изучить, и тогда многое станет понятным и решаемым. Чем больше вы знакомы с партнером, чем больше у вас опыт совместной работы, тем легче достигается успешный результат", – отмечает Алехин. Не согласиться с этим утверждением трудно, оглядываясь на 5 лет назад и, отмечая успехи российско-китайского сотрудничества на примере работы пивоваренной компании "Балтика" в КНР.

Задания:

- Выберите правильный вариант ответа. (10 баллов)

30. Каково самое главное содержание в этом тексте?
    [A] Китайские пивные фестивали.
    [B] Российское пиво.
    [C] Продажа российского пива в Китае.
    [D] Китайские таможенные пошлины.
31. Какая марка российского пива хорошо продаётся в Китае?
    [A] Классические лагеры.
    [B] Чёрное пиво.
    [C] Пшеничное нефильтрованное пиво.
    [D] "Балтика".
32. Что не входит в преимущества пива "Балтика"?
    [A] Хорошая узнаваемость.
    [B] Высокое качество.
    [C] Широкий ассортимент и разнообразная упаковка.
    [D] Умеренная цена.
33. Как Алехин оценивает условия для бизнеса в Китае?
    [A] Условия для бизнеса в Китае невыносимые.
    [B] Условия для бизнеса в Китае оптимальные.
    [C] Условия для бизнеса в Китае необычные.
    [D] Условия для бизнеса в Китае неблагоприятные.
34. Как, по мнению Алехина, идёт продажа пива "Балтика" на китайском рынке?
    [A] Отсутствует спрос на пиво "Балтика" в Китае.
    [B] Везде и всюду пиво "Балтика" имеет большой сбыт в Китае.
    [C] Пиво "Балтика" является дефицитным товаром в Китае.
    [D] Продажа пива "Балтика" в Китае идёт успешно.

ТЕКСТ 5

Диетологи (饮食营养学家) считают, что различные хот-доги и биг-маки есть очень вредно, но когда не удается в рабочее время питаться полноценно, поневоле приходится сидеть на бутербродах. Так действительно ли они приносят вред?

Удар по печени

Бутерброды полезны только в том случае, если вопрос стоит так: или совсем ничего не есть весь день, или пожевать хоть что-то. Например, чипсы, хот-дог, беляш, биг-мак и прочее. На этом плюсы такого питания, увы, заканчиваются... Но многим все это кажется вкусным!

Практически весь фаст-фуд (еда быстрого приготовления) наносит удар по печени, поскольку содержит консерванты (防腐剂) и вкусовые добавки, которые нейтрализует (削弱) именно печень. К тому же ей приходится "работать" над фаст-фудовскими жирами, в том числе скрытыми. Месяц-другой еще можно выдержать, а потом вы рискуете ознакомиться с диагнозом "гастрит（胃炎）", а то и "язвенная（胃及十二指肠溃疡）болезнь".

Долой концентраты（浓缩食品）!

Что же делать, если хочется поесть нормально, но на работе нет столовой, а обедать в ресторане – дорого? Для начала позавтракать утром яичницей, кашей или омлетом. Обед же можно организовать своими силами, приготовив, например, дома суп, а затем разогрев его в микроволновой печи. Однако многие "ловятся" на то съестное, которое превращается в горячее блюдо без особых усилий: бульон из кубиков, лапша "залей кипятком" и прочие концентраты.

При всей видимости "нормального обеда" такое питание отнюдь не полноценное и вовсе не здоровое! Оно дает организму главным образом углеводы и немного жиров, не балуя витаминами и микроэлементами, а главное – категорически обделяя（少给，份额不足）белком. Зато щедро снабжает консервантами, ароматическими и вкусовыми добавками. Эта еда допустима только для тех, кто считает себя абсолютно здоровым человеком.

То есть если вы изредка пообедаете "растворимым супом" или биг-маком и хот-догом и даже запьете газировкой, ничего страшного, скорее всего, не произойдет. Но если все это станет вашим привычным блюдом на обед из месяца в месяц, можете не сомневаться, проблемы с пищеварением появятся.

Существенно и то, что нерациональное（不合理的）питание полуфабрикатами и биг-маками обходится дороже – в прямом смысле! А в период кризиса лишние траты, конечно же, не входят в ваши планы.

Выход есть

Кстати, к полезным "средствам от голода" приравниваются йогурт, фрукты, сухофрукты и орехи.

Лучшим вариантом обеда "вне столовой" считается сочетание "мясо（курица, котлета）плюс тушеные овощи", а также свежие молочные продукты и фрукты. То есть колбаса（сосиска）с булочкой плюс майонез или кетчуп – это плохо. А вот кусок вареного мяса плюс огурец или тушеная капуста – нормально! Такой рацион（口粮）не только позволит справиться с голодом, но и принесет нормальный набор питательных веществ в организм, в том числе незаменимые аминокислоты（氨基酸）. В любом случае, самодельный бутерброд, прихваченный из дому гораздо питательнее, чем купленный на улице беляш, чебурек или шаурма.

Под конец нельзя не сказать о главной опасности фаст-фуда – "подстрекательстве（教唆）" к перееданию. Отведав гамбургера и притупив тем самым днем на короткое время чувство голода, вечером бывает трудно справиться с желанием "наконец-то поесть нормально!" А обильный ужин, кроме перегрузки организма, вводит человека в порочный круг – с утра есть не хочется, днем некогда и негде, а ближе к ночи – пир горой. И именно здоровый сон на полный желудок способствует обрастанию（长上一些）фигуры лишними килограммами.

Маленькие хитрости против большого веса

Специалисты по питанию считают, что вся система правильной и полезной пищи полностью укладывается в несколько принципов, соблюдение которых поможет сохранить силы и здоровье на долгие годы. Тем, кто решился начать "новую жизнь", то есть похудеть, стоит прочесть эти рекомендации. Глядишь – через неделю-другую лишние килограммы испарятся... А худым и стройным знать эти "маленькие хитрости" тоже не помешает!

Запомните: не существует ни одного пищевого продукта, который содержал бы все необходимые компоненты, поэтому рацион должен быть максимально разнообразным.

Поддержание нормального веса защищает от болезней, связанных с обменом веществ.

В черном хлебе содержится больше витаминов, минеральных солей и клетчатки, чем в белом. Кроме того, ежедневное употребление в пищу ржаного хлеба регулирует работу пищевода и благотворно влияет на желудок.

Два стакана нежирного молока в день полностью обеспечивают необходимое количество кальция, а также снабжают высококачественным белком и витамином B2.

Рыба и бобовые содержат более полезные виды белков, чем мясо, а содержащиеся в них полезные вещества предотвращают развитие ишемической（局部缺血的）болезни сердца.

Используйте в ежедневном рационе больше овощей и фруктов. Они обеспечат организму необходимое количество витаминов, минеральных веществ и клетчатки.

Старайтесь не злоупотреблять продуктами с высоким содержанием холестерина.

Максимально сократите количество сладостей в рационе. Помните: в сахаре не содержится никаких полезных для организма веществ!

Избыток соли повышает кровяное давление, а спиртные напитки, как правило, очень калорийны.

Но не стоит голодать или месяцами выдерживать строгую диету. Это только на первый взгляд кажется, что любая диета на пользу. Если вы подолгу сидите на высокобелковых диетах со значительно сниженным содержанием углеводов, то можете существенно навредить своему здоровью. Столь неполезное питание может привести к риску сердечно-сосудистых заболеваний. Одним словом, и питаться, и худеть надо с умом!

Не будьте рабами своего желудка

"Умерен будь в еде – вот заповедь одна. Вторая заповедь – поменьше пей вина", – говорил древний врач Авиценна. Мы же зачастую любим поесть, даже не испытывая чувства голода, а просто – чтобы чем-нибудь занять себя. И вот под вечер, когда особенно вредно наедаться（吃许多）, начинает то и дело хлопать дверца холодильника. Закусив калорийным бутербродом или чипсами, мы вздыхаем: "Что бы такое начать есть, чтобы не поправиться?"... Скажите себе раз и навсегда: "Я ем, чтобы жить, а не живу, чтобы есть!". Старайтесь принимать пищу в одно и то же время, при этом желательно не есть после 18.00. Конечно, это касается только тех, кто не страдает никакими серьезными желудочными заболеваниями. И еще один совет: ни в коем случае не ешьте во время просмотра телепередач. Это самый распространенный способ переедания.

Задания:

35. Передайте своими словами главное содержание прочитанного текста. (3 балла)

- Найдите в тексте ответы на следующие вопросы. (22 балла)
36. Какой вред приносит нам еда быстрого приготовления?
37. Чем, по мнению автора, лучше позавтракать?
38. Правда ли, что концентраты – это питание не полноценное и вовсе не здоровое? А какой вред они наносят нашему организму?
39. К каким нежелательным последствиям может приводить обильный ужин?
40. Какое сочетание считается лучшим вариантом обеда "вне столовой" ?
41. Какие продукты являются полезными "средствами от голода" ?
42. Чем нам полезно ежедневное употребление в пищу ржаного хлеба?
43. Что обеспечивают нашему организму два стакана нежирного молока в день?
44. Надо ли больше есть овощи, фрукты и сладости? И почему?
45. Можно ли месяцами выдерживать строгую диету? И почему?
46. Какие советы нам дают, чтобы мы не стали рабами своего желудка?

УРОК 29

I. Новости прошлой недели.
II. Прочитайте следующие тексты и выполните задания.

ТЕКСТ 1

"Китайская мечта" воплощает в себе
интересы и ценности всего китайского народа

Выступая на церемонии закрытия съезда ВСНП, глава государства Си Цзиньпин всесторонне описал "китайскую мечту". Это выступление продемонстрировало, насколько велики устремления нового председателя КНР и всего нового поколения лидеров страны, оно отразило и чаяния всего китайского общества. Китай очень быстро развивается, но тяжесть поставленных задач не сломила его, не пригнула (弯向) к земле. И сейчас Китай полон энергии и решительности: это страна, готовая смело претворять в жизнь самые дерзновенные (勇敢的) мечты.

"Китайская мечта" принадлежит каждому гражданину Китая, и в это же время она принадлежит всему народу в целом. Она объединяет в себе мечты и стремления каждого человека, и в то же время она напрямую связана с будущим всей страны. И подобная мечта действительно существует. Просто вдумайтесь, мы желаем себе всего самого наилучшего и надеемся, что блистательное будущее ждет и нашу страну в целом. И когда мы говорим о будущем страны, все мы видим примерно одну и ту же картину: цивилизованность, демократию, сильное правовое начало, процветание, богатство и равные возможности роста и развития для каждого человека.

Горькие уроки недавнего прошлого говорят нам, что слабость и отсталость государства всегда связаны с низким уровнем жизни населения. В современной истории наиболее близкой людям частью китайской мечты всегда было желание жить в богатой и могущественной стране. В интернете всегда есть люди, утверждающие, что благо страны их совершенно не касается, но все это слова, сказанные сгоряча: совершенно естественное явление для эпохи гласности и открытости.

Описанная Си Цзиньпином "китайская мечта" постепенно становится все ближе к реальности. Это, конечно, идеал, но в это же время это и факты действительности, которых, благодаря нашему ежедневному труду, становится все больше и больше. Когда в начале прошлого столетия китайские элиты мечтали о блистательном будущем, это напоминало детский лепет (呀呀儿语). Сегодня же у нас есть надежная материальная база, и в условиях современной китайской действительности любой гуманистический идеал может быть постепенно воплощен в жизнь. Сейчас у Китая и у китайской цивилизации в целом достаточно достоинства и престижа, чтобы это ощутил каждый отдельный гражданин страны.

Современное китайское общество предоставляет каждому человеку небывалую свободу выбора своего пути в жизни, и даже необычные, непривычные решения получают все большую защиту и одобрение со стороны общества. "Китайская мечта" не имеет ничего общего с политическим принуждением, она допускает такой уровень богатства и разнообразия выбора в обществе, который не только затмевает (遮住，胜过) примеры из современной китайской истории, но и открывает новую страницу в истории всего мира.

В течение последних десятилетий Китай развивался крайне быстро, но в то же время мы накопили немало проблем, к тому же должно пройти еще немало времени, прежде чем мы в полной мере осознаем значение некоторых достигнутых нами успехов. Нам и сегодня непросто определить свое место по отношению к своей истории и ко всему миру. Сформулировав "китайскую мечту", мы не просто наметили себе цели в будущем, мы попробовали осознать, чего же мы все-таки хотим и куда движемся.

В эпоху плюрализма "китайская мечта" поможет примирить общественное, политическое и идеологическое начала, создаст надежное идейное ядро для общества, которое внешне будет становиться все более диверсифицированным (多样化的). Мы уже писали об этом выше: неважно, насколько далеко зайдет процесс диверсификации, у нас есть общие для всех китайцев мечты и устремления, и именно поэтому мы должны развивать и поддерживать рост плюрализма, а не позволять этим идеям покрываться пылью в каком-нибудь забытом всеми закутке (角落，小仓库), сосредотачиваясь лишь на строительстве рыночной экономики.

И на мировом фоне китайцы в среднем выделяются своим кипучим трудолюбием. В массах очень сильно желание улучшить уровень жизни, большинство китайцев к тому же твердо ставят перед собой цель в жизни, видят перспективу. Все это уже много лет создавало самые благоприятные условия для того, чтобы в китайском обществе сохранялось активное стремление к лучшему, и теперь "китайская мечта", глубоко уходящая корнями в китайский народ и имеющая в обществе широкую поддержку, уверенно принимает эту эстафету (接力棒).

В будущем нам необходимо будет добиться полного взаимопонимания между стремлениями каждого отдельного члена общества и всего государства в целом. Нужно добиться того, чтобы каждый человек не просто имел возможность насладиться плодами успехов политики реформ и открытости, но и был уверен, что он делает это на справедливых и равных для всех началах. Конечно, в течение некоторого времени этот момент будет вызывать ожесточенные споры, но когда эта полемика (争论，论战) сойдет на нет, мы постепенно начнем привыкать к мысли, что честность и справедливость возможны и достижимы. Все это самым значительным образом скажется на том, как люди будут воспринимать "китайскую мечту" в их повседневной жизни.

Чем больше "китайская мечта" наполняется конкретикой народной жизни, тем сильнее ее политическое влияние. И сейчас в Китае сложились все условия для того, чтобы чаяния китайского народа стали фактом жизни для всего населения страны. К переменам готовы не только политическая и социальная системы, подобная метаморфоза (变样，变质) будет поддержана и китайским рынком. Именно потому, что "китайская мечта" отвечает и общим интересам всех граждан КНР, и рыночным ценностям, мы и можем сказать, что она воплощает в себе интересы и ценности всего китайского народа.

Китай сохраняет верность традициям прошлого и в это же время открывает новые пути для будущего. В рамках подобного подхода объявление курса на реализацию "китайской мечты" – шаг очень верный и своевременный. И наша вера в то, что "китайская мечта" действительно откроет перед всем китайским народом новые возможности и новые пути к счастью объясняется как раз тем, что эта мечта сейчас – в сердце каждого китайца.

Задания:

- Найдите переводы следующих предложений в тексте.
1. "中国梦"说到底是全体中国人共同利益和价值的聚合。
2. 中国不仅在快速发展，而且没有被沉重的任务压得喘不过气，没有累得快要趴倒。
3. 中国的尊严正从中国国家和中华文明的层面向我们每个人的个人尊严延伸。
4. "中国梦"是每一个中国人的，同时也是全民族的。它既是我们个人人生的具体理想，也同国家未来息息相关。
5. 未来需把社会成员个人的人生追求与国家追求进一步打通，使每个人不仅都能分享国家改革开放的成果，而且对参与分享的公平过程充满信心。
6. 中国人有共同的理想，正因如此，我们应支持多元化发展，而不是只专心于市场经济建设，却让这些理想尘封在被大家忘却的角落。
7. "中国梦"的提出，是我们给自己制定了未来的目标。我们尝试去了解，我们究竟想要什么，我们到底走向何方。
8. 习主席所描绘的"中国梦"慢慢地接近现实。当然，这是理想，但是通过我们每天的劳动，这种现实会实现得越来越多。

ТЕКСТ 2

Родители часто страдают оттого, что плохо понимают свое **чадо**. То с ним связывают слишком большие надежды, а они не оправдываются. То хотят, чтобы ребенок был **точь-в-точь**, как они сами, а он совсем не такой. Кандидат медицинских наук, сотрудник Института высшей нервной деятельности РАН Николай Богданов предлагает свою методику, как узнать характер ребенка с помощью отпечатков пальцев.

Скольких ошибок могли бы избежать родители, если бы заранее знали о некоторых особенностях психического склада（性格，气质）своего ребенка и не "тратили порох（火药）" зря! В этом может помочь разобраться знание некоторых особенностей так называемых гребневых（梳子状的）узоров. Они расположены на внутренней поверхности рук, в том числе на кончиках пальцев. Их не зря используют для установления личности человека. Более того, узоры много рассказывают о своем обладателе. Нужно только понимать этот язык.

Следует сразу оговориться, что к хиромантии（手相术）подобная диагностика никакого отношения не имеет. Она называется дерматоглификой（皮肤纹理学）. Между ней и хиромантией столь же мало общего, как между астрологией（星象学）и астрономией. Спросите астронома о зодиакальных созвездиях（黄道星座）, и он вам расскажет о строении, химическом составе, происхождении небесных тел. Но если вас интересуют гороскопы（占星图）, вы ничего, кроме разочарования, не получите.

Хиромантия имеет дело с так называемыми белыми линиями ладоней, которые в течение жизни существенно изменяются. А узоры кожи на кончиках пальцев, образовавшись еще во время внутриутробного（腹内的）развития человека, остаются неизменными всю жизнь. Кожа в эмбриональном（胚胎的）развитии тесно связана с нервной системой. И рисунок на кончиках пальцев определяется структурой нервных окончаний в них. Поэтому кожные узоры можно использовать при изучении особенностей нервной системы человека. Отсюда уже один шаг и до его поведения, характера.

Как же научиться "читать" по руке? Очень просто. Узоры на кончиках наших пальцев бывают трех типов.

Чаще других встречаются "петли（圆圈，扣环）". Если у вашего ребенка на пальцах большое число петель, не стоит огорчаться из-за того, что этот рисунок, так сказать, банален（老生常谈的）. Зато характер у таких детей "золотой". Они спокойны, доброжелательны, покладисты（随和的）, отзывчивы, первыми приходят на помощь. В школе они могут и не "хватать звезд с неба", зато домашние задания выполняют старательно. Они очень ответственны, но особой инициативы проявлять не станут. Как правило, такие ребята легко заводят друзей.

А вот обладатели большого числа завитков（涡纹）производят впечатление людей "себе на уме". В дружбе они очень разборчивы. Часто не доводят начатое дело до конца, хотя если удается их заинтересовать чем-нибудь, могут произвести своего рода шедевр（杰作）. Порой удивляют учителя и родителей неожиданной удачной инициативой. За это приходится многое им прощать. Правда, встречаются такие люди редко. Гораздо чаще на руках у человека бывает всего один-два завитковых узора, и он ближе к обладателям петлевых узоров со всеми их достоинствами и недостатками.

Бывает и так, что все завитки располагаются только на пальцах одной руки. В таком случае ребенок часто ведет себя, мягко говоря, неуравновешенно（情绪易激动地）. Если завитки расположены на пальцах правой руки, то он хотя и вспыльчив（易生气的）, но отходчив（易消气的）. Если наоборот – будет молчать, надолго затаив обиду.

У тех, кто при письме и еде предпочитает левую руку, завиток чаще всего располагается на указательном пальце левой руки, тогда как на правой руке – петля. Если завиток на **безымянном** пальце левой руки, то это указание на музыкальные способности. Чрезвычайно редко у людей такой узор располагается только на большом пальце левой руки, а на правом – петля. Они очень раним и **злопамятны**. Лучше не давить на такого человека, да и ссориться с ним нужно поостеречься（小心）.

Редко встречается и третий вид узоров – дуги（弧形）. Если они на указательных пальцах, это ещё ничего, а вот если на других, то такие люди весьма своеобразны. Обладатель большого числа дуг всегда и везде считает себя "носителем истины". Это далеко не всегда приятно для окружающих. Переубедить такого ребёнка, заставить признать свою ошибку не удастся. Да и не нужно. На ошибках такие ребята не учатся. Впрочем, это искупается（补偿）тем, что они **незлопамятны** и откровенны. А если уж улыбаются, так действительно рады. В учёбе и делах они прекрасно успевают, их отличает скорость и конкретность, всё лишнее отсекается（隔离，切断）.

Но это только самые общие принципы. Характер человека зависит не только от преобладающего типа узоров, но и от их расположения по отношению друг к другу. Сделать отпечатки очень несложно: нужно намазать **кончики** пальцев любой краской, например, губной помадой, и аккуратно приложить к чистому листу бумаги один за другим – **поочерёдно** левую и правую руку. Когда краска **подсохнет**, отпечатки готовы.

Задания:

- Определите значение выделенных слов на основе контекста или по их составу.

- Ответьте на следующие вопросы.
1. Как называется этот текст?
2. Чем помогут родителям отпечатки пальцев?
3. Какие рисунки отпечатков вы знаете?
4. Какой характер у ребёнка, если у него на пальцах большое число петель?
5. Какой характер у ребёнка, если у него на пальцах большое число завитков?
6. Какой характер у ребёнка, если у него на пальцах большое число дуг?

- Выразите согласие или несогласие со следующими суждениями.
  [A] Автор считает, что хиромантия – это тоже наука.
  [B] Автор считает, что отпечатки пальцев никогда не изменятся.
  [C] Автор считает, что характер у ребёнка зависит только от типа отпечатков.
  [D] Автор считает, что астрология и астрономия одинаковое понятие.

Выборы-2016　Политика　Экономика　Жизнь　Происшествия　Наука　Путешествия　Кул

НОВОСТИ

02:10 Кадыров пригласил Владимира Путина в Чечню

00:14 Косово стало центром подготовки боевиков для ИГ

22:38 МИД Польши обнародует новые документы по авиакатастрофе под Смоленском

22:24 "Краснодар" сыграли вничью с "Партизани"

22:05 Присяжные в Сиэтле признали Селезнева виновным

22:00 Правительство Италии

СТАТЬИ

Турция ударит по террору в союзе с РФ

Анкара ждет от Москвы помощи в зачистке сирийской территории от боевиков-исламистов. Военному взаимодействию не помешают различные политические симпатии новых союзников, острые вопросы можно отложить на потом

Европа тестирует новый социализм

Идея безусловного базового дохода становится все более популярной. Интерес обусловлен проблемами рынка труда и глобальным сокращением спроса

В Америке считают РФ "проблемой, которую нужно решать"

Эра всемогущества США закончилась, сопротивление этой тенденции идет по разным направлениям

УРОК 30

I. Новости прошлой недели.
II. Прочитайте следующие тексты и выполните задания.

ТЕКСТ 1

Глаза и компьютер

Раньше считалось, что зрение портится, если много смотреть телевизор и читать в темноте и движущемся транспорте. Теперь добавился еще один вредный фактор – компьютер.

"_____"

В 1998 году американские медики из ассоциации **оптометристов** (тех, кто отвечает за проверку остроты зрения) ввели в обиход новый термин Компьютерный Зрительный Синдром (Computer Vision Syndrome, CVS) и подробно его описали. CVS – специфические нарушения зрения у людей, проводящих много времени перед экраном компьютера.

"_____"

Все симптомы (症状) CVS условно можно разделить на две группы. Первая "зрительная" связана с ухудшением зрения, вторая "глазная" – с неприятными ощущениями в глазах.

"Зрительные" признаки: ухудшилось зрение; замедлилась **перефокусировка** с ближних предметов на дальние и обратно; двоится в глазах; появилась быстрая утомляемость при чтении.

Кроме того, при CVS возникает зрительный эффект Мак-Калаха. Если вы переведете взгляд с экрана на черный или белый предмет, он "окрашивается" в цвет, который доминировал на экране.

"Глазные" признаки: чувство **жжения** в глазах; "песок" под веками; боли в области глазниц (眼窝, 眼眶) и лба; боли при движении глаз; покраснение глаз.

Большинство постоянных пользователей PC начинают жаловаться на здоровье через 4 часа и практически все – через 6 часов работы за экраном. Меньшую нагрузку на зрение оказывает считывание информации с экрана дисплея, большую – ее ввод. А самое сильное утомление вызывает работа в диалоговом режиме и компьютерная графика (线条画).

"_____"

Все дело в том, что человеческое зрение не приспособлено к работе с компьютерным изображением, потому что картинка на экране сильно отличается от естественных объектов. Кто бы сомневался. Экран светится, изображение недостаточно контрастное, не имеет четких границ и вообще состоит из отдельных точек, к тому же мелькающих.

При этом особенно вредны для зрения блики (发光的斑点) на экране монитора, неправильно выбранное расстояние от глаз до экрана, неудачные цвета. Кроме того, глаза быстрее устают, когда приходится постоянно перемещать взгляд с экрана на клавиатуру（键盘）или бумажный лист.

Врачи долго искали доказательства того, что компьютер повреждает глаз, но так и не нашли. Ни катаракту（白内障）, ни глаукому（青光眼）он не вызывает. Единственное изменение, которое может произойти – разовьётся или усилится близорукость.

"_____"

Рекомендации большинства врачей сводятся в основном к ограничению времени работы за компьютером, правильному расположению монитора и обязательным перерывам во время работы.

Но можно пойти и по другому пути. Например, купить "правильный" монитор. Сейчас уже созданы суперсовременные мониторы с высоким разрешением, то есть увеличенным числом строк, повышается до 100 Гц и более частота смены кадров, подбираются светящиеся краски, дающие более высокий контраст. Наконец, электроннолучевые трубки（阴极射线管）заменяются жидкокристаллическими（液晶的）матрицами. Из них особенно эргономичны（人性化的）экраны с так называемой активной матрицей, применяемые, например, в портативных（手提式的）компьютерах типа Notebook.

"_____"

Помочь пострадавшим от CVS можно с помощью специальных компьютерных очков. Сейчас во многих оптиках предлагают специальные очки с линзами, в которых зона ясного видения соответствует перемещению взора при работе с дисплеем.

Важна еще и специальная краска очковых линз. Несколько лет назад Институтом биохимической физики РАН совместно с Московским Институтом глазных болезней им. Гельмгольца были разработаны цветовые покрытия（涂层）, дающие значительное повышение контраста изображения. Применение очков с такими покрытиями у активных пользователей PC значительно уменьшило зрительное утомление и улучшило фокусировку（聚焦）по сравнению с обычными очками.

Задания:

- Догадайтесь о значении выделенных слов.

- Ответьте на следующие вопросы по прочитанному тексту.
1. Страдали ли вы от так называемого CVS?
2. Что оказывает самую большую нагрузку на зрение?
3. Почему вредно неправильное пользование компьютером?
4. Что вызывает долговременное пользование компьютером?
5. Что надо делать, чтобы пользование компьютером не оказывало вредного действия на зрение?

- Озаглавьте части прочитанного текста.

ТЕКСТ 2

100-летие основания КПК: итоги, успехи и вызовы

С 1921 по 2021 год Коммунистическая партия Китая (КПК) прошла 100-летний путь развития, стала более активной и жизнеспособной, превратилась в крупнейшую в мире партию, численность которой составила 95 млн. человек.

На протяжении этого столетия КПК придерживалась своей первоначальной миссии поиска счастья для китайского народа и возрождения китайской нации. КПК постоянно опирается на народ, преодолевает трудности, создавая одно "чудо" за другим. 1 июля 2021 года Генеральный секретарь ЦК КПК Си Цзиньпин на торжественной церемонии по случаю 100-летия КПК выступил с важной речью. Он заявил, что в Китае построено "среднезажиточное общество".

Однако на пути великого возрождения китайской нации Китай все еще сталкивается с большим количеством вызовов.

Как поддерживать продолжительное и здоровое развитие _____ ?

После проведения 18-го Всекитайского съезда КПК ЦК КПК дал новое определение экономике, китайская экономика вступила в новую реальность.

В ноябре 2015 года Генеральный секретарь Центрального комитета КПК Си Цзиньпин впервые выдвинул идею о продвижении структурного реформирования внутреннего предложения. Реформы будут проводиться с помощью научно-технических инноваций. В последние годы Китай приложил огромные усилия в этом направлении, а также добился заметных результатов.

В настоящее время эпидемия нового коронавируса оказывает глубокое влияние на глобальную экономику. Учитывая изменения, связанные с настоящим этапом, обстановкой и условиями развития КНР, Си Цзиньпин отметил, что необходимо стимулировать продвижение новой структуры развития – "двойной циркуляции", которая сочетает в себе силы внутренней экономики Китая и международное экономическое взаимодействие.

В 2020 году, несмотря на сложные внутренние и внешние условия, особенно в связи с эпидемией нового коронавируса, ВВП КНР превысил 100 трлн. юаней. В первом квартале 2021 года объем китайской экономики вырос на 18,3% по сравнению с аналогичным периодом прошлого года. Тем самым Китай продемонстрировал самый лучший рост среди стран G20. Важнее всего, что был сделан большой прогресс в качественном развитии китайской экономики.

Как стабильно и упорядоченно развивать _____ ?

Демократия – это общемировая тенденция. КПК дала обещание народу построить социалистическую демократию высокого уровня. Однако очевидно, что процесс строительства демократии должен осуществляться при условии стабильности.

Руководство КПК является самой важной особенностью и самым главным преимуществом социализма с китайской спецификой. Развитие демократии в Китае должно осуществляться под твердым руководством КПК. Для этого необходимо принимать следующие меры.

Во-первых, следует улучшать институт Всекитайского собрания народных представителей (ВСНП), число депутатов которого приближается к 3 тысячам. Все они являются представителями разных классов и этнических групп, многие из них – обычные передовые работники. В заседаниях ВСНП на разных уровнях по всей стране участвуют до 2 млн. делегатов, играющих все большую роль в политике КНР.

Во-вторых, необходимо развивать социалистическую консультативную демократию. По мнению КПК, демократия – это не только голосование и простой подсчет голосов, в результате которого меньшинство подчиняется большинству, но и консультации, и выслушивание разных мнений, принятие рациональных взглядов, именно в этом и проявляется демократия. Всекитайский комитет Народного политического консультативного совета Китая (ВК НПКСК) и местные комитеты НПКСК – это структуры, специализирующиеся на консультациях и совещаниях. Перед официальным выходом любой важной политической меры проходят совещания с представителями демократических партий, народом и экспертами. Поэтому можно сказать, что любое политическое решение в Китае получает одобрение представителей разных социальных слоев в стране, и эффективность осуществления таких решений очень высокая.

В-третьих, нужно развивать демократию широких масс. Создание и совершенствование системы местного самоуправления позволило населению в 1,4 млрд. человек получить право быть хозяевами у себя в стране.

В последние годы Китай стабильно движется вперед в вопросах демократии, добиваясь эффективных результатов. Китайцы признали этот путь и не собираются копировать западную модель.

Как укрепить _____ страны?

Генеральный секретарь ЦК КПК Си Цзиньпин заявил: "Отсталых бьют, бедные голодают, а молчаливых – ругают". Образно говоря, на протяжении длительного времени наша партия, возглавляя народ, постоянно решала, как избавиться от "ударов, голода и ругани".

В настоящее время все больше иностранцев, особенно из развивающихся стран, получают новое представление о Китае. У них возникает больше уважения к КНР, это означает, что "Мягкая сила" Китая укрепилась по сравнению с прошлым.

Китаю не только следует работать для того, чтобы люди на Западе уважали и понимали китайцев, но КНР также необходимо решить вопрос единства 1,4 млрд людей. Си Цзиньпин говорил: "У людей есть вера, у страны есть сила, у народа есть надежда". Без основных ценностей в стране с многочисленным населением страна выйдет из-под контроля. Именно поэтому как правящая партия КПК придает особое значение развитию традиционной китайской культуры.

Членам КПК нужно развивать традиционную культуру инновационными способами, позволить китайцам осознать собственные ценности, укрепить культурную уверенность, сплотить (团结) весь народ, а также дать возможность китайской культуре распространиться по всему миру и оказать влияние на мир.

Как поддерживать продолжительную _____ в обществе?

Из-за разрыва（差距）между богатыми и бедными, а также несоответствия требований и интересов в Китае по-прежнему существует множество социальных противоречий, порой они довольно острые. Поэтому обеспечение социальной стабильности и достижение гармонии – важная задача, которая стоит перед Китаем.

В 2020 году Китай одержал полную победу в борьбе с бедностью, проблемы общей региональной нищеты были решены.

Кроме того, Китай также приложил огромные усилия в области социального обеспечения. Например, правительства на разных уровнях ежегодно строят большое число домов для семей с низким доходом, эти дома сдаются жителям в аренду по низкой цене, правительство также предоставляет им субсидии（补助金）для оплаты аренды. В качестве другого примера можно отметить, что сегодня большинство китайцев уже имеют медицинское страхование. Решение таких социальных вопросов позволяет современному китайскому обществу оставаться стабильным и гармоничным.

Как сохранять благоприятную _____ среду?

Со времени проведения 18-го Всекитайского съезда КПК Генеральный секретарь ЦК КПК Си Цзиньпин выдвинул ряд новых концепций и стратегий строительства экологической цивилизации. Достигнут значительный прорыв в строительстве эко-цивилизации, ускоряется формирование институциональной системы управления в сфере экологии на высоком уровне.

Давление, связанное со структурными, коренными проблемами и тенденциями в защите окружающей среды, по-прежнему присутствует. Чтобы преодолеть существующие трудности в этой области, предстоит пройти длительный путь. В период осуществления 14-й пятилетки нельзя ослаблять развитие управления экологией, надо продолжать улучшать качество окружающей среды.

За прошедшие несколько лет Китай также внес важный вклад в управление мировой климатической средой. Например, КНР способствовала достижению Парижского соглашения. Китай дал обещание международному сообществу, что страна приложит все усилия для достижения пика выбросов углекислого газа к 2030 году и углеродной нейтральности к 2060 году.

Как достичь _____ страны?

С 1949 года КПК постоянно рассматривает решение тайваньского вопроса и осуществление полного воссоединения страны в качестве неизменной исторической задачи.

Тайваньский вопрос довольно сложный, однако КПК уверена, что сможет решить его. В докладе по итогам 19-го Всекитайского съезда КПК Си Цзиньпин подчеркнул, что по принципиальным вопросам, которые касаются государственного суверенитета и территориальной целостности, а также коренных интересов китайской нации, Китай не пойдет на компромисс.

Как сохранять мирное развитие в _____ пространстве?

С 1978 года Китай открыл двери для мира, ныне эти двери открываются шире и шире. Развитие КНР неразрывно связано с мировой цивилизацией, а развитие мира неотделимо от Китая. КНР готова совместно со всеми странами и регионами мира развивать контакты в экономике, культуре и других сферах. Однако в последние несколько лет Китай столкнулся с некоторыми трудностями в дипломатической сфере.

Отдельные западные страны считают, что политическое, экономическое и военное развитие Китая, а также ценности КНР угрожают им. Исторически Китай не угрожал другим странам, в будущем также не будет угрожать им. КНР никогда не будет стремиться к гегемонии（霸权）. Китайская нация любит мир, в китайской нации нет генов захватчиков и гегемонов.

КПК – это политическая партия, которая стремится к счастью китайского народа, а также партия, ведущая борьбу за прогресс человечества.

В настоящее время политика односторонних действий и протекционизм（保护主义）нанесли серьезный удар по международному порядку, глобальные проблемы возникают одна за другой. Путь мирного развития не всегда гладкий, в условиях сложной международной ситуации КПК должна вести Китай и создавать благоприятную внешнюю среду, которая будет способствовать государственному развитию и национальному возрождению.

Как бороться с коррупцией внутри партии?

Среди многочисленных вызовов, которые стоят перед КПК, самым острым и актуальным является вопрос коррупции. Коррупция также является самым ненавистным явлением в обществе. Со времени проведения 18-го Всекитайского съезда КПК Центральный комитет КПК во главе с Си Цзиньпином ведет непримиримую борьбу с коррупцией.

Благодаря антикоррупционным усилиям за последние несколько лет доверие китайского народа к КПК достигло новой высоты. Никто не может гарантировать постоянное отсутствие проблем в партии, поэтому необходимо усиливать идеологическое воспитание членов партии, особенно тех, кто занимает руководящие посты. Кроме этого, важно укреплять строительство партийной системы, в частности усиливать контроль над руководящими кадрами со стороны населения.

КПК – это правящая партия Китая. Необходимо сохранять ее чистоту, повышать сплоченность и боевую силу. Именно этим вопросам КПК будет уделять особое внимание на пути к достижению цели, поставленной на второе столетие..

УРОК 30

Задания:

- Найдите переводы следующих выражений в прочитанном тексте.
  中共中央总书记, 小康社会, 中共十八大, 供给侧结构改革, 双循环, 新冠疫情, 与去年同期相比, 全国人民代表大会, 中国人民政治协商会议, "落后就要挨打, 贫穷就要挨饿, 失语就要挨骂", 执政党, "人民有信仰, 国家有力量, 民族有希望", 全面脱贫攻坚, 社会保障, 医保, 生态文明, 环境保护, 巴黎协议, 碳排放, 碳中和, 单边主义, 反腐

- Вставьте пропущенные слова в подзаголовках прочитанного текста.

- Ответьте на следующие вопросы.
1. Сколько депутатов в ВСНП?
2. Как распространяется медицинское страхование в Китае?
3. Как КПК относится к воссоединению страны?
4. Чем полезна благоприятная внешняя среда для развития Китая?
5. Как общество относится к коррупции?

УРОК 31

I. Новости прошлой недели.
II. Прочитайте следующие тексты и выполните задания.

ТЕКСТ 1

Экспресс-образование: быстро и эффективно?

В наше время все куда-то спешат. Спешат в школу или на работу утром, спешат получить два высших образования, спешат любить и спешат сдать сессию досрочно. Похоже, что спешат все, кроме маленьких детей и школьников. Но не тут-то было! Школьники, оказывается, ничуть не отстают от взрослых и тоже имеют возможность побыстрее получить аттестат о среднем образовании и отправиться на штурм университетских стен. Имя этой возможности – экстернат（校外考生制度）.

Экстернаты бывают разными по форме обучения

Самый распространенный вид экстернатов – заочный. Экстерн（тот, кто учится в экстернате）самостоятельно изучает определенные темы, затем приходит на консультацию к преподавателю и по прошествии какого-то времени сдает экзамен.

Второй вид – очно-заочный экстернат-интенсив. Ходить туда нужно не каждый день, а только 2-3 раза в неделю（обычно занятия начинаются в 14-15 часов）. Форма проведения занятий – лекции. Преподаватели сами дают материал, а после прохождения темы принимают экзамен. Главное здесь – не забыть все, что выучил, сразу после получения заветной（梦寐以求的）отметки, а то получится, что усилия были потрачены зря. Как сказала одна моя знакомая: "Здесь ты не учишься, а только к экзаменам готовишься".

Следующий вид экстернатов – интенсив. Он почти ни чем не отличается от обычной школы. Разница лишь в том, что два года программы здесь проходят за один. В таких учебных заведениях делается упор на те предметы, которые больше всего нужны ученику. По остальным же даются только базовые темы, и в подробности никто не вникает.

И напоследок（最后）– заочный экстернат-интенсив. При такой форме обучения ученик сам должен изучить всю программу и сдать все экзамены.

Кстати, в последнее время стали появляться экстернаты, которые предлагают дистанционное（远程的）обучение через Интернет. На занятиях в такой "школе" сидят не за партой, а за собственным компьютером дома и постигают различные науки, так сказать, виртуально（虚拟地）.

О том, что внутри

Вне зависимости от того, какой вид экстерната ты выберешь, тебе все равно придется сдавать промежуточные（过渡的）и, конечно же, государственные экзамены. Экзамены, которые сдаются после прохождения какой-то темы – это проверка знаний ученика и того, как он усвоил материал. Если не сдашь – никто тебя жалеть и оставлять на второй год не будет. Просто вежливо покажут на дверь и переведут в обыкновенную общеобразовательную школу.

Учиться в экстернате могут все желающие. Получение общего образования в форме экстерната, согласно закону, не ограничивается возрастом. По такой же системе можно закончить 8 и 9 классы. На усвоение материала 9 или 11 класса потребуется примерно полгода.

Плюсы и минусы

Отсюда вытекает и главное преимущество экстерната – экономия времени. Вместо того, чтобы днем ходить в школу, а вечером на курсы или к репетиторам（课后辅导老师）, ты сможешь всецело посвятить себя подготовке к поступлению в высшее учебное заведение. Да и в голове не образуется каша из законов Ньютона, химических реакций и стихотворений Маяковского. Однако здесь тебя может подстерегать и опасность. Многие просто не знают, что делать с огромным количеством свободного времени и начинают самым "зверским" образом убивать время. Главное же в такой системе обучения – хорошо организовать свой график, гармонично включив в него часы и для учебы и для отдыха. Например, я знаю двух людей, учившихся в одном экстернате. Они поступили в совершенно разные учебные заведения. Молодой человек, который относился к учебе легкомысленно, сгодился только для Российского Государственного Университета физической культуры, а девушка, которая интенсивно занималась, учится теперь в МГИМО. Так что все зависит от тебя и от того, насколько серьезно ты отнесешься к учебе. Многие из тех, кто окончил школу экстерном, остались довольны тем, что сэкономили достаточное количество времени и смогли поступить в престижные высшие учебные заведения.

Школа против экстерната

Преимущества экстерната мы рассмотрели, а теперь посмотрим, что может противопоставить школа. В этом старом и добром учебном заведении знания "вкладывают" во всех, вне зависимости от того, хочет этого человек или нет. Это хорошо для тех, кто не может самостоятельно себя организовать и постоянно ленится. В школе такого человека все равно вытянут на тройку и выдадут аттестат о среднем образовании. Кстати, аттестат, полученный в школе, совершенно ничем не отличается от аттестата, полученного в экстернате: и тот, и другой государственного образца и без каких-либо пометок о форме обучения.

Еще один, не менее важный, чем знания, аспект – общение. Общение – одна из самых главных составляющих жизни человека. Именно в школе сначала ребенок, потом подросток учится общаться с другими людьми, жить в коллективе, разрешать конфликты, здесь он находит первых друзей, возможно, первую любовь. Обыкновенная средняя общеобразовательная школа – это школа жизни, после прохождения которой подростку легче ориентироваться во взрослом мире. Так вот этого самого человеческого общения со сверстниками, школы жизни лишается тот, кто идет учиться в экстернат. Перед многими встает вопрос: а где и с кем отмечать окончание школы? А как же выпускной бал, этот замечательный венец（冠，冕）школьного обучения, которого школьники с таким нетерпением ждут в течение всего последнего года, к которому начинают готовиться за несколько месяцев? Такой "праздник" случается раз в жизни, и лишать себя удовольствия, по крайней мере, глупо. Я знаю девушек, которые ушли в экстернат после окончания 9 класса, но выпускной праздновали вместе со своими бывшими одноклассниками.

В конце концов, если тебе не хочется расставаться с родной школой и в то же время тебе очень нужно время для подготовки к поступлению, можешь взять в своей школе режим свободного посещения. Для этого твои родители должны написать заявление на имя директора. И ты сможешь ходить в школу только 2-3 раза в неделю(в разных школах – по-разному). Только вот за те темы, которые ты пропустил, придется "отчитываться" перед учителями в форме зачетов. Ну, чем не экстернат?

Кстати, школьные учителя рекомендуют именно форму свободного посещения. Ученик и не "выпадает" из коллектива, и получает хорошие знания. Что касается преподавателей высших учебных заведений, то их мнения расходятся. Кто-то считает, что экстернат лучше школы, и отдает своих детей туда, а кто-то остается приверженцем（追随者）школьного образования.

Теперь ты узнал, что значит за один год пройти программу двух учебных лет. И каким образом – быстро, экстерном, или медленно, как все, – получать среднее образование, решать тебе. В любом случае, учителя и выпускники рекомендуют хорошенько подумать, взвесить все "за" и "против", прежде чем принять окончательное решение.

Задания:

- Ответьте на вопросы к тексту.
1. Какие виды экстерната существуют?
2. Чем отличается интенсив от обычной школы?
3. В чём заключается главное преимущество экстерната?
4. Какие плюсы имеет обучение в обычной школе?
5. Кому рекомендуется брать режим свободного посещения школы?

ТЕКСТ 2

Что такое социализм с китайской спецификой?

С момента начала политики реформ и открытости в Китае в 1978 году строительство и развитие социализма с китайской спецификой стало основной темой всей теории и практики Коммунистической партии Китая. После более чем 40 лет непрерывного совершенствования и развития были сформированы путь, теория, система и культура социализма с китайской спецификой, что создало новые исторические условия для великого возрождения китайской нации.

Путь социализма с китайской спецификой проходит под руководством Коммунистической партии Китая, исходит из национальных особенностей Китая. Центральное место отводится экономическому строительству с соблюдением четырех основных принципов, проведению политики реформ и открытости, развитию производительных сил общества. Это путь создания социалистической рыночной экономики, социалистической демократической политики, социалистической передовой культуры, социалистического гармоничного общества и социалистической экологической цивилизации. Это путь содействия всестороннему развитию граждан, постепенного достижения общего благосостояния всего народа, путь строительства богатого, демократического, цивилизованного, гармоничного, прекрасного современного мощного социалистического государства ради великого возрождения китайской нации.

Теория социализма с китайской спецификой – это система научной мысли, состоящая из теории Дэн Сяопина, идеи тройного представительства, концепции научного развития и идеи Си Цзиньпина о социализме с китайской спецификой новой эпохи. Теория социализма с китайской спецификой – это не простое "копирование" идей марксизма-ленинизма, а научная теория, сформированная из "практики, познания, повторной практики и повторного познания". Китайские коммунисты, опираясь на науку, дали ответы на следующие важные вопросы: что такое социализм, как его строить; какую создавать партию и каким образом; какого развития достичь, как это сделать; какой социализм с китайской спецификой развивать в новую эпоху, каким образом. Данная теория с помощью новых подходов решила множество новых проблем, нашла ответы на вызовы, с которыми никто прежде не сталкивался, выдвинула немало новых идей и сформулировала выводы, которые не были сделаны теоретиками марксизма. Теория социализма с китайской спецификой постоянно обогащается и развивается на практике.

Система социализма с китайской спецификой – это основная политическая система, включающая в себя институт собраний народных представителей, институт многопартийного сотрудничества и политических консультаций, возглавляемый руководством Коммунистической партии Китая, институт национальной районной автономии и институт народного самоуправления. Она также состоит из правовой системы социализма с китайской спецификой, системы социалистической рыночной экономики и различных конкретных экономических, политических, культурных и социальных систем. Система социализма с китайской спецификой не только следует основной сущности социализма, но также постоянно перенимает полезные достижения, подходящие национальной специфике Китая, что в совокупности отражает особенности и преимущества социализма с китайской спецификой.

Культура социализма с китайской спецификой руководствуется идеями марксизма. Ее целью является формирование идейных, нравственных, высокообразованных, обладающих самодисциплиной граждан. Это культура всеобщего народного и научного социализма, направленная на модернизацию, открытость миру и будущему. Культура – это духовная основа существования и развития народа и страны. Культура социализма с китайской спецификой происходит от традиционной китайской культуры с более чем пятитысячелетней историей, которая впоследствии нашла воплощение в революционной и передовой социалистической культурах, созданных народом во главе с партией в процессе революции, строительства и реформ. **Она также уходит глубоко корнями в великую практику строительства социализма с китайской спецификой, уникальное содержание которой и духовная составляющая вселяют в нас веру в непрерывное улучшение жизни.**

Путь, теория, система и культура – четыре столпа（柱石，砥柱）социализма с китайской спецификой. Путь – это как жизненная артерия （动脉）партии, что неразрывно связана с будущим страны и судьбой нации. Это единственный способ развития и стабильности Китая, а также осуществления социалистической модернизации. Теория дает научную основу для руководства и задает вектор （矢量；方向） движения для процветания страны, возрождения нации и благополучия людей, что является современным китайским марксизмом. Система обладает такими характеристиками, как фундаментальность, всеобщность, устойчивость и долгосрочность. Это политическая основа процветания, развития, порядка и долгосрочной стабильности страны, а также основная гарантия реализации социалистической модернизации и великого возрождения китайской нации. Культура является важной движущей силой для существования и развития нации, а также мощным духовным импульсом (动力) для великого возрождения китайской нации. Эти четыре аспекта взаимосвязаны, тесно взаимодействуют друг с другом и глубоко интегрированы в великую практику строительства социализма с китайской спецификой. Это и есть его самая яркая особенность.

Председатель Си Цзиньпин отметил: "Вы можете понять, подходит ли вам обувь, только после того, как примерите ее сами" . С момента начала политики реформ и открытости мы потратили несколько десятилетий, чтобы завершить процесс индустриализации, на который развитые страны потратили несколько сотен лет, сделали невозможное возможным. Факты неоспоримо доказывают, что социализм с китайской спецификой – это научный социализм, глубоко укоренившийся на китайской земле, отражающий чаяния китайского народа и способный адаптироваться к требованиям, необходимым для развития и прогресса Китая. Мы идем по верному пути!

На 18-м и 19-м Всекитайских съездах КПК было четко заявлено, что к 100-летию основания Коммунистической партии Китая завершится всестороннее построение "Среднезажиточного общества" (2021 год), а к 100-летию основания КНР (2050 год) будет построена процветающая, демократическая, цивилизованная, мирная, красивая, могущественная страна, прошедшая социалистическую модернизацию. Цели "Двух столетий" – это торжественное обязательство КПК перед китайским народом. Вступая в новую эпоху, под сильным руководством ЦК КПК, ядром которого является товарищ Си Цзиньпин, КПК непременно сплотит и возглавит народ в достижении целей "двух столетий" , одержит великую победу в построении социализма с китайской спецификой в новых исторических условиях!

Задания:

- Найдите переводы следующих выражений в прочитанном тексте. 中国特色社会主义，四项基本原则，改革开放，市场经济，民主政治，和谐社会，生态文明，中户民族伟大复兴，邓小平理论，"三个代表"，科学发展观，习近平新时代中国特色社会主义思想，人民大表大会，多党合作，政治协商，民族区域自治，基层群众自治，中华民族伟大复兴，"两个一百年"。

- Ответьте на следующие вопросы по прочитанному тексту.
1. В чем заключаются новые условия для великого возрождения китайской нации?
2. Чем определяется путь социализма с китайской спецификой?
3. Из чего состоит система социализма с китайской спецификой?
4. Как автор текста оценивает вызовы, стоящие перед КПК?
5. Что вы знаете о культуре социализма с китайской спецификой?
6. Как связаны путь, теория, система и культура социализма с китайской спецификой?

- Переведите следующие предложения из текста на китайский язык.

1. Она также уходит глубоко корнями в великую практику строительства социализма с китайской спецификой, уникальное содержание которой и духовная составляющая вселяют в нас веру в непрерывное улучшение жизни.
2. Факты неоспоримо доказывают, что социализм с китайской спецификой – это научный социализм, глубоко укоренившийся на китайской земле, отражающий чаяния китайского народа и способный адаптироваться к требованиям, необходимым для развития и прогресса Китая. Мы идем по верному пути!
3. Вступая в новую эпоху, под сильным руководством ЦК КПК, ядром которого является товарищ Си Цзиньпин, КПК непременно сплотит и возглавит народ в достижении целей "двух столетий", одержит великую победу в построении социализма с китайской спецификой в новых исторических условиях!

26 АВГУСТА 2016, ПЯТНИЦА, 08:16

Главное
Россия
Мир
Бывший СССР
Финансы
Бизнес
Силовые структуры
Наука и техника
Культура
Спорт
Интернет и СМИ
Ценности
Путешествия
Из жизни

Библиотека

Мотор
Дом

Статьи
Галереи
Видео
Инфографика
Мнения

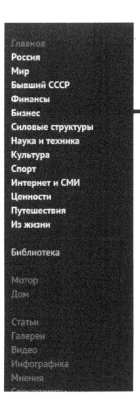

02:27 Тражукова подала на Мамиашвили заявление в прокуратуру

Российский борец вольного стиля Инуа Тражукова подала заявление в прокуратуру

02:45 Пловца Райна Лохте вызвали на допрос в Бразилию

01:52 США обеспокоили внезапные учения российской армии

01:46 Захарова назвала заказной статью Reuters о провале туристического сезона в Крыму

00:56 Портрет главы Международного паралимпийского комитета в ПКР заменили на бумажку

00:39 СМИ узнали о планах ЕС ввести плату за безвизовые поездки

УРОК 32

I. Новости прошлой недели.
II. Прочитайте следующие тексты и выполните задания.

ТЕКСТ 1

Чего боятся люди в социальных сетях
Пользователи начинают опасаться социальных логинов

Кнопка социального логина дает пользователям возможность заходить на сайты и в приложения, используя аккаунт другого ресурса, например Facebook или Google+. В то же время, опасаясь за свои личные данные, пользователи стали осторожнее в использовании этой функции.

Facebook и Google стремятся стать тем инструментом, через который пользователи подключаются к сайтам и мобильным приложениям. Однако как пользователи, так и разработчики понемногу теряют интерес к сервисам с социальным логином, говорят аналитики.

Пользователи не только боятся трансляции всех своих действий в социальные сети (часто социальные логины используются в самых неожиданных местах, даже на порносайтах), но и, после недавней истории с Эдвардом Сноуденом, не хотят сообщать о своих привычках корпорациям. Разработчики же разрываются между желанием облегчить жизнь пользователям и необходимостью позволять Facebook и Google видеть полученные данные.

"Несколько лет назад это было безумно популярно, но интерес достиг своего пика, – говорит Сухарита Мулпуру-Кодали, аналитик международной компании Forrester Research, исследующая социальные логины. – Появился страх: "О господи, я собираюсь кликнуть на что-то, и кто знает, что будет опубликовано на моей стене в Facebook!" .

По данным исследовательской компании JanRain, в первом квартале 2014 года 42% заходов на сайты и в приложения с использованием социальных логинов совершалось через Facebook, 38% – через Google+, 15% – через Yahoo!, при этом доля Facebook уменьшилась на 3% по сравнению с последним кварталом 2013 года. Доля Google+ выросла на 2,5%, однако это произошло за счет усилий Google по объединению всех своих сервисов (Gmail, Google+, YouTube, Android и т.д.), подчеркивают в JanRain.

Бум социальных логинов начался в 2008 году, когда Facebook запустила сервис Facebook Connect (позже название было изменено на Facebook Login) . Создатели приложений обнаружили, что он популярен у многих пользователей, которым часто лень регистрироваться на сервисах. Facebook, в свою очередь, это дало возможность узнавать, что пользователи делают на других веб-сайтах. Google запустила собственный аналог Facebook Login под названием Google+ Sign-In в 2013 году.

Однако, согласно исследованию Forrester, при составлении которого было опрошено 66 крупных и средних по величине компаний, обнаружилось, что только 17%

из них используют кнопки социального логина, а более половины не планируют когда-либо их использовать. Ранее в Forrester не проводили аналогичных исследований, однако, по мнению Мулпуру-Кодали, предложения социального логина теряют популярность.

И Facebook, и Google внимательно следят за трендами и намерены изменить свои стратегии в отношении социальных логинов. В Facebook, в частности, недавно заявили, что начнут предлагать анонимные логины, а также позволять пользователям выбирать, какими данными делиться.

Сейчас, когда пользователи впервые подключаются к приложению или сайту, используя Facebook Login или Google+, они должны ответить, какими именно данными они готовы делиться, в том числе профили, списки контактов и лайки. Пользователи Google+ также могут добавить к этому списку свои действия на Google Wallet и YouTube.

В России самым популярным сервисом для социального логина является "В Контакте", отмечается в исследовании JanRain. Комментариев от представителей этой социальной сети "Газете.Ru" получить не удалось, однако, по словам представителей других сервисов, в России социальные логины не теряют популярности.

"По нашим данным, количество пользователей, авторизующихся через социальные сети на сервисах 'Яндекса', не снижается", – сообщили "Газете.Ru" в пресс-службе компании "Яндекс". При этом социальная сеть не получает никаких данных о пользователе, кроме получения информации о самом факте авторизации на конкретном сайте, уточняют представители компании.

Количество социальных логинов в социальной сети "Мой мир" не падает и даже немного растет, сказали в пресс-службе соцсети.

"Раньше разработчики злоупотребляли так называемой виральностью (传播性), когда приложение может от имени пользователя опубликовать что-то на его стене, чтобы сообщение увидели друзья, но сейчас такие приложения практически во всех сетях достаточно быстро блокируются. Поэтому на данный момент никакой опасности для пользователя нет, хотя, безусловно, разработчики сервисов потеряли некоторую долю трафика", – рассказал руководитель "Моего мира" Денис Алаев "Газете.Ru".

Социальные кнопки для авторизации на сайтах используются очень активно, так как сегодня почти у каждого есть профиль в той или иной социальной сети или даже несколько, говорит пресс-секретарь соцсети "Одноклассники" Илья Грабовский. "Нажать одну кнопку куда проще, чем заполнять даже самую маленькую форму для регистрации, тем более что регистрироваться пришлось бы на каждом сайте в отдельности. Слишком сложно и неудобно", – добавил Грабовский.

Задания:

- Ответьте на данные вопросы по прочитанному тексту.
1. Какую возможность дает пользователям кнопка социального логина?
2. Чего боятся пользователи социального логина?
3. Какова доля Google+ в первом квартале 2014 года по количеству заходов на сайты и в приложения? Почему это произошло?
4. В чем проявляются достоинства Facebook?
5. Как называется самый популярный сервис для социального логина в России?

ТЕКСТ 2

Секрет долголетия: заведите кошку,
избегайте главных магистралей и вступите в брак

Вы знаете, что именно вредно для здоровья. Теперь ученые подсчитали, сколько лет жизни это вам будет стоить.

Если хотите дольше прожить, заведите кошку. Вам надо успокоиться и мыслить позитивно, перестать есть всякую гадость（肮脏的东西）, сбросить вес, пойти учиться в колледж, подружиться с большим количеством людей и найти себе мужа или жену, которые сделают вас счастливыми.

Сделайте все это, заявляют ученые в одном из последних исследований, и вы проживете на 30 лет дольше, чем те, кто этого не сделает. Ах да, еще хорошо, если вы родились в Андорре, хотя эта новость, возможно, уже несколько запоздала.

С другой стороны, если вы разведетесь（离婚）, будете жить рядом с оживленной трассой или бросите школу в 16 лет, это может сократить вашу жизнь на несколько лет. Все знают, что заядлые（有瘾的）курильщики и выпивохи быстрее других встречаются с Костлявой – если быть точнее, на 10 лет раньше – но теперь ученые смогли точно измерить действие, оказываемое на продолжительность жизни множеством других факторов.

Жить рядом с главной магистралью, например, это не очень хорошая идея. В результате вы уподобитесь（像）человеку, страдающему от болезни сердца или диабета. "Эффект старения, связанный с транспортным загрязнением, лишь немногим ниже, чем эффект, связанный с этими хроническими заболеваниями", – говорится в научном отчете.

Канадские ученые обнаружили, что люди, живущие у больших дорог, умирают в среднем на два с половиной года раньше, чем те, кто живет вдали от проезжей части. "Длительное воздействие атмосферного загрязнения – это серьезная угроза для продолжительности жизни".

В исследовании, проведенном учеными из канадского университета в Гамильтоне, было задействовано более 500 человек в возрасте старше 40 лет.

Риск преждевременной смерти для тех, кто живет рядом с большой магистралью, на 18% выше, чем у других. Если же все-таки жить рядом с дорогой, постарайтесь жить на широкую ногу. Другой доклад, составленный экономистами из Национального университета Ирландии, рассматривает, сколько лет жизни можно потерять из-за принадлежности к определенному классу или из-за той или иной работы. Различия могут быть огромными. "Люди, живущие в неблагоприятных условиях, чаще болеют, подвергаются большим стрессам, чаще становятся инвалидами и раньше умирают, чем более обеспеченные граждане", – говорит Эмон.

Подобное исследование, проведенное в Великобритании, показало, что социальный статус имеет ключевое значение для продолжительности жизни. В Англии разница по продолжительности жизни между высшим и низшим социальными слоями составляет около 9 лет.

Если вы родились не в рубашке, постарайтесь поменьше волноваться по этому поводу – постоянный стресс тоже может обойтись вам в несколько лет жизни. По данным исследователей из университета в Огайо, продолжительный стресс приводит к образованию чрезмерного количества клеток воспалительного инфильтрата（炎性浸润物）, связанных с сердечно-сосудистыми заболеваниями и диабетом. Это может сократить жизнь на 3-4 года.

Образование, вернее, его отсутствие может также послужить фактором ранней смертности. Американские исследователи установили, что люди, которые уходят из школы, не доучившись до старших классов, теряют 9,3 года. Предположительно, из-за того, что рано бросившие школу часто ведут нездоровый образ жизни.

Не надо быть кандидатом наук, чтобы знать, что жир и сигареты вредны. Курение, особенно после 40 лет, отнимает в среднем 10 лет жизни за счет целого ряда заболеваний, способных привести к преждевременной смерти, начиная от рака легких и заканчивая сердечными заболеваниями.

Ожирение сокращает жизнь на 9 лет, а лишний вес может стоить вам трех лет жизни. Страдающие от ожирения курильщики умирают на 14 лет раньше.

Все это вещи, которые убивают, но, ради бога, не волнуйтесь об этом. Люди, которым каким-то чудом удается сохранять позитивный взгляд на старение – несмотря на морщины, жировые складки（皱纹）и разные отваливающиеся（脱落的）части – живут дольше!

Исследователи из Йельского университета обнаружили, что пожилые люди с позитивным восприятием старости живут на 7,5 лет дольше тех, кто воспринимает ее с меньшим оптимизмом. Это различие сохранилось, даже когда исследователи учли возраст, пол, социально-экономический статус, семейное положение и общее состояние здоровья.

Если, дочитав до этого места, вы не впали в уныние, значит, вы, вероятно, обладаете счастливым характером – что означает, что вы проживете на 9 лет больше среднего, особенно если у вас много друзей.

Для одиночек кот или даже золотая рыбка – хороший выход: обзаведясь（弄到）домашним питомцем（动物）, вы удлиняете себе жизнь на несколько лет.

Хорошего спутника жизни найти труднее, чем славного щеночка（小狗）, но счастливый брак добавит вам пять лет жизни. Это, возможно, связано с тем, что по статистке женатые мужчины подвергают себя риску реже, чем холостяки. И за ними лучше присматривают, когда они болеют.

Хорошо, если у вас старые родители: шанс стать долгожителем в пять раз выше у людей, чьи родители жили долго. А если вы хотите дать своему ребенку наилучший старт, поезжайте в Андорру. По продолжительности жизни эта страна занимает первое место в мире, в среднем она составляет 83 года.

Задания:

- Выразите согласие или несогласие со следующими утверждениями по прочитанному тексту.

1. Жить рядом с оживлённой дорогой очень вредно для здоровья.
2. Продолжительность жизни бедных обычно коротка.
3. Курить и пить очень полезно для печальных людей, потому что для них курение и питье – это лекарство.
4. Социальное положение не влияет на продолжительность жизни.
5. Стресс тоже вреден для здоровья.
6. Продолжительность жизни не зависит от образования.
7. Ожирение вредно для здоровья.
8. Тоска, печаль сокращает продолжительность жизни.

9. Люди с оптимистическим характером живут дольше.
10. Счастливый брак сокращает продолжительность жизни.
11. Для одиночек домашний питомец очень полезен для здоровья.

- Ответьте на вопросы.
1. О чём говорится в последнем абзаце?
2. Как по-вашему, что нам надо делать, чтобы жить долго?

- Запомните следующие слова и выражения.
хронические заболевания, преждевременная смерть, жить на широкую ногу, социальный статус, родиться в рубашке, сердечно-сосудистые заболевания, не надо быть кем, чтобы знать...

УРОК 33

КОНТРОЛЬНАЯ РАБОТА

Прочитайте следующие тексты и выполните задания.

ТЕКСТ 1

Как преодолеть зимнюю апатию

Настала весна, душа свернулась, развернулась и возрадовалась первым лучам солнца. Но – не у всех. Некоторым людям абсолютно ничего не хочется делать, нет энергии, сил, вдохновения, тонуса. Окружающие и предметы не вызывают никаких эмоций, охватывает вялость и равнодушие. Что это? Самая обыкновенная зимняя апатия.

Значительная часть людей реагируют на физические болезни и стараются вылечиться, но при этом мало кто обращает внимание на апатию. Скорее всего потому, что она обычно подкрадывается неторопливо.

Апатия может быть как физической, так и психологической. Если у вас физическая апатия, вам не удается физическая активность, если психологическая, вам тяжело сконцентрироваться на чем-то подолгу. В "**запущенных**" может исчезнуть желание по утрам подниматься с постели и делать привычные дела.

Возможно, у вас все в порядке, вы любите свою работу, живете так, как вам хочется, но иногда ставите себе завышенные цели. Чтобы преодолеть апатию, нужно отказаться от чрезмерных планов. Если же цели правильные и достижимые, возможно, вы слишком самоуверенны и ошибаетесь с методами и сроками для их реализации. Может быть, ваш темперамент (气质, 性情) таков, что не в силах "**переварить**" большой объем задач и сопутствующих с ними переживаний. Понаблюдаете за своей апатией: если в ней прослеживаются чисто физиологические симптомы, к которым относятся отсутствие тонуса мышц, повышенная сонливость, бессилие, головокружение, отсутствие аппетита, то достаточно предоставить организму лишь небольшой перерыв для отдыха. Можно съездить в отпуск в экзотическую страну. Такая эмоциональная встряска (刺激, 震动) гарантированно перебьет безразличие.

Одна из частых причин зимней апатии – возраст. По статистике, к ней особенно склонны женщины в 30-40 лет. У них традиционно чаще, чем у мужчин, возникает плохое настроение. Причина кроется в более глубоком обдумывании проблем и слишком разнообразном их количестве. Ведь у **сильного пола** в жизни главное карьера, а для женщин в наши дни важны и работа, и дом. В итоге к апатии приводит постоянная невозможность полноценно отдохнуть. Апатия может быть и внушенной.

Постарайтесь не забывать, что ваш организм – не стальной и проявите максимальное внимание к нему.

Создайте себе настроение

Для повышения тонуса чаще пейте зеленый чай, а для улучшения настроения （по-научному – стимуляции выработки эндорфинов< 安多芬 >）съедайте несколько кусочков шоколада в день.

Используйте эфирные масла в качестве интерьерных ароматов, причем делать это можно не только при помощи аромалампы（香薰灯）, но и нанося несколько капель масла на постельное белье или шторы. Масло лимона обладает тонизирующим действием, роза снимает нервное напряжение и уменьшает раздражительность, иланг-иланг（依兰依兰）оказывает расслабляющее действие, ромашка и лаванда（熏衣草）успокаивают.

Избавиться от физиологических проявлений нервного напряжения（спазмов в желудке и кишечнике, головной боли, головокружения – поможет гомеострес（顺势疗法药物）） – выбор большинства активных француженок. При этом эмоциональное состояние, конечно, нормализуется тоже!

Приведите в тонус мышцы

Чаще ходите пешком по лестницам, причем как вверх, так и вниз. В среднем за 10 минут "сжигается" около 100 калорий. Вдобавок к этому, стабилизируется кровяное давление, а при регулярных "тренировках" увеличивается объем легких, улучшается мышечный тонус.

Запишитесь в одну из любительских "беговых групп" – сообщество для тех, для кого бег – не столько спорт, сколько удовольствие, позволяющее лучше узнать свой город, пообщаться и просто приятно провести время（например, во время бега по новому маршруту и чаепития по его завершении）. Кстати, известные клубы RURC, Girl & Sole – только для девушек. А встречи проводятся практически при любой погоде!

Верните здоровый румянец

Умывайтесь прохладной водой, а при нанесении увлажняющего крема добавляйте в него четыре капли лимонного или апельсинового сока. Перейдите на более легкие увлажняющие кремы, но обязательно с защитой от ультрафиолета（не менее 15 SPF）.

Принимайте витамины: даже прием знакомого всем аевита（复合维生素 A、E）способен восполнить весенний дефицит двух главных витаминов красоты – A и E.

В весну – без насморка!

Одевайтесь тепло: несмотря на первое весеннее солнце, суточные колебания температур остаются существенными. Шарфики, перчатки должны быть наготове – не убирайте их в шкаф хотя бы до конца марта. Если кто-то заболел рядом и вы тоже чувствуете первые симптомы простуды, скорейший прием оциллококцинума（欧斯洛可舒能）（по 1 дозе 2-3 раза в день с интервалом в 6 часов）позволит предотвратить дальнейшее развитие болезни или облегчить ее течение.

Задания:

1. Определите значение подчеркнутых слов и словосочетаний по контексту. (10 баллов)
   [A] апатия –   [B] запущенный –
   [C] переварить –   [D] сильный пол –   [E] тонус –

- Ответьте на следующие вопросы по содержанию прочитанного текста. (16 баллов)
2. Какие признаки самой обычной зимней апатии вы знаете?
3. Чем характеризуется физическая апатия?
4. Какие причины могут вызвать апатию?
5. Что надо делать, если у вас прослеживаются чисто физиологические симптомы апатии?
6. Почему у женщин средних лет традиционно чаще, чем у мужчин, возникает плохое настроение?
7. Чем помогает масло розы в качестве интерьерных ароматов?
8. Какое удовольствие доставляет бег любителям беговых групп?
9. Советует ли автор текста умываться холодной водой и одеваться тепло?

ТЕКСТ 2

Онлайн-шопинг – плюсы и минусы

Интернет давно стал неотъемлемой частью жизни современного человека. Аналитики предполагают, что в недалеком будущем люди полностью перейдут на покупки через интернет, а обычные магазины станут редкостью, чем-то похожей на антикварный салон.

Но это – в будущем. А сегодня те, кто впервые решается на онлайн-шопинг, задаются вопросом: чем же он лучше или хуже обычного похода по магазинам? Прежде всего, совершая покупки в интернете, нужно быть очень аккуратным, ибо от обмана никто не защищён, особенно во всемирной паутине.

Так что же это такое – онлайн-шопинг? Это покупка, для осуществления которой вам не нужно покидать стены офиса или квартиры. Вам также не нужно по пути к торговому центру простаивать в пробках или ехать в душном автобусе. Вот почему шопинг в интернет-магазине – это очень удобно. На сегодняшний день совершать выгодные покупки можно практически в любой стране. Всемирно известные бренды и торговые компании не остались в стороне от этой популярной тенденции. Отдельно нужно сказать и о быстром поиске нужного товара – ведь в виртуальных торговых центрах обычно работают специальные системы, позволяющие максимально ускорить поиск. Становится понятно, почему всё больше людей предпочитают онлайн-шопинг обычному.

Очевидные плюсы
"_____10_____"

Этот пункт в первую очередь бросается в глаза и не подлежит сомнению. Будь то в свободное время после работы или в выходные дни, всегда найдутся дела поважнее, чем поход в торговый центр. А совершить покупку в интернет-магазине можно в любое удобное для вас время, лишь был бы доступ во всемирную паутину. Купить товар в интернет-магазине через сайт занимает в среднем 10-15 минут. Чтобы приобрести точно такой же товар в обычном магазине, потребуется никак не менее часа на дорогу до магазина и обратно.

• *Приятные приобретения в праздники*

Традиционно перед крупными праздниками в магазинах наступает ажиотаж, напоминающий панику перед концом света. Иногда случается даже такое явление из далекого прошлого, как дефицит какого-нибудь популярного подарка. Не стоит забывать про бесконечные пробки на дорогах!

Онлайн-шопинг избавляет от этого кошмара и становится незаменимым выходом из положения, особенно если вы не любите суету и предпочитаете не толкаться в нервной толпе, а медитативно（沉思地）выбирать то, что нужно. Делая покупку через интернет, вы спокойно можете зарезервировать（储存）товар в нужном количестве, оплатить его и получить на руки в праздничный день.

"_____11_____"

В большинстве интернет-магазинов определенный ряд товаров, особенно бытовая техника, стоит дешевле, чем в обычном магазине. А еще в интернет-магазинах чаще, чем в простых, проводятся выгодные акции и предоставляются скидки.

Думая, что выбрать – обычный шопинг или покупки онлайн, стоит принять к сведению такой факт – часто в фирменных магазинах перепродают товары, купленные в интернет-магазине, но с наценкой более чем в 200%. Оно и понятно, ведь обычные магазины платят большие деньги за аренду и рекламу, а интернет-магазины дешевле в обслуживании, поэтому и наценки в них ниже. Интернет-магазинам не нужно содержать огромный штат сотрудников. Также сегодня многие такие магазины предлагают бесплатную доставку на дорогие заказы, а китайские – и вовсе отправляют вещи бесплатно по всему миру. Так что если правильно подойти к выбору интернет-магазина, можно сэкономить и потратить серьезные средства на другие приятные цели.

"_____12_____"

Если увлеченно поискать, можно найти интернет-магазины, в которых продаются необычные, редкие и очень красивые вещи, эксклюзив или изделия ручной работы, которые в обычных магазинах найти сложно, а то и просто невозможно.

"_____13_____"

Этот плюс, однако, можно отнести и к минусам – вопрос спорный. Распространенный способ оплаты товаров в онлайн-магазине – вы можете оплатить товар наличными при доставке. Если нет, то вам предложат альтернативные методы. Такие, например, как банковский перевод, оплата кредитной картой, либо перевод электронными деньгами. Все зависит от ваших возможностей. То есть можно выбирать, а это всегда приятно.

Итак, плюсы покупок в интернете очевидны. Но не торопитесь ставить на обычных магазинах крест! Чтобы соблюсти объективность, стоит отметить минусы и неудобства покупок через интернет.

Реальные минусы
- *Возможны нешуточные проблемы с доставкой*

Если, например, вы живете далеко от города, где сделан заказ, то порой доставка товара обойдется дороже, чем сам товар. Конечно, из этой ситуации можно найти выход – например, попросить получить покупку знакомых, живущих в городе. Есть еще возможность оформить получение посылки по почте.

"_____14_____"

Курьер может привести вам бракованный (不合格的) товар. Выбирая в интернет-магазине одежду и обувь, можно ошибиться с размером. В конце концов, вещь вам может просто не понравится внешне и не подойти к вашей внешности при примерке, хотя на фотографии в сети смотрелась великолепно. В таких случаях можно потребовать обмена товара или возвращения денег за него. Но беда в том, что процедура возврата и обмена товара в некоторых интернет-магазинах усложнена до такой степени, что многие просто не хотят даже связываться с этим. Поэтому, прежде чем делать покупку в интернете, непременно изучите условия возврата и обмена.

"_____15_____"

Если вы пользуетесь почтовыми услугами для получения заказа, существует риск не дождаться покупки. Особенно если ваш заказ приурочен к праздникам. На почте ведь тоже работают люди, а не роботы, и в праздники на них сваливается столько работы, что перепутанные адреса посылок – дело самое обыкновенное. Поэтому, чтобы избежать недоразумений, делайте заказы заранее. К тому же придется запастись терпением. Для нетерпеливых такой способ доставки покупки, как доставка по почте, не подходит, потому как ждать, возможно, придется, два, а то и три месяца.

"_____16_____"

Если дело касается доставки через почту, бывают случаи, что посылка вообще теряется, и заказчик просто-напросто не получает свой товар. А если он уже оплачен, то придется пройти через неприятную процедуру, требуя возврата своих денег.

- *Вероятные проблемы с детскими вещами*

Особенно сложно покупать онлайн детские вещи. Бывает так, что товар доставят, а ребенок... из него уже вырос! Игрушки могут не понравиться или сломаться по дороге (это, кстати, касается вообще всех хрупких и бьющихся вещей). К тому же подобрать детские вещи по размеру бывает особенно трудно.

"_____17_____"

Увы, при совершении онлайн покупки существует возможность не только не получить товар, но и остаться и без денег и без покупки. Чтобы избежать таких печальных ситуаций, прежде чем совершать покупку, потратьте время на изучение интернет-магазина, в котором вы собираетесь приобрести товар. Поищите информацию о нем в сети, наверняка, она найдется. Изучите отзывы о качестве товаров и обслуживании. При этом не очень верьте восторженным отзывам, оставленным на сайте самого магазина, это может быть сделано нарочно! А вот на что надо обратить особое внимание на сайте магазина, так это на его юридические данные и контактные телефоны.

"_____18_____"

С этим явлением мы встречаемся повсеместно, к сожалению. Поэтому с данным минусом вы можете столкнуться, и приобретая товары онлайн: это и уже упомянутая несвоевременная доставка, и грубость курьера, и другие неприятные ситуации.

Бывают случаи, когда курьер отказывается давать сдачу клиенту, мотивируя это тем, что "нет денег".

Права покупателя никто не отменял!

Напоследок – несколько простых рекомендаций при покупке товаров в интернет-магазинах. Помните, что вы имеете те же права, что и покупатели в обычных магазинах. Внимательно читайте информацию о товаре, изучите его характеристики, цвет, размеры и так далее. Изучите информацию об оплате и доставке товара, она должна быть понятна и доступна. Стоимость доставки должна быть указана отдельно. Цена товара обычно указывается в рублях с учетом налогов, и без учета стоимости доставки. Если цена указана в долларах или евро, то должна быть информация о курсе рубля к доллару или евро в этом конкретном интернет-магазине.

Подробные условия и указания срока возврата товара тоже должны быть указаны. И последнее – получая товар, вместе с ним вы обязательно должны получить платежный документ, чек.

Будьте внимательны, и тогда онлайн-шопинг будет только в радость!

Задания:

- Озаглавьте абзацы текста. (18 баллов)

10. _____
11. _____
12. _____
13. _____
14. _____
15. _____
16. _____
17. _____
18. _____

19. Выразите согласие (√) или несогласие (X) со следующими утверждениями. (6 баллов)

   [A] Некоторые всемирно известные бренды и торговые компании считают, что у онлайн-шопинга большие перспективы.
   [B] Во всемирной паутине от обмана никто не защищён.
   [C] Традиционно перед крупными праздниками в обычных магазинах бывает дефицит какого-нибудь популярного подарка.
   [D] Подобрать детские вещи по размеру – дело приятное и простое.
   [E] Цена товара обычно указывается в рублях с учетом налогов, и без учета стоимости доставки.
   [F] Получая товар, вместе с ним вы обязательно должны получить платежный документ, чек.

ТЕКСТ 3

Госдума РФ в среду приняла в первом чтении законопроект, направленный на ужесточение уголовной ответственности за скимминг.

Скимминг – вид мошенничества, при котором преступники с помощью специального оборудования для банкоматов копируют информацию с магнитной полосы банковской карты (в том числе пин-код (PIN 码)) и выпускают ее клон.

Законопроектом предлагается установить уголовную ответственность за изготовление в целях сбыта или сбыт электронных средств и носителей информации, иных технических устройств, компьютерных программ, предназначенных для **незаконного перевода денежных средств в рамках безналичных расчетов**. Документом вносятся изменения в статью 187 УК РФ, которая предусматривает санкции в виде принудительных работ на срок до пяти лет либо лишения свободы на срок до шести лет со штрафом в размере от 100 до 300 тысяч рублей или в размере заработной платы или иного дохода осужденного за период от одного года до двух лет. Если преступники действовали группой по предварительному сговору – срок тюремного заключения составляет семь лет, а размер штрафа – один миллион рублей.

Кроме того, с шести месяцев до четырех лет лишения свободы увеличивается наказание за крупный ущерб или совершенный из корыстной заинтересованности неправомерный доступ к охраняемой законом компьютерной информации, если это деяние повлекло уничтожение, блокирование, модификацию либо копирование компьютерной информации.

Заместитель министра внутренних дел РФ Игорь Зубов пояснил, что вносимые в законодательство изменения обусловлены ежегодным ростом в среднем на 10% количества выявленных преступлений данного вида, их общее число в 2013 году достигло четырех тысяч.

"Усиление уголовной ответственности за преступления, совершаемые с использованием высоких технологий в банковской сфере, на наш взгляд, позволит **минимизировать риски участников финансового рынка при использовании электронных платежных средств электронной коммерции**, существенно **обезопасит предоставление пользователям дистанционных банковских услуг**", – отметил замминистра.

Задания:

- Выберите правильный вариант ответа. (6 баллов)

20. О чём говорится в этом тексте?

    [A] О законопроекте, который ужесточает наказание за скимминг.

    [B] О различного вида преступлениях в банковской сфере.

    [C] О том, как обеспечить и улучшить сервисное обслуживание клиентов российских банков.

    [D] Об усилении наказания за преступления, которые совершаются с использованием высоких технологий.

21. Если преступники действовали группой по предварительному сговору – срок тюремного заключения составляет _____.
   [A] пять лет   [B] шесть месяцев
   [C] шесть лет   [D] семь лет
22. Количество преступлений типа скимминга ежегодно растёт в среднем на _____.
   [A] 5%   [B] 10%
   [C] 15%   [D] 20%
23. Переведите подчеркнутые выражения на китайский язык. (10 баллов)
   [A] с помощью специального оборудования для банкоматов копировать информацию с магнитной полосы банковской карты (в том числе пин-код) и выпускать ее клон
   [B] незаконный перевод денежных средств в рамках безналичных расчетов
   [C] повлечь уничтожение, блокирование, модификацию либо копирование компьютерной информации
   [D] минимизировать риски участников финансового рынка при использовании электронных платежных средств электронной коммерции
   [E] обезопасить предоставление пользователям дистанционных банковских услуг

ТЕКСТ 4

Как и где лучше покупать жилую недвижимость в Китае

Сегодня Китай становится все более и более привлекательным для постоянного проживания наших сограждан. Многие пенсионеры ежегодно приобретают себе жилье в приграничных городах. Китай действительно удивительная страна, там очень хорошо относятся к русским, народ доброжелательный и приветливый. Даже небольшой по российским меркам пенсии будет вполне хватать на безбедное проживание. Но обо всем по порядку.

Как приобрести жилье?

Для приобретения недвижимости можно воспользоваться услугами специальных агентств, сегодня они есть в Хабаровске, Благовещенске, Владивостоке. Это представители китайских компаний, которые помогут вам выбрать квартиру с учетом всех требований.

Можно выбирать квартиру как на вторичном рынке, так и в новостройке, причем такого понятия как "кинуть" просто не существует. Ответственность за такую "сделку" наказывается сроком от 10 лет тюрьмы до смертной казни. Аналогичные агентства есть на территории Китая, единственное, в этом случае может понадобиться помощь переводчика.

В Суйьфэньхэ, Хэйхэ, да и во многих других городах количество проживающих россиян с каждым годом растет. Стоимость приобретения одного квадратного метра обходится в среднем в 400-500$, помимо этого приятным моментом будет и стоимость коммунальных платежей. Содержание двухкомнатной квартиры в год составляет около 20 000-25 000 рублей, это отопление, водоснабжение, телефон и все остальные платежи, включая интернет (в Китае двухкомнатной считается квартира, в которой две спальни и гостиная). Причем эта сумма касается не только приграничных городов, это средний показатель по Китаю.

После того, как вы выбрали понравившееся жилье, необходимо заключить договор, который обязательно заверяется юридически. После этого все документы отправляются на регистрацию в мэрию. Как правило, срок регистрации занимает не более трех месяцев. Поразительно, но в администрации любого города страны нет очередей из посетителей, все подразделения работают спокойно. Создается впечатление, что людям нет необходимости обивать пороги.

Внимание! Приобретая недвижимость в Китае, вы все равно должны получать визу для проживания и приезда в страну, но после покупки квартиры, как правило, все значительно упрощается. Достаточно предъявить документы о собственности, и вы будете получать годовую визу с 30, 60 и 90-дневным периодом пребывания в Китае без лишних проволочек и нервотрепки. То есть при получении годовой визы у консула не возникнет вопроса, зачем вам ехать на такое длительное время. Вида на жительство для иностранных владельцев жилья в Китае нет, и недвижимость не является основанием для его предоставления.

Можно купить квартиру и самостоятельно. Когда вы приедете в страну, вас сразу встретит толпа "помогаек", они достаточно хорошо изъясняются на русском и готовы за небольшое вознаграждение помочь в любых вопросах. Эти помощники достаточно честны, их услугами уже десяток лет пользуется большинство туристов и "челноков". Их интерес, или заработок, состоит из небольшой платы, которую даете им вы, и процентов с продавца от продажи товара вам. Если вы такому "помогайке" скажете, что намерены приобрести квартиру, то он вам предложит не один десяток вариантов. Но будьте бдительны!

Как снизить стоимость

Особая культура этой страны требует или обязывает к соблюдению определенных условий, торговаться не просто можно, это необходимо! Если вы не торгуетесь, то вы теряете лицо, и вас не будут уважать, приняв за очередного лаовая (лаовай – это иностранец, который не понимает или плохо понимает по-китайски и с трудом ориентируется в обычаях и порядках повседневной жизни Китая).

Самое интересное, что это касается буквально всего, в том числе и покупки квартиры. Особенно если вы приобретаете ее у частника, торговаться просто необходимо. Вы можете значительно снизить стоимость, причем скидка может достигать 25-40%. Это относится и к официальным компаниям. Вам будут предлагать много разных вариантов, но как только поймут, что вы действительно собрались приобрести квартиру, причем готовы расплатиться сразу, отношение к вам изменится. Все продавцы получают процент от сделки, а это отличный стимул.

Каждая квартира в новостройке изначально оснащена спутниковым телевидением, которое позволяет смотреть и российские каналы. Разница в цене на новую квартиру и на вторичном рынке, возрастом около трех лет, может составлять до 50%. При этом в новостройке ремонт делается за свой счет, вы получаете стены и установленное сантехническое оборудование.

Где лучше приобрести квартиру?

Наши пенсионеры переезжают жить в приграничные города, такие как Суйфэньхэ, Хэйхэ, Фуюань, Тунцзян, потому что из них проще ездить домой, да и климат практически одинаковый. Все приграничные города полностью адаптированы для русскоязычного населения – в любой лавке, на базаре, в общем, везде вас поймут. Практически в каждом жилом доме на первом этаже есть небольшие закусочные, где вам приготовят, причем из свежих продуктов и при вас, любое блюдо. Стоимость такого ужина на двоих не будет превышать 15-20 юаней.

Возникает вопрос: а как получать пенсию? Но и здесь нашелся выход: пенсии перечислят на карточку, и уже в Китае ее можно снять. Для этого в России необходимо обратиться в Пенсионный фонд с заявлением о переводе пенсии на карту. Карты крупных российских банков обслуживаются на всей территории Китая.

В Пекине сегодня приобретать недвижимость в собственность иностранцам запрещено, да и жить в таких городах, как Харбин, Пекин, Шанхай не совсем комфортно, все-таки это очень крупные мегаполисы, с развитой промышленностью и, соответственно, плохой экологией.

Кстати, на сегодняшний день квартиры в Китае приобрели около 40 тысяч россиян. В основном там селятся пенсионеры и бизнесмены с Дальнего Востока. Так, например, в Хуньчуне, городе рядом с границей Приморского края, живут более 200 россиян.

Задания:

- Ответьте на следующие вопросы по содержанию прочитанного текста. (10 баллов)
24. Каким выглядит китайский народ в глазах автора?
25. Каким путём русские могут приобрести квартиру в Китае?
26. Как снизить стоимость квартиры? Какая скидка может предоставляться?
27. Где лучше приобрести квартиру и почему?
28. Почему считают, что не совсем комфортно жить в Харбине, Пекине и Шанхае?
29. Выразите согласие (√) или несогласие (Х) со следующими утверждениями. (4 балла)
    [A] Содержание двухкомнатной квартиры в год составляет около 20 000-25 000 юаней, и включает в себя отопление, водоснабжение, телефон и все остальные платежи, в том числе интернет.
    [B] Приобретая недвижимость в Китае, вы все равно должны получать визу для проживания и въезда в страну.
    [C] Карты крупных российских банков обслуживаются только в больших городах на Северо-востоке Китая.
    [D] В Пекине сегодня русским невозможно приобрести недвижимость в собственность по закону.

ТЕКСТ 5

В СССР существовало убеждение, что ученый выше инженера. Что познание вечных законов природы важнее, чем конструирование на их основе трубопровода или телевизора. Что тот, кто построил новую модель в теории поля, должен быть ценим куда выше, чем тот, кто спроектировал мост. И что теоретик, предсказывающий будущее, выше экспериментатора, который получает те же результаты с помощью приборов и собственных рук. Я сам по образованию теоретический физик, то есть в прошлой жизни в бывшем СССР был самая что ни на есть, как говорится, белая кость. Но давайте задумаемся: что здесь миф, а что – твердое основание?

Возможно, все было проще: теория дешевле эксперимента. Дешевле нанять десять теоретиков, чем купить одну приличную установку. Легенды о том, что ученые выше инженеров, чрезвычайно вредны и разрушительны – не для науки, конечно, а для государства и экономики.

Над новой моделью кофеварки работает команда специалистов. Высокотехнологичные продукты создают огромные коллективы, в которых ученые не являются даже первыми среди равных. В фирмах США и Европы в отделе research and development первому, как правило, выделяется в несколько раз меньше средств, чем второму. Но у нас было не просто обратное соотношение, а катастрофически обратное! Наука мирового уровня в СССР была, а технологий, создающих конкурентоспособные на мировом рынке продукты, не было вовсе. Пока границы были на замке, отсутствие технологической базы мирового уровня в России было не очень заметно. Но теперь, когда двери открыты, оказывается, что российских товаров в западных магазинах практически нет.

К счастью, ситуация совсем не безнадежна. И главная возможность – в высоком уровне образования в России. Каждый год страну покидают десятки тысяч молодых людей, которые едут учиться на Запад. В Московском и Петербургском университетах на ряде факультетов эта цифра достигает 25% выпускников. Только в Нью-Йоркском университете около 4000 русскоговорящих студентов. Среди десяти лучших проектов Massachusetts Institute of Technology за прошлый год более половины связано с русскими именами. Успешность в ведущих технологических центрах мира наших ученых и инженеров говорит о том, что наше образование, будучи дополненным американскими Masters или Ph.D. программами, может дать замечательные плоды.

Традиционно процесс отъезда с родины вызывает в России гнев, и его называют утечкой мозгов. И все наперебой предлагают методы борьбы с этим "негативным явлением". Но ведь получается: сотни тысяч людей русской культуры получают образование в лучших университетах мира – и России это не стоит ничего. Да это же колоссальный стратегический резерв! Китай на подобные программы тратит сотни миллионов долларов. А тут – даром! Дело за малым: собрать драгоценные капли. Мероприятие требует целенаправленных многолетних усилий правительства, привлечения частных инвесторов. Это несравненно дешевле и эффективнее, чем создавать кафедры технологий XXI века за счет внутренних ресурсов.

Как же привлекать русскоязычных интеллектуалов, находящихся за рубежом, в Россию? Это должно стать предметом самого серьезного обсуждения на всех уровнях. Необходимо создать систему, при которой студенты могут приезжать в Россию по приемлемым ценам на летний семестр (как это происходит в Германии, Франции, США). Надо, чтобы у молодых людей, обучающихся на Западе, связи с Россией не ослаблялись. Почему вдруг в США появилась целая лига "Клуба веселых и находчивых?" Потому что тяга к русской культуре, переданная родителями, не угасла. Надо организовывать туристские поездки в Россию для молодежи (такая система действует в Европе). Надо, чтобы приумножались дружеские и деловые контакты. В Китае подобная система обеспечила бурный подъем экономики.

Будем надеяться, что в XXI веке технологии в России не будут казаться чем-то второстепенным по сравнению с наукой. И что инженер в России будет цениться не ниже, чем учёный, хотя и те, и другие в шкале престижа сегодня в России стоят не слишком высоко. Но это уже другая проблема.

Задания:

- Выберите ответы, соответствующие содержанию прочитанного текста. （6 баллов）

30. О чём говорится в прочитанном тексте?
    [A] О том, что в России технологии развиты лучше, чем наука.
    [B] О том, что в России наука развита лучше, чем технологии.
    [C] О развитии экономики в бывшем СССР.
    [D] Об импорте и экспорте в России.

31. Как, по мнению автора, Китай относится к учёбе студентов за границей?
    [A] Китайское правительство вообще против такого вида учёбы.
    [B] Китайское правительство оказывает большую поддержку такого вида учёбе.
    [C] Китайское правительство не обращает внимания на такой вид учёбы.
    [D] Об этом не написано в прочитанном тексте.

32. Как автор оценивает состояние образования в России?
    [A] Автор высоко оценивает состояние образования в России.
    [B] Автор даёт низкую оценку состоянию образования в России.
    [C] Автор считает образование в России безнадёжным.
    [D] Автор отрицательно относится к состоянию образования в России.

33. Выразите согласие（√）или несогласие（Х）по прочитанному тексту. （7 баллов）
    [A] Автор не доволен развитием технологий в России.
    [B] Автор не доволен развитием науки в России.
    [C] Как теоретический физик, автор выступает за повышение статуса науки России в своём тексте.
    [D] Автор считает, что дизайн и качество русских товаров – самые лучшие в мире.
    [E] Автор считает, что надо поддержать учёбу студентов за границей.
    [F] Автор считает, что русские учёные замечательно работают за границей, что и показывает высокий уровень образования в России.
    [G] Автор положительно оценивает организацию туристских поездок в Китай для иностранной молодёжи.

34. Напишите короткое изложение по прочитанному тексту. （7 баллов, не меньше 30 слов）

УРОК 34

I. Новости прошлой недели.
II. Прочитайте следующие тексты и выполните задания.

ТЕКСТ 1

Футбол

Футбол является популярным видом спорта, в который играют во всём мире. Это национальный вид спорта большинства европейских, латиноамериканских стран и многих других наций. Миллионы людей в более чем 140 странах играют в футбол. В футбол играют на Олимпийских играх. В игры, подобные футболу, играли в Китае уже в 400 году до нашей эры. Египтяне также играли в своего рода футбол. Они играли в игры, в которой две команды пытались выиграть, проводя мяч через линию на поле. Римляне пасовали (传球) друг другу мяч, но они никогда не наносили удар этим мячом. Приблизительно в 1100 году лондонские дети играли в разновидность (变种) футбола на улицах. В 1800-х жители Англии играли в игру, подобную футболу. Изменилось много правил, каждый человек трактовал правила по-своему. Теперь этот вид спорта вырос до мировых масштабов, включая мужские и женские команды и первенства на Кубок мира и Чемпионат Европы, которые проходят каждые четыре года. В Европе, к тому же, каждый год проходят первенства Лиги Чемпионов и Кубка ФИФА.

Футбол произошёл от игр, в которые в мяч играют ногами, в эти игры люди играли ещё в древние времена. Современная версия игры пришла из Англии. Футбол не был таким популярным видом спорта до середины 1900-х годов.

Вначале в игре можно было играть и ногами и руками, но позже игра разделилась на два отдельных вида спорта: регби (橄榄球) и футбол, то что американцы называют "футбол". Где-то в конце девятнадцатого столетия английский футбол начал распространяться по Европе. Соединенные Штаты Америки были одними из последних, кто принял футбол как национальный вид спорта. Канадская футбольная ассоциация была основана в 1912 году, футбольная федерация США была образована в 1913 году. Первый чемпионат мира по футболу прошёл в Монтевидео, Уругвай. С тех пор он проходит каждые четыре года, за исключением времени, когда шла Вторая мировая война. В 1968 году была сформирована Североамериканская футбольная лига. Но популярность к ней пришла только в 1970-х годах.

Правила игры просты. Рефери (裁判员) принимает большинство решений и пытается заставить играть честно. Игра начинается с распасовки (开球) в центре поля, командам позволяют делать пасы, вести мяч, делать уловки (假动作), играть головой и ногами, наносить по мячу удары ногой, чтобы провести его по полю и, в конечном счёте, намеренно или случайно забить его в ворота своего противника. Если мяч выбивают за пределы бокового поля, другая команда делает вбрасывание, при этом мяч бросается назад в область поля из-за головы. Если удар наносится выше ворот или по линии углового, производится угловой удар, который выполняется нападающей стороной, при этом мяч ставится в углу поля и вводится в игру, или же защищающей команде предоставляется свободный удар, при этом мяч ставится в углу штрафной площадки и вводится обратно в игру. Если забит гол, мяч ставится обратно в центре поля и команда, которой забит гол, делает распасовку и продолжает игру.

Современная игра футбол имеет простую цель: забить ногой или головой мяч в ворота команды своего противника. Имеется еще одно простое правило: никто, за исключением вратаря, не может использовать руки, чтобы играть в мяч. В футбол играют на прямоугольном поле с воротами на каждой короткой стороне поля.

Одиннадцать членов каждой команды защищают свою сторону поля и не дают забить гол в свои ворота, который защипывается за одно очко забившей команде. В игре участвуют судейский состав из трех судей: судья в поле и двое судей на линии.

Снаряжение, используемое в футболе, также очень простое. В дополнение к самому полю все, что необходимо для игры – это мяч. Каждый игрок для защиты во время игры носит щитки на голенях, сделанные из твердого пластика и покрытые гетрами（护腿套）.

Голкипер（вратарь）может также надевать специальную дополнительную рубашку и перчатки, чтобы защитить свои руки. Футбольное поле по стандартам Международной федерации футбольных ассоциаций（или ФИФА）имеет длину от 100 до 110 метров и ширину от 64 до 75 метров.

Игра в футбол начинается с распасовки в центре поля. При помощи броска монеты решают, чья команда начнет первой. Другая команда начинает игру в начале второго тайма, когда команды меняются сторонами, или воротами. После того как команда забивает гол, другая команда, чтобы начать игру, должна провести распасовку в середине поля. После того как началась игра, мяч остается в игре, пока не пересечет вратарскую линию или линию поля. Все игроки пытаются остановить мяч от противника в свою зону, в то же самое время пытаясь забить гол. Игрок может забить гол любой частью тела, за исключением рук.

Если мяч выходит за границы поля, игра начинается снова с углового удара, свободного удара или вбрасывания из-за боковой. Судья в поле решает, какой тип вбрасывания использовать. Если мяч пересекает боковую линию у ворот, а защищающаяся команда коснулась мяча последней, тогда назначается угловой удар для нападающей команды. Если нападающая команда коснулась мяча последней и он вышел за поле, тогда назначается свободный удар. Вбрасывание производится, когда мяч пересекает боковую линию. Когда мяч пересекает боковую линию, команда, которая не касалась мяча последней, вводит мяч в игру. Мяч бросается двумя руками из-за головы. Нарушением называется поведение игрока, который не соблюдает правил игры и ведет себя "не по-спортивному". Когда происходит нарушение, команда противника получает право на пенальти（点球）, штрафной удар или свободный штрафной удар.

Для нарушений, таких как толчки и подножки назначается штрафной удар по воротам（нарушение не во вратарской зоне< 禁区 >）или пенальти（внутри вратарской площадки）. В обоих случаях разрешается забивать гол непосредственно со штрафного удара. Если было совершено более мелкое нарушение, назначается свободный штрафной удар, с которого гол забивать нельзя.

Большинство игр в футбол имеет 45-минутные периоды, при этом время останавливается только тогда, когда игрок получает травму или преднамеренно втянет время. В профессиональном футболе в течение одного периода разрешено производить только три из пяти замен. Вообще, большее количество замен позволяется производить в низших лигах.

Задания:

- Найдите футбольные термины в тексте.

- Найдите в тексте соответствующие выражения на русском языке и запомните их.
  传球, 运球, 橄榄球, 裁判, 开球, 假动作, 进攻方, 防守方, 中场, 守门员, 头球, 任意球, 换人, 点球, 推人, 铲球, 禁区, 受伤, 拖延时间, 掷界外球, 边线

- Ответьте на следующие вопросы.
1. В каких странах в древние времена играли в игру, подобную футболу?
2. Сколько человек требуется для футбольного матча? Назовите их.
3. Сколько минут обычно длится игра?
4. Чем обычно снаряжены футболисты в игре?
5. Знаете ли вы, какие главные соревнования по футболу в настоящее время?
6. Кто ваш любимый футболист? Как он выступал в последней игре?
7. Кто знает размер футбольного поля?
8. Какая страна является родиной футбола?
9. Чем отличается футбол от регби?

ТЕКСТ 2

Россия – АТЭС: широкие горизонты сотрудничества

Развитие Азиатско-Тихоокеанского региона, куда, по оценкам многих экспертов, постепенно перемещается центр тяжести мировой политики и экономики, действительно впечатляет. Часто можно слышать о **вызревающем** здесь экономическом чуде. В этих утверждениях есть свой резон. Хотя мне по душе более прагматичный подход. Ведь на чудо можно только уповать. А мы имеем дело с результатами масштабной и напряженной работы, которую проводят государства АТР. Достаточно упомянуть, что здесь производится две трети глобального ВВП и сосредоточена значительная часть мировых инвестиционных капиталов.

Россия стремится вносить свой реальный вклад в экономическое развитие этого региона. Прирост ежегодного товарооборота нашей страны со странами АТР составляет более 20%. С Китаем, например, торговля растет на 20-30% в год. Те же тенденции – и с другими странами Азиатско-Тихоокеанского региона. В наших действиях и планах мы исходим из того, что Россия – неотъемлемая часть АТР. Этот регион – не только пространство бурного экономического роста. Здесь проявляется одно из позитивных следствий глобализации – постепенное **выравнивание** уровней социально-экономического развития различных регионов мира. Еще одна отличительная черта АТР – высокая динамика интеграционных процессов, которые позитивно влияют на формирование нового, более справедливого мироустройства. Для нас такой **настрой** на коллективный поиск решения региональных проблем важен и ценен. Кроме того, мы на деле видим стремление и готовность стран АТР учиться на опыте других. К примеру – у государств Европы, которые прошли свой путь к солидарности и взаимоподдержке. К осознанию того, что продуманная интеграция, опирающаяся на отлажено работающие институты и механизмы, может эффективно обеспечить безопасность и процветание.

Мы осознаем, что развитие России может быть успешным лишь при условии самого активного участия в региональной интеграции. Конструктивная вовлеченность в эти процессы – наш стратегический выбор, важнейшая задача на **обозримую** перспективу. Этими соображениями руководствовалась Россия при присоединении в 1998 году к форуму "Азиатско-тихоокеанское экономическое сотрудничество". Сегодня на пространстве АТР – это самый представительный механизм консультаций, совместного обсуждения ключевых региональных и международных вопросов.

Вместе со своими партнерами мы продуктивно используем площадку Форума, чтобы сообща определять "правила игры" на экономическом "поле" региона. И что особенно важно – опираемся на принципы консенсуса и добровольности, которые уже доказали свою эффективность.

Между тем, пришло время проанализировать итоги и **реалистичность** достижения в срок программных для Форума "Богорских целей" – о создании в регионе системы свободной торговой и инвестиционной деятельности. Подчеркну, что здесь важны не частности, а именно стратегические задачи, определенные в Богоре. И на мой взгляд – Форуму есть что предъявить миру. Главное, что все экономики АТЭС, включая Россию, сознательно встали на путь торговой и инвестиционной либерализации и уже прошли по нему различные по длине, но равные по своей значимости отрезки пути.

Давайте вспомним, что "Богорские цели" принимались много лет назад, когда АТЭС концентрировал усилия на "чистой экономике". Кто тогда, к примеру, мог предугадать масштабы террористической угрозы. Однако после трагических событий 11 сентября 2001 года в США проблематика борьбы с терроризмом и противодействия другим угрозам прочно вошла в число приоритетных тем АТЭС. Россия видит в АТЭС важный инструмент укрепления антитеррористического фронта – как в региональном, так и глобальном измерениях. Удовлетворен, что все мои коллеги по Форуму разделяют такой подход.

Логично, что сегодня основное внимание уделяется объединению усилий по **пресечению** финансовой **подпитки** террористических организаций. Однако, к чести Форума, он не ограничивается лишь этим "профильным" направлением. Лидеры АТЭС обратили внимание на необходимость совместных шагов по ослаблению "материальной" базы террора: недопущение незаконного оборота ПЗРК, усиление нераспространенческих режимов в регионе. В свою очередь, активное сотрудничество в ликвидации экономической отсталости, подавлении **оргпреступности**, в борьбе с коррупцией – постепенно сокращает питательную среду этих негативных явлений.

Особую роль здесь должны сыграть усилия АТЭС по развитию в регионе межкультурного, **межцивилизационного** диалога. Множество культур и религий – это уникальное преимущество региона. Россия считает, что АТЭС способна проявлять намного больший интерес к вопросу сближения людей, населяющих разнообразный Тихоокеанский регион. Наша организация должна инициировать программы в области культуры, средств массовой информации, других гуманитарных областях. Большую пользу и **востребованность** имел бы такой проект как создание серии телевизионных фильмов о деловой этике и корпоративной культуре разных народов региона. Его можно было бы реализовывать в рамках АТЭС и продвигать через национальные СМИ, а также – через уже существующие программы Форума в сфере делового образования. Считаю также очень своевременной идею, которую отстаивает действующий председатель АТЭС – Республика Корея. Речь идет о подключении механизмов Форума к активизации региональных обменов в области культуры.

Россия заинтересована в дальнейшем взаимодействии по всему спектру стоящих перед нами целей, включая обеспечение равного доступа всех стран к преимуществам глобализации. Отдельно выделю актуальнейшую проблему готовности к чрезвычайным ситуациям. И Россия готова внести в эту деятельность свой вклад. У нас много наработок в сфере высоких технологий, связанных с прогнозированием стихийных бедствий, мониторингом (监控) окружающей среды, развитием системы **оповещения** и эвакуации (疏散) людей, преодоления последствий природных катастроф. Мы – за подготовку масштабных совместных проектов в этой области.

Вообще с самого начала своего участия в АТЭС Россия ставила на ключевое место именно свой технологический потенциал, который имеет отличные перспективы. Причем не только в сфере промышленности. Но и в равной степени – в области медицинских и биологических технологий.

Мы со всей серьезностью и ответственностью подходим и к таким направлениям нашей совместной деятельности, как энергетика и транспорт. В силу своего географического положения и ресурсных позиций – причем отнюдь не только сырьевых, но и технологических и интеллектуальных, – Россия готова играть одну из ключевых ролей в формировании новой транспортной и энергетической архитектуры в АТР. Естественно, вместе с нашими партнерами, с опорой на их возможности, в том числе инвестиционные.

Тогда, когда вступала в АТЭС, Россия хорошо осознавала свой уникальный потенциал транзитной территории. Перевозка грузов через нас оказывается намного дешевле, чем иные торговые пути. Речь идет о **грузопотоках** между двумя мощными центрами мировой экономики – тихоокеанским и европейским. У нас уже накоплен серьезный практический опыт в этой сфере. Но проекты такого рода требуют международного сотрудничества в рамках большого региона. АТЭС как раз и является механизмом такого сотрудничества.

Я призываю всех задуматься о тех огромных возможностях, которые открывают транспортные проекты, рассматриваемые в рамках Шанхайской организации сотрудничества. Речь о транспортных и иных магистралях, пересекающих просторы Центральной Азии. Они также открывают большие перспективы для транзита между тихоокеанским и европейским регионами и будут напрямую влиять на ускоренное развитие регионов, через которые эти магистрали проходят.

Не надо забывать и те возможности, которые АТЭС предоставляет для сотрудничества в сфере защиты прав интеллектуальной собственности, развития малого и среднего предпринимательства, инновационных технологий. В августе этого года российская делегация приняла активное участие во встрече АТЭС по малому и среднему бизнесу. Это важный сигнал о подключении к тихоокеанскому партнерству сотен небольших российских компаний, которые в любой стране являются основой экономического развития. Это, безусловно, и новый импульс для сотрудничества России со странами региона.

Участие в АТЭС – один из неоспоримых и долгосрочных приоритетов внешнеполитической и внешнеэкономической линии России в АТР. Наша цель – содействие хозяйственному и социальному развитию своей страны, прежде всего – районов Сибири и Дальнего Востока. Здесь очевидны две главные – взаимосвязанные задачи. Первая – применять у себя дома, сообразуясь с национальными интересами, потребностями и возможностями, общие установки и коллективный практический опыт Форума. Вторая задача – продвижение через АТЭС российских технологий, концептуальных разработок, методик, а также – конкретных продуктов, образцов техники и оборудования. Все это может быть использовано для реализации программных целей форума. Соответствующий потенциал у России есть. И такая форма "российского нашествия（侵袭，侵入）" будет, я уверен, только приветствоваться нашими партнерами по АТЭС.

Задания:

- Назовите корень выделенных слов в тексте и догадайтесь о значении этих слов.

- Найдите переводы следующих словосочетаний в тексте.
  一体化进程，商业投资自由化，恐怖威胁，非法贸易，企业文化，商业道德，知识产权，有组织犯罪，协商机制，游戏规则，反恐战线

- Ответьте на следующие вопросы по прочитанному тексту.
1. Как развивается торговля между Китаем и Россией?
2. Как автор оценивает Азиатско-Тихоокеанский регион?
3. Когда Россия вступила в АТЭС?
4. Как автор оценивает АТЭС?
5. Кто знает Богорские цели?
6. Как автор оценивает российские технические возможности?
7. Почему автор считает, что Россия имеет своеобразный потенциал транзитной территории?
8. Как автор оценивает участие России в АТЭС?

- Найдите в тексте предложения, соответствующие данным переводам.
1. 这一地区不仅是经济蓬勃发展的地区，而且体现出全球化的积极成果之一：世界不同地区的社会经济发展水平逐渐拉平。
2. 各国领袖们都认为必须共同采取措施削弱恐怖分子的物质基础，禁止非法买卖移动式地空导弹装备，加强不扩散制度。
3. 参加亚太经合组织是俄罗斯在亚太地区奉行的对外政治方针和对外经济方针无可争辩的长期重点之一。

УРОК 35

I. Новости прошлой недели.
II. Прочитайте следующие тексты и выполните задания.

ТЕКСТ 1

Почему женщины не хотят рожать?
Сбережение человеческого потенциала – важнейшая государственная задача

Одним из таких проблемных узлов（症结）мне видится **демографическая** ситуация в стране. Часто важнейшие государственные решения рассматриваются в обобщенном виде. Недостаточно учитывается человеческий фактор, демографический потенциал государства при прогнозировании развития страны. Во всяком случае, эта проблема находится на периферии（外围）общественно-политических дискуссий. А ведь вопрос состоит в том, кто и насколько успешно будет реализовывать долгосрочные государственные программы, насколько динамично, надежно и предсказуемо будет развитие России в XXI веке. И эта проблема, в первую очередь, связана с политикой государства по отношению к сбережению и развитию человеческого потенциала нашей родины.

В настоящее время в Российской Федерации наблюдается угрожающая тенденция в области **воспроизводства** населения. Эту ситуацию ученые-демографы и социологи оценивают как демографический кризис, ведущий к необратимым негативным демографическим и, как следствие, экономическим и социальным последствиям. В течение 8 лет население страны сократилось на 6.8 млн. человек. Только благодаря значительной внешней миграции в размере 3.3 млн. человек общее уменьшение населения составило 3.5 миллиона. Но этот резерв с каждым годом уменьшается и уже не может существенно **сгладить** последствия депопуляции（出生率下降）.

Тяжелейшей проблемой, которая приобрела за эти годы устойчивый характер, является беспрецедентно（史无前例地）высокая смертность мужчин в трудоспособных возрастах. Смертность мужчин в четыре раза превышает смертность женщин. Причины смертности не естественные, а социально обусловленные: несчастные случаи, травмы, отравления, а также самоубийства и убийства.

Экономический и социально-политический кризис последнего десятилетия привел к росту социально обусловленных заболеваний, заболеваний, которые являются индикатором кризисных процессов в любом обществе. Среди них всевозможные инфекции（感染）, психические расстройства. Происходит падение качественных параметров состояния здоровья населения: каждое последующее поколение оказывается слабее поколения своих родителей. Да и количественные значения рождаемости в России катастрофически снизились. Кроме очевидных экономических причин, неуверенности в завтрашнем дне, нежелание иметь детей объясняется упадком института семьи в нашем обществе в целом. В массовом сознании, главным образом среди молодежи, распространены представления о необязательности иметь ребенка, чтобы состояться как социально полноценная семья. Это очень и очень тревожно.

Без возрождения института семьи как **системообразующей** структуры любого общества сложно рассчитывать на исправления демографической ситуации.

Государство просто обязано проводить здесь ответственную и четкую политику. Государство должно прямо и **недвусмысленно** взять на себя заботу о молодой семье. Необходимо при помощи целенаправленной информационной политики создать в обществе уверенность, что государство осознает всю серьезность проблемы и готово нести ответственность за благополучие молодых семей в воспитании ребенка. Я бы даже поставил вопрос существенно шире: государство должно обеспечить и экономическую, и, что чрезвычайно важно, морально-психологическую поддержку учителям и педагогам, всей системе дошкольного и школьного образования. Для этого нужно не только улучшать материальное положение педагога, но и создать информационные условия для повышения престижа в обществе этой важнейшей профессии.

Потребуется разработать специальную федеральную программу поддержки материнства и детства, определить и донести до общественности краткосрочные и стратегические перспективы в **реформировании** армии, системы школьного и вузовского образования в связи с **неминуемым** сокращением населения нашей страны.

Демографические процессы имеют инерцию（惰性）развития, складываются за многие годы и десятилетия. Инерцию этих процессов нельзя изменить или остановить волевым решением. К сожалению, действительность такова, что государству и обществу придется приспосабливаться к негативным долгосрочным последствиям сокращения населения. Но из этого вовсе не следует, что нужно быть фаталистом（宿命论者）. Совсем наоборот, необходимо по максимуму сгладить последствия депопуляции, перевести ситуацию если не в управляемое, то, по крайней мере, в **прогнозируемое** русло.

Федеральное Собрание, профильные（专业的）комитеты должны придать звучание проблеме на федеральном уровне, обеспечить законодательную базу для практической разработки этой темы.

И мы должны научиться ценить каждую человеческую личность, использовать все возможности государства для создания условий полноценного развития нашей молодежи. Обществу нужно приложить максимум усилий, чтобы молодые люди, вступающие в жизнь, чувствовали свою **востребованность**, свою нужность. Так мы сможем создать уверенность в своих силах у нашей молодежи, направить ее энергию в созидательное русло, в конечном итоге обеспечить наше будущее.

Задания:

- Определите значение подчёркнутых слов в тексте и определите, от каких слов образованы эти слова.

- Ответьте на следующие вопросы.
1. Что беспокоит автора данного текста?
2. Осознало ли общество и руководство государства демографический кризис?
3. Сколько человек переселилось на Запад в течение 8 лет?

4. Перечислите причины смертности мужчин.
5. В чём заключаются причины заболеваний мужчин?
6. Почему женщины не хотят рожать?
7. Что должно делать государство, чтобы исправить демографическую ситуацию?
8. Как автор оценивает развитие демографических процессов?
9. Молодёжь – будущее страны. Что надо делать для неё?

- Исходя из содержания текста, скажите, согласны ли вы со следующими утверждениями.

1. По мнению автора, выполнение государственных планов в дальнейшем зависит от политики государства в области (в отношении) демографии.
2. Рождаемость в России снижается с каждым годом.
3. Автор считает, что государство и общество уже осознали проблему демографического кризиса.
4. Специалисты считают, что демографический кризис – это вопрос лёгкий, решить его нетрудно.
5. Автор считает, что перед демографическим кризисом государство и общество бессильны.

ТЕКСТ 2

Китай мечтает вместе с миром

За последние годы словосочетание "китайская мечта" стало в Китае главным и практически повсеместным. О "мечте" пишут газеты, про нее снимают телевизионные сериалы, молодежь по всей стране участвует в массовых мероприятиях на тему "моя мечта и мечта Китая". Эта тема стала ключевой в системе образования и патриотического воспитания. Основным источником для формирования и развития "китайской мечты" стали выступления лидера страны Си Цзиньпина, уделяющего приоритетное внимание популяризации этой концепции.

Лозунг "китайской мечты" вошел в общественную жизнь страны в ноябре 2012 г. вскоре после смены руководства Компартии Китая на XVIII съезде. В одном из первых выступлений в качестве нового партийного лидера Си Цзиньпин заявил, что "осуществление великого возрождения китайской нации – это величайшая мечта китайской нации начиная с нового времени". Речь идет о периоде после Опиумной войны 1840 года, в которой иностранцы нанесли поражение цинской династии. В истории Китая начался период тяжелых испытаний и потрясений, ответом на этот кризис стал напряженный поиск новых путей развития страны.

Си Цзиньпин пояснил, что "китайская мечта" включает в себя три цели – это превращение Китая в богатое и сильное государство, энергичное развитие китайской нации и создание счастливой жизни для народа. Чтобы "китайская мечта" стала реальностью, лидер призвал помнить о трех необходимых условиях. Во-первых, страна должна двигаться вперед по собственному "китайскому пути", найденному в результате длительных и трудных поисков. Во-вторых, для осуществления "мечты" нужно "развивать китайский дух", опирающийся на патриотизм, реформы и инновации. В-третьих, обязательно следует "сплотить силы Китая".

Си Цзиньпин пояснил: "Китайская мечта – это национальная мечта, это также мечта каждого китайца". Лидер призвал людей сплотиться для осуществления общей мечты через стремление к личным целям, подчеркнув: "У нас есть широкое пространство для стараний каждого человека по реализации своей мечты". "Китайская мечта" не тождественна (等同于) "американской", но вместе с тем говорить об их несовместимости было бы натяжкой (勉强) – в Китае также есть место для личного успеха и для реализации индивидуальной мечты о богатстве.

В Китае постоянно напоминают о том, что экономическая мощь важна, но одной ее недостаточно. В XIX веке страна была самой крупной экономикой мира, но это не помогло ей выстоять перед лицом иностранного вторжения. Теперь Китай занимает в мире намного более весомое и устойчивое положение, однако, пределы прежней модели экономического роста, созданной в период реформ, близки к исчерпанию. Невозможно продолжать уповать на дешевую рабочую силу, на расширение экспорта и неограниченную эксплуатацию природных ресурсов. Чтобы продолжать движение вперед, Китаю нужно создавать новые высокотехнологичные производства, опирающиеся на собственные передовые научные разработки, избавляться от зависимости от ненадежных внешних рынков, стимулировать спрос на товары и услуги со стороны собственного населения, принимать неотложные меры по сохранению и восстановлению окружающей среды.

Китайский лидер выразил уверенность в том, что экономика страны продолжит рост, внутренний спрос расширится, а инвестиции вовне значительно увеличатся, что сулит иностранцам значительные выгоды в сотрудничестве. По словам Си Цзиньпина, в ближайшие пять лет китайский импорт составит 10 трлн долл., прямые зарубежные инвестиции – 500 млрд. долл., количество выезжающих за рубеж китайских туристов превысит 400 млн. человек. Эти цифры стали подтверждением ключевого тезиса: "Чем больше развивается Китай, тем больше шансов на развитие он приносит Азии и миру".

По мере расширения внутреннего спроса внутри Китая страна постепенно избавится от прежней односторонней зависимости от внешних рынков сбыта, иностранные производители получат возможность увеличить свои прибыли за счет расширения продаж внутри Китая. Деньги китайских потребителей, инвесторов и туристов будут уходить за рубеж, поддерживая мировую экономику. Однако вклад Китая в мировое развитие не может ограничиваться торговлей, инвестициями и туризмом. Опыт показывает, что западные страны, покупающие значительные объемы китайской продукции и вложившие в экономику Китая крупные средства, зачастую относятся к Китаю с недоверием и предубеждением (成见), перспектива роста китайской мощи вызывает у них тревогу. Экономические связи порождают взаимозависимость, но гармонии в международных отношениях они не гарантируют.

Поэтому не менее важным вкладом Китая в развитие человечества должны стать духовные ценности и культурные богатства. Размер экономики и прочие показатели, исчисляемые в денежных суммах, сами по себе не гарантируют Китаю желанное место в авангарде (先锋队) мировой цивилизации – хотя прошлый опыт недвусмысленно свидетельствует о том, что бедная и слабая страна заведомо не может претендовать на подобный статус. Эти задачи будут решаться в рамках провозглашенных Китаем целей создания "могущественного культурного государства", продвижения во внешний мир достижений традиционной и современной культуры, расширения влияния с помощью инструментов "мягкой силы".

Китайское руководство уделяет большое внимание идейно-воспитательной роли "мечты". В мае Си Цзиньпин встретился с молодыми людьми, принимавшими участие в общенациональном форуме под названием "В осуществлении китайской мечты молодежь смело берется за дело". Он с удовлетворением отметил, что новый лозунг уже занял заметное место в жизни общества: "Теперь все обсуждают китайскую мечту, все думают о том, как китайская мечта связана с ними, о своей ответственности за исполнение китайской мечты". В том же выступлении прозвучали три характеристики "китайской мечты", подчеркнувшие ее предельно всеохватывающий характер – она принадлежит "прошлому, настоящему и будущему", "государству, нации и также каждому китайцу", "китайская мечта наша, но еще более она принадлежит молодому поколению".

"Китайская мечта" кажется иностранцам непонятной в той же мере, в какой внешнему наблюдателю бывает трудно понять сущность нынешнего китайского пути развития. В Китае подчеркивают важность коллективных ценностей, однако, речь не идет ни о повторении советской модели, отрицавшей частное предпринимательство, ни о западноевропейском "социальном государстве", построенном на масштабном изъятии（剥夺，没收）прибылей и доходов для их перераспределения. Если бы на заре реформ в Китае не создали пространство для предпринимательской активности тех, кто был готов откликнуться на призыв реализовать свой деловой потенциал и обогатиться первыми, страна не сумела бы выйти в мировые лидеры.

Задания:

- **Найдите переводы следующих словосочетаний в прочитанном тексте.**
  民营企业，集体价值观，软实力，文化强国，文化财富，精神价值，国外销售市场，国外直接投资，国内需求，经济发展模式，中国精神，鸦片战争，中华民族伟大复兴，爱国主义教育，电视剧

- **Ответьте на следующие вопросы.**
1. Когда появился лозунг "китайской мечты"?
2. Что вы знаете об Опиумной войне?
3. Одинаковы ли "китайская мечта" и "американская мечта"?
4. Каков характер "китайской мечты", по мнению Си Цзиньпина?
5. Считает ли Си Цзиньпин, что положение страны зависит от её экономической мощи?
6. Как, по мнению Си Цзиньпина, надо развиваться Китаю в будущем?
7. Кто знает о советской модели развития экономики?
8. Как западные страны относятся к развитию Китая?
9. В чём состоит цель китайской мечты?
10. Какие условия необходимы, чтобы китайская мечта сбылась?

- **Составьте рассказ на тему: "Моя мечта и китайская мечта".**

УРОК 36

I. Новости прошлой недели.
II. Прочитайте следующие тексты и выполните задания.

ТЕКСТ 1

От глобального потепления россияне пострадают больше всех

Небольшое похолодание начала февраля в европейской части России нас обрадовало. Слякотные (泥泞的) зимы последних лет уже надоели, хочется морозца, свежего снега с солнечными отблесками... Но специалисты-климатологи радостей русской зимы не обещают и впредь. Самое печальное, что потепление климата серьезно ударит по здоровью россиян.

Как глобальные климатические процессы связаны с распространением болезней? Можно ли защитить свое здоровье от **сюрпризов** погоды? Об этом главный научный сотрудник Центра демографии и экологии человека Института народнохозяйственного прогнозирования РАН, доктор медицинских наук Борис Ревич беседует с обозревателем "Известий" Татьяной Батеневой.

– Мнения специалистов по поводу глобального потепления расходятся. Одни говорят, что планета пострадает необратимо, другие считают, что этот процесс **волнообразен**, и экосистемы уже переживали подобное в прошлом, но сумели восстановиться. Вы утверждаете, что главная опасность потепления в негативном воздействии на здоровье людей?

– Не просто утверждаю, мы уже видим конкретные негативные результаты этого процесса. Ведь нам, живущим сегодня, в сущности, не важно, что это глобальный процесс, что циклы потепления-похолодания длятся столетия, и т.п. Важно понять, что сегодня потепление климата стало таким же серьезным фактором, как загрязнение воздуха, воды, продуктов питания и т.д. Нужно, чтобы люди, которые отвечают за наше здоровье, принимали меры.

– Какие же реальные опасности несет с собой потепление, если среднегодовая температура вырастает всего на один-два градуса?

– Для конкретного человека такое повышение температуры среды значит немного, но для общества в целом выливается в значительные потери. Прежде всего, резко возрастает риск роста многих инфекционных и паразитарных заболеваний (传染和寄生病).

– Потому что бактериям и вирусам нравится тепло?

– Да, тепло нравится многим, и территория обитания возбудителей расширяется к северу. Простой пример: чем теплее климат, тем больше осадков. Увеличиваются площади водоемов и заболоченных земель, в которых селятся комары – переносчики малярии (疟疾) и многих опасных лихорадок (热病). Повышение температуры благоприятно и для паразитарных заболеваний – гельминтов (蠕虫), лямблий (梨形虫) и прочих "квартирантов" человека.

– Летняя жара и сама по себе – фактор риска для здоровья.

– Особенно для жителей городов, которые не могут провести его на природе. Проблема остра и в медицинском смысле, и в социальном – чаще страдают дети и люди немолодые, нездоровые, бедные.

– О том, что прошлогодняя жара вызвала тысячи дополнительных смертей в Европе, известно. У нас такой статистики нет. Почему?

– Нет социального заказа. В прошлом году, когда началась жара в Париже, Национальный институт демографии тут же стал анализировать показатели ежедневной смертности и публиковать предварительные результаты оценки воздействия жары. У нас же этими проблемами занимается всего несколько человек.

– Но жертвы, несомненно, и у нас были?

– Летом 2002 года, когда стояла жара и в Подмосковье горели леса, по оценкам экспертов Института экологии человека и гигиены окружающей среды имени Зысина, в Москве погибло около 300 человек в результате загрязнения воздуха продуктами горения. Во всём мире сейчас бум исследований так называемых мелкодисперсных（微小的）частиц, которые попадают в воздух при сжигании топлива, при больших лесных пожарах и т.п. Уже известно, что это канцерогены, они же могут способствовать **утяжелению** приступов астмы（气喘）.

– Зная о риске, этих людей можно было спасти?

– Я убеждён, что можно, если бы мы принимали самые простые меры, как в других странах. Например, в Японии, где проблема загрязнения воздуха тоже актуальна, защитные маски можно купить на каждом шагу, как у нас жвачку. Они разные: одни используются во время цветения, другие – при пожарах, третьи – при массовых инфекциях. Есть многослойные, которые не рекомендуется использовать пожилым или людям с болезнями органов дыхания. Есть облегчённые, разной формы и т.д. Я привёз их несколько и во время пожаров надевал самую простую. На меня смотрели, как на, мягко говоря, странного человека. Потом, правда, я видел уже и других людей в масках. Но вы слышали, чтобы по радио, ТВ давали такие рекомендации? Вы рекомендовали своим читателям простые меры защиты?

– Пожалуй, о масках не писали.

– А ведь это спасло бы кому-то жизнь. Когда в Нью-Йорке бывает жара, каждые 15 минут по ТВ передают рекомендации для пожилых и нездоровых людей: не работать в саду, не стричь газоны, не выходить из дому после 11 и раньше 17 часов дня, пить больше воды и т.п. У нас кто-то передавал такие рекомендации?

– Но как это рекомендовать? Ведь индивидуальные ощущения жары у людей очень различны.

– Американцы исследовали этот вопрос и установили, что пограничная температура, например, для такого города, как Чикаго, – 29 градусов, выше них риск смертности от сердечно-сосудистых заболеваний, суицидов（自杀）и т.п. резко возрастает.

– При чём же здесь попытки самоубийства?

– Достоверно доказано, что в жару люди предпринимают их чаще.

– И у нас эта закономерность сохраняется?

– По гранту（资助）РФФИ мы провели исследование на примере Твери - типичного российского города. За два года сравнили ежедневную смертность, обращения в "Скорую" и температуру воздуха. И выявили чёткие связи между смертностью от ряда сердечно-сосудистых заболеваний, суицидами, утоплениями и температурой воздуха, хотя абсолютные цифры и небольшие. Если экстраполировать（把……用

于……）эти данные на многомиллионный город, цифры были бы много больше.

— Насколько наша система здравоохранения способна минимизировать последствия потепления?

— Прежде всего, население надо информировать о риске. Это не та ситуация, когда надо срочно создавать вакцины（疫苗）от всего на свете и проводить массовую вакцинацию. Но мы должны лучше знать и понимать, что может произойти с природой и человеком. Необходимо обучать врачей, внести изменения в программы медвузов и курсов повышения квалификации врачей. Но не **отмахиваться** от проблемы.

— Меры, о которых вы говорите, требуют немалых средств и государственного вмешательства.

— Во многих странах уже разработаны государственные программы **минимизации** последствий глобального потепления. Это невероятно многогранная задача. Если бы наш Минздрав хотя бы ее обозначил, привлек внимание депутатов, правительства, органов здравоохранения на местах, было бы замечательно. Первый шаг на этом пути уже сделала Российская академия медицинских наук, организовав семинар "Изменения климата и здоровье населения России в XXI веке".

Задания:

- Определите значение выделенных слов в прочитанном тексте.

- Ответьте на вопросы:
1. Какие опасности потепления климата вы знаете?
2. Кто больше всех страдает от жары? Бедные или богатые? Здоровые или болезненные?
3. Чем вредны мелкодисперсные частицы?
4. Как в России во время загрязнения окружающие относятся к вам, если вы носите защитную маску?
5. Что надо делать для того, чтобы уменьшить последствия потепления?
6. Доволен ли Борис Ревич работой российских СМИ в отношении заботы о здоровье россиян?

- Выразите согласие или несогласие по прочитанному тексту.
1. Как мы знаем, в России зимой очень холодно, поэтому потепление климата очень полезно для россиян.
2. Специалисты единодушны в том, что глобальное потепление – это обыкновенное явление.
3. Борис Ревич считает, что, вообще говоря, потепление климата вредно не только для человечества, но и для природы.
4. Научные исследования показывают, что смертность людей тесно связана с заметным повышением температуры воздуха.

ТЕКСТ 2

Помнить историю, чтобы открывать будущее

Все помнят, что развернутые фашистами и милитаристами агрессивные войны причинили беспрецедентные в истории бедствия и страдания народам Китая, России, стран Европы, Азии и других регионов мира. На непримиримую борьбу между справедливостью и злом, светом и тьмой, свободой и порабощением (奴役) народы Китая, России и более 50 стран, да и все миролюбивые народы мира, встали как один и сформировали широкие международные единые антифашистский и антимилитаристские фронты. Все народы вместе сражались в кровопролитных битвах против врага, в результате чего разгромили самых злостных и самых грубых агрессоров, завоевали мир на Земле.

Россия была главным театром военных действий Второй мировой войны в Европе. Ради победы в Великой Отечественной войне российский народ и другие братские народы понесли огромные потери – погибли 27 миллионов человек. Почти в каждой советской семье был погибший и раненый. Целая плеяда героических сынов и дочерей, такие как 28 героев-панфиловцев, Матросов, Зоя и многие-многие другие отдали жизнь в защиту независимости и достоинства Родины, ради мира и справедливости в мире, и тем самым создали величественные и героические боевые эпопеи (史诗), которые глубоко запечатлелись в сердцах людей.

Китай был главным театром военных действий в Азии во Второй мировой войне. Китайский народ раньше всех поднялся на борьбу против японских милитаристов, вел самую продолжительную войну, воевал в самых тяжелых условиях и, как Россия, понес самые колоссальные жертвы и потери. Китайская армия и народ стойко и упорно боролись, уничтожали врага и приковали к себе огромные контингенты японских агрессоров. Ценой крупной национальной жертвы – жизнями более 35 миллионов человек – наконец была завоевана великая победа и тем самым внесен большой вклад в победу в Мировой антифашистской войне. Подвиги китайского народа в антимилитаристской войне, как и подвиги у российского народа, будут навеки запечатлены в истории и никогда не померкнут.

Китайский народ и российский народ взаимно поддерживали, помогали друг другу, они соратники в войне против фашизма и милитаризма, они скрепили между собой боевую дружбу кровью и жизнью. В самое трудное время Великой Отечественной войны многие лучшие сыны и дочери китайского народа решительно вступили в борьбу против немецкого фашизма. Мао Аньин – старший сын председателя Мао Цзэдуна, как политрук танковой роты 1-го Белорусского фронта, воевал на полях боя во многих местах, вплоть до взятия Берлина. Китайский летчик Тан До, заместитель командира воздушного стрелкового полка Советской армии, неоднократно совершал подвиги в воздушных боях против фашистских войск. Дети руководителей Коммунистической партии Китая и потомки павших героев китайской революции, тогда учащиеся Ивановской международной школы-интерната, несмотря на то, что они были еще совсем детьми, шли рыть траншеи, изготовляли зажигательные бутылки "Молотов", изготовляли одежду и продовольствие для бойцов, рубили деревья, копали картошку, ухаживали за ранеными в госпиталях. Кроме того, многие из них регулярно раз в месяц отдавали свою кровь - каждый по 430 миллилитров солдатам на фронте. Китайская женщина-корреспондент Ху Цзибан, худенькая и слабенькая, прошла всю войну с первого дня до последнего, сквозь пули и огонь, писала о стойкости и мужестве советского народа, жестокости варварского фашистского полчища и передавала об огромной радости российских войск и народа в минуты побед. Это придавало бодрости армиям и народам двух стран, поднимало их решимость воевать до конца, до полной победы. Наряду с этими вышеперечисленными героями еще очень много представителей китайского народа, внесших вклад в Великую Отечественную войну, остались неизвестными солдатами.

Российский народ оказал китайскому народу ценную политическую и моральную поддержку в войне сопротивления японским захватчикам. В порядке помощи поставил в Китай большие партии материалов и вооружений. Более 2000 советских летчиков записались в военно-воздушные отряды на помощь китайскому народу и участвовали в воздушных боях в Китае. Среди них более 200 погибли в боях на китайской земле. В завершающую фазу войны войска Красной армии Советского Союза были переброшены на северо-восток Китая. Они вместе с китайской армией и народом сражались против японских милитаристов, что явилось мощной помощью китайскому народу в завоевании окончательной победы. Китайский народ будет всегда хранить память о россиянах, и военных, и гражданских, отдавших свои жизни за независимость и освобождение китайской нации.

Знаменитый русский историк В. О. Ключевский сказал, что, утратив память об истории, наша душа может заблудиться во мраке. Забыть историю означает совершить предательство. Китайский и российский народы готовы со всей решимостью и всеми усилиями, вместе со всеми миролюбивыми странами и народами, выступать против любых действий и попыток отрицать, искажать и переписывать историю Второй мировой войны.

Тяжелые уроки Второй мировой войны говорят людям, что сосуществование человечества не подчиняется закону джунглей; политика мира диаметрально（完全地）противоположна воинственной и гегемонистской политике силы; а путь развития человечества лежит не в принципе "победитель забирает все" и не в игре с нулевыми результатами. Миру – да, войне – нет, сотрудничеству – да, конфронтации – нет, общий выигрыш в почете, а нулевые результаты – нет, вот в чем состоит неизменная суть и сердцевина мира, прогресса и развития человеческого общества.

Ныне человечество имеет как никогда благоприятные возможности для реализации нашей цели – мир и развитие и тем более должно всемерно формировать международные отношения нового типа в духе сотрудничества и общего выигрыша. "Сплочение – это сила, а самоизоляция – обессиление". Сотрудничество и общий выигрыш следовало бы принять за основную ориентацию политики у всех стран в международных делах. Нам надо соединить свои собственные интересы с общими интересами всех стран, найти и расширить точки соприкосновения интересов различных сторон, выработать и установить новую концепцию "обоюдный выигрыш, многосторонний выигрыш и общий выигрыш", всегда быть готовыми протянуть руку помощи друг другу в трудные минуты, вместе пользоваться правами и интересами и вместе нести ответственность, коллективными силами решать нарастающие глобальные проблемы, такие, как изменение климата, энергетическая безопасность, кибербезопасность（信息安全）, тяжелые стихийные бедствия и т.д. – словом, мы вместе оберегаем нашу Землю – родной дом всего человечества.

Китайский народ и российский народ – великие народы. В годы горя и невзгод наша нерушимая боевая дружба скреплена кровью. Сегодня народы Китая и России будут рука об руку и плечом к плечу защищать мир, способствовать развитию и вносить свой вклад в обеспечение прочного мира на планете и прогресса всего человечества.

УРОК 36

Задания:

- Используя материал текста, докажите, что китайский народ и российский народ скрепили между собой боевую дружбу кровью и жизнью.

- Ответьте на вопросы.
1. Что причинили агрессивные войны народам всего мира?
2. Какие потери понес русский народ в Великой Отечественной войне?
3. Какие потери понес китайский народ в Антияпонской войне?

- **Найдите в тексте предложения, соответствующие данным переводам.**
1. 如果丧失对历史的记忆，我们的心灵就会在黑暗中迷失。
2. 弱肉强食、丛林法则不是人类共存之道。穷兵黩武、强权独霸不是人类和平之策。赢者通吃、零和博弈不是人类发展之路。
3. 合则强，孤则弱。
4. 我们应该把本国利益同各国共同利益结合起来，努力扩大各方共同利益汇合点，树立双赢、多赢、共赢新理念。
5. 和平而不是战争，合作而不是对抗，共赢而不是零和，才是人类社会和平、进步、发展的永恒主题。

  Комсомольская правда Сегодня 26 августа   USD: 64,9459 руб.   Федеральный выпуск   РАДИО Комсомоль
Погода 22 °C   EUR: 73,2135 руб.   Переключиться на Москву или другой регион

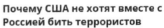
☰ РИО 2016   ГКЧП   ПОЛИТИКА   ОБЩЕСТВО   ЭКОНОМИКА   В МИРЕ   ЗВЕЗДЫ   ЗДОРОВЬЕ   НАУКА   АВТ

НОВОСТИ 24

сегодня 07:56
Боевики «Аш-Шабаб» атаковали ресторан в столице Сомали, убиты шесть человек

сегодня 07:39
Слуцкий: ЦСКА «достались самые сложные соперники»

сегодня 07:22
Путин: Есть шанс восстановить товарооборот между Россией и Словакией

Почему США не хотят вместе с Россией бить террористов

Военный обозреватель "КП" Виктор Баранец - о главных вопросах в связи с последней ситуацией в Сирии

Новые подземные толчки в Италии: страна в шоке. Человечность, молитвы и мародеры

Наш корреспондент в Италии Татьяна Огнева-Сальвони передает из Рима

253

参考文献

[1] Васильева А.Н. Газетно-публицистический стиль [M]. Изд-ство "Русский язык", 1982.
[2] Введенская Л.А., Пономарева. А. М. Русский язык [M]. Ростов-на-Дону, Издательский центр "МарТ", 2001.
[3] Горшков А.И. Русская стилистика [M]. Москва, Астрель, АСТ, 2001.
[4] Лебедева Н.В. Читайте газету, слушайте радио [M]. Изд-ство "Русский язык", 1989.
[5] Русская речь [J]. 1967 № 3, 1995 № 5.
[6] 安新奎：《报刊阅读：信息积累+能力培养》[J]，北京：俄语学习，2002（4），84-88。
[7] 安新奎：《报刊阅读刍议》[A]，杜瑞清主编：《语言文化外语教学》（第五届海峡两岸外语教学研讨会论文集）[C]，西安：陕西人民教育出版社，2003，238-244。
[8] 安新奎：《报刊阅读教学范式之研究》[J]，北京：俄语学习，2009（6），86-94。
[9] 安新奎、赵红：《图式理论与报刊阅读教学》[J]，北京：中国俄语教学，2009（4），90-93。
[10] 安新奎：《国家俄语考试阅读测试的分析与研究》[J]，北京：俄语学习，2012（6），35-41。
[11] 安新奎：《国家俄语考试中阅读测试命题存在的问题分析》[J]，北京：中国俄语教学，2013（1），84-88。
[12] 白春仁等：《俄语语体研究》[M]，北京：外语教学与研究出版社，1999。
[13] 程家钧：《现代俄语与现代俄罗斯文化》[M]，上海：上海外语教育出版社，2001。
[14] 丁维莉：《篇章理论与英语阅读教学》[M]，北京：世界图书出版公司，2009。
[15] 科任娜：《俄语功能修辞学》[M]，北京：外语教学与研究出版社，1982。
[16] 教育部考试中心：《2012全国硕士研究生入学统一考试俄语考试大纲》[M]，北京：高等教育出版社，2011。
[17] 刘焕辉：《言语交际学》[M]，南昌：江西教育出版社，1996。
[18] 刘永红等：《俄语专业阅读教程》[M]，北京：高等教育出版社，2006。
[19] 吕凡等：《俄语修辞学》[M]，北京：外语教学与研究出版社，1988。
[20] 史铁强：《高等学校俄语专业八级考试大纲·真题·模拟》[M]，北京：外语教学与研究出版社，2007。
[21] 沙莲香：《社会心理学》[M]，北京：中国人民大学出版社，2003。
[22] 孙汉军：《俄语修辞学》[M]，西安：陕西人民出版社，1999。
[23] 孙玉华等：《大学俄语阅读教程》[M]，北京：外语教学与研究出版社，2008。
[24] 王初明：《应用心理语言学》[M]，长沙：湖南教育出版社，1990。
[25] 王福祥：《俄语话语结构分析》[M]，北京：外语教学与研究出版社，1981。
[26] 王福祥：《话语语言学概论》[M]，北京：外语教学与研究出版社，1994。
[27] 王福祥：《现代俄语辞格学概论》[M]，北京：外语教学与研究出版社，2002。
[28] 徐莉：《当今俄罗斯报纸标题的语言变化及功能》[M]，西安：西安外国语学院学报，2005（1）.26-28。
[29] 吴庆麟等：《认知教学心理学》[M]，上海：上海科学技术出版社，2000。
[30] 杨建华：《高效阅读法》[M]，武汉：湖北教育出版社，2006。
[31] 曾祥芹、韩雪屏：《国外阅读研究》[M]，郑州：大象出版社，1992。
[32] 张会森：《九十年代俄语的变化和发展》[M]，北京：商务印刷馆，1999。
[33] 朱纯：《外语教学心理学》[M]，上海：上海外语教育出版社，1994。

网络资源

http://izvestia.ru/
http://www.pravda.ru/
http://itar-tass.com/
http://interfax.com/
http://www.rg.ru/
http://ria.ru/
http://lenta.ru

http://aif.ru
http://kppu.lish.ru
http://mospravda.ru
http://mn.ru
http://ng.ru
http://itjgi.ru
http://fhn.ru

http://rusnjvjsti.ru
http://gni.ru
http://kovversant.ru
http://gazeta.ru
http://vedomosti.ru
http://utro.ru